目錄

【編輯室報告】

學習梅克爾的影響力

二〇二一年秋，德國總理梅克爾即將告別政壇之際，德國書市同時推出多部梅克爾相關的著作。然而本書在德國廣受讀者歡迎，原因是作者先從獨特的「東德」角度為敘事原點勾勒出梅克爾行事風格的特色，接著再將全書分為以下幾個主題介紹梅克爾如何影響了今日的世界。作者筆法冷靜公正，又一針見血，使本書具有極高可讀性。

- **東德**：哪些事件形塑出她今日低調、沉穩的管理風格、她力求「要比別人優秀（但從不輕易顯露）」的原因，和她以東德人士身份初入西德政壇的歷程。她本是「從東部過來的附屬品」，卻在一年之內就當上聯邦部長，十五年後爬上總理大位。
- **男性**：包含政壇恩師、勢不兩立的同輩競爭者與她帶領的門生。令人印象深刻的是她透過報紙投書，宣告與黨內貪腐、以男性為主的舊路線切割，宣告她將帶領全黨走出一條新的路。此舉為她帶來「弒父者」與「黑寡婦」的綽號。

‧**女性與女權**：除了介紹她的盟友、同僚與部屬之外，尤其著重她如何在黨內強大反對勢力下，成功推動墮胎權利保障、婚姻平權、幼兒托育權等重大事項。甚至在她即將告別政壇之前，德國國內已經出現了「婦女在企業董事會應有保障名額」的共識。

‧**輝煌成就**：梅克爾最亮眼的成就是在外交，她被稱為「歐洲內政的萬有引力中心」，成功化解歐債危機。更重要的是，她為統一之後的德國找到了全新的立足點：自信、低調而樂於幫助鄰國，卻從不耀武揚威。

‧**過錯與失望**：移民問題恐怕是梅克爾內心的最痛，但這也是她唯一一次顯露出她個人內心的想法，然後在這個議題上勇敢站在民意的反對面。此外，她在核電政策上出現過著名的髮夾彎，但德國至今依舊得面對能源轉換的問題。至於年金、國防軍改革等議題，她則選擇留給下一代的政治人物去面對。

‧**危機處理**：梅克爾漂亮處理金融風暴、歐債、移民等重大危機，但新冠疫情才是她生涯的最高點、最低點與終點。德國從歐洲的防疫資優生，淪落到政府無計可施、疫苗缺貨、中央地方對立、國會議員利用國家採購口罩案貪污的地步。二〇二一年三月間，梅克爾更史無前例因為連續假期間的防疫措施，在電視上說出「這個錯誤全是我的……我請求所有人民的寬恕」等語，創下德國電視收視率的紀錄。

本書重新解析梅克爾這位「隱藏在職務背後的人」，清晰呈現出她為什麼擁有如此高的影響力：

- **聆聽、等待、堅持**。遇到困難她會後退一步，冷靜下來遍讀資料，到了關鍵時刻立即出手。
- **將自己的不足化為優勢**。許多人批評她猶豫、拖延，但她卻將這個特點轉換成忍耐、觀察的習慣，彌補了她在所屬政黨內沒有盟友的缺憾。
- **建立21世紀領袖新典範**。自信又不虛榮，她能使用安靜沉穩的語調，散發出無比的力量。這是一種渾然天成的權威感。
- **科學家的態度與精神**。她的生日宴會，一定是安排一場學術演講。政治人物當中，她是少數能與學者專家平起平坐，討論專業議題的人。

許多男性政治人物強調個人魅力，帶有民粹風格，隨意畫出大餅。但梅克爾的特質，使她在世界政壇上幾乎是獨一無二的，也因此成就她受人歡迎的一面，締造出梅克爾的「總理時代」。

PART

1

梅克爾的最後一刻 Abgang

想要敘述安格拉・梅克爾（Angela Merkel）對德國政治史上的獨特貢獻，最好從她的終點，亦即從她決定卸下總理職務的那一刻說起。

歷史上從未有過德國總理主動提前宣布結束自身的職務。而從一位默默無聞、毫無政治經驗的平凡小人物，在十五年內爬上德國總理大位，這也是史上頭一遭。過去從來沒有女性出任德國總理，但梅克爾做到了。與她同世代的西德政治人物都無法達成她的成就，她卻能在偉大政治人物風雲榜上留名。

她選擇在最後、最關鍵的時刻，自願離開總理職位，這種決策風格正是她在總理生涯及個人生命史當中的典型：她比大多數人更獨立、自主，不過她在達到痛苦極限之際，也會猶豫不決，要一直等到最後時刻才做出重大決定。

猶豫及拖延的管理風格

梅克爾曾講述過一段她的童年往事：學生時代有一次上體育課的時候，她站在高度達三公尺的跳水台上一直等待，直等到下課鐘響的那個瞬間，她才縱身一躍而下——這個時間點既不會太早，但也不致於太晚而拿不到成績。

她提起這段往事是有用意的，因為這個故事正好反映了她的基本管理原則，也就是一種拖延、猶豫的風格：堅持至最後的關鍵一刻。這種特質，在他人眼中或許是個缺點，但她將它視為自己的強項，強調自己擁有等待的能力：「為了避免讓我表達出來的意見在事後引起爭議，我寧可給自己充分的時間（準備）。」[1]

因此，她的故事和她前任的總理施若德（Gerhard Schröder，綽號 Acker「犁田」）非常不一樣。施若德喜歡把自己描繪成低層社會出身的人，少年時期馳騁於低地薩克森區奧斯特哈根（niedersächsischer Osterhagen）村莊的足球場，與家境更好的對手辛苦競爭。而梅克爾則採用「三米高跳水台」原則來領導她的政黨以及那些來自西德的競爭對手，這些人擁有遠大的政治野心、可靠的人脈網絡及強大的自信，不過她才是那個最後一刻縱身而躍、勇敢行動的人。她告訴媒體：「我想，我是在那關鍵的一刻變勇敢了。」[2]一九九九年間德國基督教民主黨（CDU）爆發黨內多位大老涉入政治獻金醜聞，包含她的良師、前總理柯爾（Helmut Kohl）。同年十二月二十二日，她化解了柯爾等人的政治獻金醜聞危機，當天在法蘭克福匯報一篇她的投書中，她向自己的政黨預告：她將擺脫過去的黨內沉痾，走出自己的路線。[3]在那個關鍵時刻，許多重要大老如時任基民黨主席的沃夫岡・蕭伯樂（Wolfgang Schäubler）、年輕戰將如羅蘭・科赫（Roland Koch）、彼得・謬勒（Peter Müller）等人也已站在跳水台上，但是在鈴響的那一刻，他們卻缺乏那股向下跳的勇氣。

二〇〇八年九月，全球金融風暴開始的初期，身為總理的梅克爾否決了金額高達數十億歐元的經濟振興方案。她一直等到當年底、德國經濟瀕臨崩盤的最後關鍵一刻，才下決心出手挽救經濟危機。面臨難民潮危機的時候，她一直等到二〇一六年才與土耳其談判簽訂收容難民協議並關閉德國邊境，使難民不再湧入。新冠疫情危機出現，梅克爾幾經內心掙扎，最後決定歐洲國家共同舉債。二〇一八年她面臨了本身的抉擇：就在她主動辭去黨主席，時程上似乎太慢的同時，放棄續任總理職位，並宣告她將於二〇二一年結束自己的政治生涯。

她前幾任的德國總理，還有國際間許多大國元首，常常喜歡放手勾勒未來的遠大願景，結果卻在一夕間計畫落空。反觀梅克爾，她習慣以另一種方式面對政府日常挑戰：**等待、安靜、觀察，直到關鍵一刻才出手**。這種「拖延」的原則在許多時候是她最大的弱點，這也反映在她好幾次連任總理的時候——導致她雖然當選，不過基民黨被迫必須與其他政黨協商組閣。所以她的因應之道就是放棄自己的想法和目的，以便協調眼前政治上毫無頭緒的情況。

「耐心等待，希望有些挑戰會隨著時間而自然獲得解決」，這是前總理柯爾教她的。梅克爾可以等，直到時間之魂趕走了日常所帶來的問題，或者等到四面八方蜂擁而至的壓力達到極點的時候，這時候答案或者是政治上的折衷方案自然而然就出現了。

她提高警覺，暗中守候，竭力聽取專業意見，聆聽道德團體的看法，又盡力掌握社會大眾的輿論，一直到她能夠掌握其他人所欲採取的步驟和想法之後，這時她才會出手，擔任居間的協調者。她將自己的企圖心隱藏起來——她個人的企圖心很少在政治上產生作用，她任內反而更常追求適當地、適度地使用權力。這種作法，在總理辦公室的同僚們稱之為：「在事情發生之前，預先想到事情的結果。」然而，結果在事情發生前是空的，只有等到經歷過才能填滿它。

這是一種對於政治工作的消極認知：她強調的是承擔責任、處理眼前事務，而非畫大餅規劃遠大前程。

隱藏在職位後的人

梅克爾幾乎總是一身制式的打扮：身穿色彩繽紛的西裝上衣、黑長褲、平底鞋、戴寶石項鍊、化淡妝、吹整的髮型。但她的一貫，不只是在外表而已。二〇〇五年五月總統霍斯特・科勒（Horst Köhler）宣布解散國會重新改選，梅克爾宣布代表基民黨及基社黨（CSU）兩黨競選總理時，她說：「我要為德國服務。」（Ich will Deutschland dienen.）這番認真而卑微的選舉發言，引起時任總理施若德的臉上露出一抹傲慢的微笑。二〇一七年她無預警的宣布競選第四次連任，這次再度引用了相同的競選語言：有鑑於世界上出現了重大危機和擾動，她將再次「運用我自己的天賦與才能……為德國服務。」[4]

如今沒有人會笑了，因為她的行事作風已樹立起一個「有效率政府」的標竿，她在德國、歐洲以及國際之間被視為一個安定的支柱，特別是在國外的感受，會比德國更強烈。例如奧地利前總理克恩（Christian Kern）二〇一八年在《商業時報》（Handelsblatt）一篇報導中說，梅克爾以她思慮週密的作風，可以稱得上是「歐洲內政的萬有引力中心」。然而同時間，從直轄市的柏林到漢堡，從各邦的首府如慕尼黑、薩爾布呂肯到杜賽道夫等地，所有的女性政治人物都在熱切盼望梅克爾快點下台，讓出大位。但同一個時間裡歐洲其他國家卻開始擔憂：誰會是梅克爾的接班人？新任的德國總理，無論是男是女，可以像梅克爾那般靈活而有智慧地面對世界危機嗎？就算可以，她／他真的願意嗎？

環顧全球政壇，目前有兩種政治人物類型主導著各國政府。第一種為數較少，他們在處理國政時會刻意隱藏自己的性格，梅克爾就屬於這種類型。另一種則深具個人魅力，經常帶有民粹主義的風格，憑藉個人因素在政壇上勝選並且居於領導地位，例如美國前總統川普、俄羅斯領袖普丁、法國總統馬克宏、英國首相強森等都屬於這類型的政治人物。他們會刻意、有時很明顯地放大自己在政治上可以揮灑、可供支配的行動空間，以個人的政策決策、代表性的手勢及偉大又華麗的演講詞藻來突顯自己。

但梅克爾卻反其道而行，她選擇旁觀，選擇找人充分商量後再作決定，只有在少數、重要情況下才有例外，這點我們會在本書第七章再討論。在尋找接班人這件事上，情勢強烈地要求她採用個人魅力、民粹風格的方法來解決（正如英國人及法國人的做法）。而這種情勢的力量之強大，可以從兩位總理候選人索德爾（Markus Söder）及拉謝特（Armin Laschet）之間的激烈競爭看出來。只不過到最後，梅克爾模式再次戰勝了魅力領袖模式，最後，「眾望所歸的總理候選人」由北萊茵－西發利亞邦的總理、基民黨的拉謝特出線。

中位數人士

擔任總理的十六年間，她以「國家第一女僕」自居，孜孜不倦為德國服務，成功地壓抑了自己的稜角、姿態、幽默感以及想法。到執政的後期，許多人不禁懷疑：梅克爾到底還有自我嗎？她的第一副總理、社民黨（SPD）的明特費林（Franz Müntefering）曾開玩笑的說，只要和梅克爾一同搭飛機，保證可以安全下飛機，只是你從來不知最後會在哪裡著陸。

表面上，梅克爾是一個毫無個性的女人，她就像一座投影螢幕似的，只是忠實地呈現出各種期待與恐懼、崇拜與鄙視、仇恨與驚艷。而這些特質，也可以在梅克爾各種不同的身份上看見：她既是歐洲的救贖者也是毀滅者，是核能發電關鍵性的同意者也是反對者，是拯救氣候者也是代表工業大國的政客、是經濟改革家也是追求保守制度的社會福利政策家……如此的身段，讓她得以居間協調，與大部分的政黨成立聯合政府，包括社民黨員、自由黨員及綠黨黨員。唯有政治激進分子不在她考慮的範疇內。

假如我們用一座城市來比喻大眾眼中的梅克爾，那她應該會是德國西南方的哈斯洛赫市（Haßloch），位在萊茵—法爾茲聯邦，人口不過兩萬出頭，鄰近斯拜爾市（Speyer）。它是德國中位數的標準城市，這裡的老人人口數、單身人口、家庭數、受過高等教育人數、外國人以及兒童數目，皆符合全國的平均數，購買力也正好是中位數。哈斯洛赫市是研究消費行為專家的聖地：他們在此測試德國人最愛的巧克力棒大小及最愛吃的冰淇淋甜度。維基百科收錄該市特別讚揚一座自然資產：一棵平淡的一百五十年老柳樹。

梅克爾同樣也代表了政治上的中位數，她施政符合一般德國人的要求：不要特大號的XXL，中等就好，團結一致不要硬闖，要有妥協的能力而不用高超才能或技巧，要有完備的知識而不必追求偉大的成就。

十六年來，她是極少數行事風格受到全德國接受的公眾人物之一。令人驚訝的是，除了她之外，只有一位東德政治人物做得到：前總統高克（Joachim Gauck）。或許關鍵在於，與她同年齡層的西德政治人物在加入黨團的青年組織時早已學習到，為確保自己的政治生涯可長可久，必須要建立在地的人脈，因此他們的說話方式往往帶有地方色彩，堅定支持地方經濟和學術發展，同時細膩地關注自己選區內的工業及移民政策。

或許這也與東、西德兩邊的人民成長於截然不同的社會模式有關。東德人努力學習適應，努力隱藏自己，因為團體比個人重要；然而西德在一九八零年代進入政壇的年輕政治人物則學習到必須要經營個人化市場以獲取利益，並不斷展現自己。

梅克爾和高克兩人都克服了隱藏自己可能帶來的政治劣勢，但也沒有誇張到把「經營個人」學到專精的程度。直到最近，德國最新世代的政治人物逐漸嶄露頭角之後，才逐漸淡化了「地域出身背景」的特點。

一般德國人只有在極少數場合，才會察覺出梅克爾的「前東德」身世。例如當她隨口回答問題時，不經意脫口而出柏林腔調，或者當她說某些德文字的時候，突然冒出東德人沒有特別強調尾音e的說話方式，這時馬上就露餡了。有幾次她擔心德國可能會在全球國家競爭力排行榜上變成邊緣人，為了表達她的擔憂，於是她就用德東幼稚園老師在催促脫隊小朋友的詞彙來描述自己的感覺。

關於她的「哈斯洛赫市中位數特質」，她就像一般同齡的婦女，努力維持體重不要暴增，而且有時候還得和健康問題搏鬥一番。她與德國一般年長的婦人梳著類似的髮型，週末喜歡待在兒時老家郊區的花園裡鋤草，夏天到山區爬山。在家的時候，她親自下廚做家常料理：馬鈴薯濃湯、奶油碎屑蛋糕、高麗菜捲。她不喜歡穿著麻質的西裝上衣，因為她穿這類衣服容易弄皺，「不知道有些人怎麼這麼厲害，穿這種衣服的時候都不會有皺褶。」[5]據經常到梅克爾家作客的人士透露，她跟第二任丈夫約阿希姆．紹爾（Joachim Sauer）的居家生活「很平常」，住的地方不是豪宅，室內沒有特意裝潢或非要講究窗明几淨、採光優良。他們住在一般中等大小的公寓五樓，家具的擺設很隨意，顯然沒有經過專業的室內設計與裝潢，不過地段倒是很好，位在柏林最黃金的位置，面對著名的佩加蒙博物館（Pergamonmuseum）。

物理學家當總理

梅克爾很少讓人看出，真正的她在處理事情的時候，完全沒有任何「哈斯洛赫市中位數特質」。例如面臨危機時她擅長保持冷靜，當其他人慌張失措的時候，她卻能保持鎮定。同儕們都十分佩服她的理解力、智慧以及對細微事物的記憶力，還有她不貳過的能力。從小，她的父母就叮囑她和兄弟姊妹們，身為牧師的孩子必須要「比其他人更優秀」，這樣他們在東德才能上大學。她畢生奉行（但絕不輕易流露）這份「必須要超越別人」的追求卓越精神，而這個來自父母的教誨，當然也有助於她的政治生涯。

不同於前幾任的總理，她所涉獵的事物並不侷限於政治範疇，居家時她的閱讀與思考偏向自然科學方面。每當她在政壇上與對手意見相左的時候，特別能夠突顯她身為物理學家的教育薰陶。二〇二〇年她在國會針對新冠防疫政策進行演講時，極右翼的「德國另類選項黨」（AfD）黨主席愛麗絲．威德爾（Alice Weidel）不斷打岔，阻撓她的發言。這時她怒嗆回去：「我在東德決定修習物理學……因為我非常確定，很多事情是可以廢除的，但是不包含萬有引力、光速和其他事實，這些原理會繼續適用。」6

這種氣度造就了她不凡的政治生涯。在國會裡，她也和所有法律人、政治學者、行政官員保持距離，無論是新冠疫情對策或是環保與氣候政策，很明顯可以看出她寧可聽取專家學者的看法，也不信賴她的各邦總理。況且，她可是少數女性政治人物中可以與學者、專家平起平坐，在專業領域交換意見的人。

每當基民黨成員受邀參加梅克爾的生日宴會時，整場晚宴不會有幽默風趣的談話或者友好的問候賀詞，反而是端出硬梆梆、讓人難以消化的東西：總理總是指定聆聽一場學術演講。二〇一四年她的六十大壽生日宴會上，來自德國南方大學城康士坦次（Konstanz）的歷史學家尤根・奧斯特哈默（Jürgen Osterhammel）負責主題演講，講題是〈歷史上的時間境界〉。她五十歲生日宴上，來自法蘭克福的大腦神經生理學家沃夫・辛爾（Wolf Singer）演講〈以大腦為例作為一種自我組織系統〉。當時擔任巴伐利亞邦總理、基社黨提名的德國總理候選人斯托貝（Edmund Stoiber）差點把這張邀請函給扔了，因為他感覺自己「並不是受邀去參加生日宴會，而是出席例行的柏林學術研討晚會」。當天演講時，近千名的賀客在炎熱的七月夜晚處於昏昏沉沉的狀態，整整一個小時之後壽星才站起來舉杯歡迎大家，總算是回到了原本晚宴的目的。

梅克爾總是專注聆聽演講，更偏愛學術晚會這類的活動。二〇二〇年十二月十七日她說她「非常榮幸」[7]可以參與位在美因茲的德國藥廠 Bionteck 公司的視訊會議，討論該公司的輝瑞廠牌新冠肺炎疫苗研發相關事務。她是三位出席會議的德國中央政府官員之一——另兩人是衛福部長顏斯・史潘（Jens Spahn）及學術研究部長卡爾利茨克（Anja Karliczek），而且三人中，她是唯一堅持到會議最後還在線上的官員，依舊不斷提問，想了解該公司的創辦人夫妻檔從研究癌症治療轉而研發新冠疫苗的過程。

她接受德國萊布尼茲學會（Leibniz-Gemeinschaft）邀請參加諾貝爾獎得主的晚宴時，也常停留到最後一刻。參加人士常注意到，梅克爾全神投入，積極、深入地與專家討論，甚至她先生都會催促她該回家了。

純德式的政治生涯

她這麼多年來一貫的這種行為特質，常讓政治評論者、媒體專欄作家失望。畢竟這些人想要看見的是梅克爾展現出個人魅力，他們想要討論的是（借用邱吉爾的話）那種血水、汗水、淚水的時刻，要不然至少也要在梅克爾時代找到具有遠見的偉大事蹟。全球化和數位化造成了一個弔詭的現象，一種權力的移轉：在三權分立的體制上，數位化和全球化對於執掌立法權的國會不利，可是對於執掌行政權的政府卻是有利的。在德國，總理已幾乎握有如總統一般至高無上的政治權力，但是梅克爾卻沒有利用這種權力移轉的機會，採取有力的措施來達成自己的政治目的。

她沒有走上「勾勒理想未來」或民粹主義的道路，反而走上了一條只可能在德國這樣的國家才會成功的政治生涯道路。只有在德國這種由聯邦國會議員選舉總理的國家裡，像梅克爾這類型的政治人物才能夠當選總理，而且還連續四屆連任。在全民直選的制度底下，如果一位女性政治人物缺乏滔滔不絕的雄辯能力，又沒有畫出遠大的政治藍圖大餅，那是絕不可能當選的。長年在柏林擔任政治通訊員的資深法國記者芭絲卡．胡格絲（Pascale Hugues）分析道：「法國人讚賞並尊敬梅克爾，但在法國，她不會當選的。」

梅克爾能夠在德國掌握政權，一些政治學家解釋：雖然梅克爾並不是有遠見的政治人物，在政治上也沒有強而有力的信念，但她卻因為努力處理眼前的政治日常事務，並且在面對危機時展現決定性的勇氣，因此算得上是二十一世紀最現代的女性政治人物之一。當代最偉大的哲學家之一、英國的波普爾爵士（Karl Popper）對於梅克爾行事風格的詮釋是：無聊且令人沮喪。但波普爾也從社會學及政治學的角度，讚賞梅克爾這位科學家的自我批判和修正能力：她會根據嘗試錯誤的原則，一步一步往前推進，如果發現錯誤馬上修正。民主社會是透過選舉方式來進行錯誤的修正，梅克爾巧妙地運用民主制度的這個特點，抱著改錯的心態，讓自己一再地當選總理。

例如當梅克爾接手大政的時候，德國整體的政治局勢變得益發複雜，以至於假如她想要擺脫前朝總理施若德提出的「二〇一〇年大議程」政策，將碰到無法計算的風險，況且年紀較大的人民幾乎無人希望見到激進的改革方式。可是如果依照「二〇一〇年大議程」計畫行動，則有可能會在下次選舉失利，或者加深社會的兩極化。無論如何，風險都相當巨大。再加上全面改革還必須考慮到許多錯綜複雜的事務和責任問題，例如計畫是否符合憲法規定、會不會影響到各個聯邦的權利、會不會違背歐洲各國間的協議及國際間的協定等等。

對於一位想要保住自己權力的女性政治人物來說，採取激進改革的路線既不受青睞，也不保證成功。她寧願像礦工在坑道挖礦一般小心、小步前進，有了穩固的措施後，再往前邁開下一小步。這種方法，專家稱之為路徑依賴，亦即不要破壞了將來為了求生而必須回頭時，可以使用的任何事物。在上位者如果驟然推出要求標準很高的新政策計畫，就會危害到自己，還會陷入複雜的失衡危機。

上述的危機，在梅克爾這位自然科學家剛上任時就已經出現過了。當她以些微差距當上總理後，在二〇〇三年萊比錫黨大會上提出的經濟改革方案，經過黨團與社民黨協商後隨即改弦易轍，原先計畫降稅和徹底改革健保制度，現在卻反而將增值稅提高三個百分點，另外健保制度只勉強做了微幅改革。

其實出發點很清楚：基民黨及社民黨都想要把健保制度推上改革之路，因此基民黨／基社黨聯盟在選舉時提出了改革健保制度的政見，即健保保費必須要統一。可是社民黨卻提出：已經擁有私人保險的人民，也應納入健保範圍的保護之內。總之這是一種政策實驗，而且基本上一開始就確定：不可能推動健保制度的大幅改變，可以的話只是盡量微幅的改變就好。

梅克爾從中學習了道理，二〇〇五年之後的競選策略就不再向選民提出激進、大幅度的改革方針。二〇一三年的競選口號竟然是「您認識我」（Sie kennen mich），這使得老一輩的選民不禁聯想到戰後西德首位總理阿德諾（Konrad Adenauer）在一九五七年提倡的「別當試驗品」選戰（Keine-Experimente-Kampagne）。如同阿德諾一樣，梅克爾從此接連執政，並且走上了權力的高峰。但梅克爾和阿德諾不同之處在於，她面臨著更多堆積如山的規定、傳統和慣例包袱，而她也決定不再碰觸這些包袱。也因為這個緣故，她變成了懦弱的典範：遇到非解決不可的問題才出手解決。這是她處理政治日常事務的守則。前英國首相邱吉爾曾悟出一個道理：「千萬別浪費每一場危機。」而梅克爾則為這種政治上的極端狀況，添加了當代的詮釋。

既然經濟非常景氣，保險制度還撐得下去，那何必還要費力推出年金改革方案呢？梅克爾明知德國的年金保險制度到二〇二五年就會崩壞，但她卻不做任何補救。她的態度是：每個世代必須自行克服該世代的政治問題。不過到了她政治事業結束之前，她卻做出了一個唯一的例外：為下一代出手拯救氣候變遷。

是否錯選了接班人

二〇二一年秋天，德國首位女總理主動卸下了職務，不再參與公職，也拒絕接受各種國際性的職務（至少她是這麼說的）。這個決定比較像是預告她個人的動向，也更佳地解釋了她過去的遭遇：黨主席及聯合政黨主席之爭、總理候選人之爭、歐盟成員國之間的爭鬥，以及國際友邦和敵對國之間的衝突等等。梅克爾成功的總理生涯，並非來自於政黨內的人脈以及德國長期盟友國家的支持。相反地，她一切都靠她自己爭取而來。她不像前任的總理柯爾和施若德如此看重如過眼雲煙般短暫的美名，她也為自己省卻了歷任德國總理辛酸而難看的下台步伐：例如戰後第一任總理阿德諾在內外交逼的情況下被迫實踐自己「做完這任就下台」的承諾，或者是柯爾在已知敗選後黯然回鄉。

執政到後來，梅克爾身心俱疲，有如阿德諾和柯爾分別在十四年及十六年總理任期尾端的那種筋疲力竭、體力耗盡狀態。人們看著她嚴重的耗損體力、徹夜不斷地溝通協調、連續不斷的馬拉松式電話溝通、密集的會議。她之前的兩任總理都死命戀棧不想離開大位，而她之後似乎無人敢成為接班人。面對這種情況，梅克爾只是簡短的解釋：「我覺得，總是找得到一位願意在德國拿出作為、犧牲奉獻的人。」[8] 雖然她聲稱，黨內高層想要尋找接班人這件事上，她無意介入，但顯然她一點也不避諱介入「尋找繼任者」這件事。

梅克爾極力邀請前薩爾邦（Saarland）的總理安妮格雷特・克朗普―凱倫鮑爾（Annegret Kramp-Karrenbauer）前來柏林，擔任基民黨的秘書長，好讓她日後順利接任黨魁，走上第二位女總理之路。這位女士的性格也近似梅克爾：她心思細密，外表內斂，初入黨務，在眾多公開場合也同樣並不突出。然而這件事到後來卻破局，雖然凱倫鮑爾願意像早年的梅克爾一樣，從黨秘書長開始做起，持續為黨服務，只可惜她在黨內起不了作用。雖然她在二〇一八年終於接任黨主席，但是黨中央阿德諾辦公室（das Adenauer Haus）並不看好她，因為她在公開場合常出錯，在地方基層又得不到威望，而且學習的速度好像不夠快。

二〇二〇年圖林根邦（Thüringen）的基民黨出乎意料之外與德國另類選項黨結合，選出了新任的邦總理。這回遭到總理親自出手介入——原來梅克爾才是真正掌握實權的地下黨主席——阻止了圖林根的基民黨員。她總是在關鍵的最後時刻才出手。

整個事件中，凱倫鮑爾（後來擔任國防部長）都壓不住圖林根的地方勢力，使她在全黨內瞬間失去威望。這次又是梅克爾出手收拾殘局，冷靜地使出斷尾求生之計，放棄選任凱倫鮑爾當她的接班人，就如同她冷靜放棄她的許多生徒——只要他們無法符合她的期待。

東德人在西德發跡

回顧梅克爾的政治生涯崛起，是有其背景的。柯爾曾暱稱她是「我的小姑娘」——這個綽號是德國統一功臣柯爾和黨內大老們，對她既親切卻又略帶嘲諷的稱呼。事實上她從來都不是「柯爾的小姑娘」，其實她是由三位在東德解體之際、兩德統一初期，於德國政壇具有舉足輕重地位的男性政治前輩所提拔。

第一位當然是前總理柯爾，他破天荒地讓年輕的梅克爾在不到一年的時間就當上聯邦部長以及政黨副主席。另一位同樣重要的推手是君特・克勞斯（Günther Krause），他在前東德國家秘書長任內參與協調德國統一事務，統一後擔任交通部長。梅克爾曾經一度擔心自己在一九九〇年十月三日國家統一後會失業，這時就是經由克勞斯的推薦，她當上了前東德政府副發言人職位，並且領導呂根島（Rügen）選區。第三位推手則是洛塔・德・梅齊耶（Lothar de Maizière），統一前他是唯一透過民主方式選出的前東德總理（共黨政權垮台後，民選的過渡時期政府），統一後擔任副總理及內閣特別事務部長。德・梅齊耶在一九九〇年出人意料地延攬梅克爾進入他的東德總理府團隊，原因是當時東德政府的第一發言人很不喜歡旅行，而東德總理需要一位有好奇心、組織能力強的人才，陪同總理赴國外參訪。透過各界人士的推薦，加上西德的基民黨選才小組也正在東德尋找有政治特質潛力的新世代領袖，使得梅克爾就這麼順勢接下了東德政府副發言人的職位。

是巧合，又是加上兩德統一的時機，梅克爾憑藉著她與關鍵人物之間的關係，從默默無聞的地位慢慢走進了西德首都波昂的政治核心圈。不過，她和德·梅齊耶一樣，一開始在波昂政治圈裡都被認為不過是「從東德過來的附屬品」。

幾個月後，德·梅齊耶因為受到爭議性的前東德國安部（Stasi）案件牽連，不得不退出政壇，而君特·克勞斯則因為幫忙一位非法打工的外傭申請補助，事件曝光之後成為醜聞，只好下台。來自東德的政治人物，這時只剩梅克爾還在西德堅立不搖：沒有過去的羈絆，不因為自己的恣意而犯錯，更沒有深陷任何醜聞。

歷經了德國統一的耗損，及接踵而來使得柯爾政權結束的醜聞事件，一九九〇年代末期的基民黨，全黨精華人物可說是已經付之一炬了。此時大多數西德經驗豐富的基民黨政客，在柯爾掌權的漫長十六年間和總理府建立了糾纏不清、密不可分的利害關係，例如政治獻金的醜聞已讓黨內大老之一蕭伯樂因為收受軍火商的現金而大難臨頭。然而這對於梅克爾來說，可是個天大的優勢：像她這種在政治上積極佈局了十年，而且在前東德時代已經練就出一番「可以悄悄留下來」功夫的人，就算碰到再怎麼複雜的關係，都不會有包袱的。

一九九〇年代德國的其他許多政黨內，也有來自東德的轉型世代人物像梅克爾那樣，因為自己沉潛的功夫而平步青雲。在兩德統一轉型世代人物當中，梅克爾也不是唯一一位晉升到國家最高機構的政治人物。前面提到的高克當上了德國總統，社民黨的提爾澤（Wolfgang Tierse）成為聯邦國會議長，綠黨的艾卡特（Katrin Göring-Eckardt）是王牌候選人，社民黨的普拉策克（Matthias Platzeck）成為黨主席，同黨的施威斯格（Manuela Schwesig）及姬菲（Franziska Giffey）是當今該黨的希望之柱。至於左派政黨，本來傳統上就有來自東德的頂尖人員。

正當人們只特別注意到梅克爾在德國政壇史無前例的快速升遷歷程，但別忘了，其實從一九八九年以來，整個轉型世代的人士幾乎都投身政治舞台，當中更有許多人在政壇建立了崇高榮譽，只是一般人很少注意到而已。轉型世代投入政壇的情況，很像一九六八年西德學生運動時期的「68世代青年」，當時無數的大學生反對所謂「極端分子條例」（Radikalenerlass）——禁止左派潮流進入政壇及政府圈子，於是蜂擁而起，到處抗議，最後步入政壇。包含施若德、費歇爾（Joschka Fischer）、特立丁（Jürgen Trittin）等68世代青年，歷經政治風雲三十年之後，已經在德國各邦內擔負起政治領導的任務。而來自東德、經歷和平革命的梅克爾、高克、提爾澤也同屬於68世代青年。不同的是，梅克爾花了不到三十年的時間，就爬到德國政壇的最頂峰。

青少年時期的梅克爾，本名叫做安格拉．卡斯納（Angela Kasner），出生在漢堡，出生後不久她擔任牧師的父親就接下了東德布蘭登堡聯邦教區的牧師職位，於是舉家遷往東德。她成長於烏克馬克（Uckermark）地區滕普林（Templin）小鎮，直到一九六一年柏林圍牆築起、兩德往來中斷之前，西德的親戚會定期造訪他們家，他們家也常有來自西德的訪客，因此梅克爾在青少年時期就有機會與西德的同齡同儕做比較。

同時間，卡斯納一家人也喜歡回到西德的漢堡，或德國南方阿爾卑斯山北麓的博登湖（Bodensee）度假。圍牆蓋好後，他們這一家少有機會再和親戚碰面，但是東、西德教會之間的交流機會卻很奇妙地增加了——卡斯納牧師開始領導布蘭登堡邦小鎮滕普林的牧師講座，負責培訓基督教神職人員。

於是梅克爾經常有機會觀察來訪的客人，在談話中她發現自己與他們相比毫不遜色。這種

「可以分庭抗禮」的感覺，還有父母對她在成績上嚴格的要求，再加上後來成為物理學者的研究精神及她自己的企圖心，給予她初任職於波昂政府時期極大的自信心，勇敢走出來而無須掩藏自己。就在她必須和當時極具權威的勞動部長協商東德婦女列入「就業施行辦法」的前夕，她告訴自己：「妳既然有能力解微積分，當然也可以和資深政治前輩談判。」[9]

同時她冷靜觀察、分析柯爾政府的落敗，看著他的搖擺不定，看著他的不光彩下台步伐。長久以來，整個總理辦公室發展成為一個封閉的小圈圈，柯爾對於所有潛在的對手有著令人難以置信的不信任感，甚至針對他本身所屬意的接班人——基民黨與基社黨團主席、在一場暗殺中重傷以致下半身癱瘓的蕭伯樂，柯爾也違背了要讓癱瘓後的蕭伯樂競選下屆總理的承諾，自己再度於一九九八年披掛上陣，出馬競選，結果落選了，全黨也大敗。

一九九八年間，梅克爾在近距離親眼目睹了黨內深陷在這些衰敗、耗損、無能當中而無法自拔，最後敗選，於是她開始為自己探路。原本打算在本黨選舉落敗後先休息一下，例如回去自己的選區、前東德的呂根島，深入瞭解島內政情並照顧選民及選區。這個選區在一九九八年的選舉中，只有百分之三十七點三的票投給了她，使得她差點就落敗。這個結果不僅顯示兩德統一已經八年了，新加入德國的前東德各邦仍然深陷經濟危機，同時也是梅克爾身為梅克倫堡—前波美拉尼亞（Mecklenburg-Vorpommen）邦的基民黨主席必須嚴肅看待的問題。

在這幾星期當中她甚至考慮退出政壇，她告訴記者、傳記作者伊芙琳·羅爾（Evelyn Roll），假如她不當政治人物，會考慮做些別的事情——諸如負責一個就業輔導機構之類的。「大環境已改變，返回學術界已不可能了。」她平心靜氣地總結：「我一向是很有自知之明的……在西方的社會情況下，我不可能再從事基礎研究了。」[10]

在她素樸的外表之下，她經常利用各種機會對外表示，自己沒有政治也能活得下去。有別於前任，她不需要任何證明或政壇肯定，因為新任的黨主蕭伯樂正需要一位有能力又忠誠的人出任黨秘書長，他需要一位女性。於是他選中了梅克爾，一位女性政治家，「知道進退，知道自己何時該退出政治圈……也不要到最後成為半生不死的殘骸。」[11]

只不過，從現在起，梅克爾變成了不惜一切非要留在政壇不可，絕不會因為別人的阻撓而離開。

梅克爾開始翻轉情勢。她解放自己，擺脫柯爾時代的基民黨及萊茵地區的派系。柯爾收取了政治獻金，至死都沒有透露給他錢的人是誰。他的繼任者蕭伯樂唯恐最後搞得全黨大分裂，因此也不敢放手改革，幾個月後他自己也因為收受捐款被迫離開職位。整個基民黨失勢了。可以確定的是，梅克爾是唯一沒有涉入政治獻金醜聞的人。她與副主席弗雷德里西·梅爾茨（Friedrich Merz）兩人談好，處理了黨留下來的政治資源：她接手黨務，擺脫柯爾和蕭伯樂遺留下來的政治爛攤子；梅爾茨則接手聯邦國會黨團。然而梅爾茨在聯邦國會黨團擔任反對黨主席的經營並沒有很久，這個位置就被梅克爾拿回去了，梅克爾上，梅爾茨下，退回去當副主席。

顯然，過去這麼多年以來，政壇都小看了梅克爾，大家還以為這位「東德來的女士」僅僅會在政壇上曇花一現而已。

擔任總理十六年之後才宣布自己要下台，這個時間點稱不上是提早部署或是有自知之明。梅克爾在政治生涯達到個人掌權最高峰的階段離開了總理府，沒有失去權力，也沒有失去影響力。在這個強調領導人個人風格與魅力的時代，她拒絕悲慘的下台。德國這個國家，已經習慣了領導人的來來去去，走出了過去歷史的包袱。或許，這都要歸功於這位看似缺乏魅力、追求公正客觀、又好像沒有提出遠大願景的領導人。從這點來看，梅克爾不屬於柯爾或施若德這種類型的領導者，她比較像是前總理施密德（Helmut Schmidt）這種類型的人。社民黨出身的施密德曾說過：誰要是對政治存有幻想，就「該去看醫生」。在他任內有人指責他是位冷酷的政治家，梅克爾也曾被指摘她從未打動德國人的心。

二〇一八年秋天，梅克爾似乎已陷入束手無策的狀態，「梅克爾式倦怠感」也逐漸蔓延全國，好似十一月的濃霧壟罩在平坦的烏克馬克地區。尤其在黑森邦意外的選舉失利重創了政黨，加上基民黨與姊妹黨基社黨之間為了難民收容人數最高上限而不斷爭吵，耗損的結果殃及了保守派黑森邦的總理布菲爾（Volker Bouffier），他的政黨流失了百分之十一點三的選票，最後布菲爾被迫和綠黨組成聯合政府共同經營黑森邦。

情勢已很糟糕了，更糟的事莫過於自家國會黨團為了德國要不要援助希臘而爭執不休。自家的議員在國會走廊比著示意梅克爾下台的手勢，明確顯示總理已經在自家失去了威望。她有碰過比這更可惡的事嗎？有。二〇〇二年一月十一日她本應出席馬德堡（Magdeburg）的基民黨閉門會議，但卻前往沃爾夫拉茨豪森市（Wolfratshausen）與巴伐利亞邦總理斯托貝共進早餐，為的是要喬一下競選總理事宜，避免她在那一場閉門會議當中，遭受其他男性對手推翻。還有比這更侮辱人的嗎？有。二〇一五年十一月時任巴伐利亞邦總理的澤霍費爾（Horst Seehofer）在基民黨大會上，當眾發表了十三分鐘的訓話，教訓梅克爾。這番嘲諷訓話的內容是，希望德國不要無上限收容難民。這個舉動，如同賞了她一個耳光，不啻對她是個極大的侮辱。

所有這些攻擊和對抗她都承受下來，並且一一回擊。相信能量守恆定律的人，也會把能量守恆定律應用在政治上：總能量在密閉的系統裡不會改變，也就是物極必反的道理。「引申來說，就是朝著一個方向擺盪之後，接著會朝著反方向擺盪。同理，經過了多次勝選後，也會有敗選的時候，有了敗選的教訓自然又會往前進步。」[12] 這是梅克爾對《時代週報》（Zeit）記者說過的一段話，她受得了打擊，針對她個人的攻擊，她不會放在心上。

到了二〇一八年，情勢不同了，梅克爾系統不再密閉，能量開始出現了破口。她身邊的人，尤其是她先生紹爾，勸告她勿再出馬競選，因為她自從難民危機出現後，已經明顯露出了疲憊、急躁和挫折。她眼前所面對的是一堆爛攤子：美國總統川普視她為美國在歐洲的主要敵人，想把她從歐洲偉大女性角色除名。英國決定退出歐盟，並把部份的責任歸咎於梅克爾的難民政策。難道右派的基民黨、基社黨已經沒辦法在德國使出一丁點的政治力量了嗎？這點連黨主席梅克爾也不敢說。就連偏激的德國另類選項黨這時也在聯邦國會裡贏得了它的席位。

梅克爾準備往下跳了，可惜她無法如願完成權力交接，有三位男士同時角逐基民黨主席接班人，在總理府內她已無法按照自己原訂的計畫走。二〇二〇年初又發生了新冠病毒肆虐全球事件，而總理呢？面對疫情，她可以讓一切上軌道嗎？這位受人民、黨團及國際友邦尊敬推崇的總理，處事機智而謹慎的她，現在如何呢？她毫不猶豫，還是告別舊有的堅持，帶領德國和歐洲挺過新冠危機，並且在危機中，她交棒了。

這次她不再遲疑，也沒有什麼可以戀棧了，因為從開始她就已經成功了。

PART 2

一段沉默的過去 Leben

梅克爾的生平歷程，可說是前所未聞的。儘管前面提到幾位來自東德地區的政治人物如提爾澤、高克等，或許有類似的生涯歷程，卻都無法和梅克爾所經歷過的種種相比。我們也很難找出某種標準，來評價梅克爾這個人。

原因在於，幾乎未嘗見過有一個政治人物像她一樣，把「自己」如此隱藏在總理的頭銜後面。若有人想研究這位前東德地區最大咖的名人，會發現最終將陷入一團迷惑中。她的週遭人士對於總理的私人生活都非常低調，這完全符合梅克爾所期待的。這種低調，一方面雖然減少了身為政治人物在執行工作上的麻煩，另一方面卻使得在尋找「是哪些因素造就了今日的梅克爾」的過程中，增添了困難。

難以描繪的人

如何描述梅克爾的生平，完全取決於敘述者的角度。撰寫者是粉絲？還是女性政敵？評論者是女性政治學家還是女性小品散文作家？是男性記者還是男性歷史學家？可以取得的資料來源有哪些？這些資料是出自總理本人第一手，還是身邊朋友、女性夥伴以及競爭者？而有些資訊是好幾年之後才提供的。前述種種資料都是可靠的嗎？這些紀錄是在哪個時間點所產生的？是二〇〇五年出任總理之前，還是擔任總理的最初幾年？抑或是在她權力的高峰？甚至是在二〇一五年的難民危機時？或者像本書一樣，是在一個非常獨特、一個政治生涯落幕時分，所提筆撰寫的？

還有，或許也是重要的：關於她的生活，是以東德地區還是西德地區的角度去觀察的？誰可以寫有關她的故事？來自東德的綠黨政治人物維爾納・舒爾茨（Werner Schulz）於二〇一三年評論一本由兩位西德地區作家所撰寫的《梅克爾的早年生活》傳記類書籍時指出：「他們並沒有真正看出她的人格，因為他們無法正確理解東德政治情勢，而東德的情勢足以對一個人的人格產生極大的影響。唯有當你認識東德這個不自由的社會時，才會明白為何一個人得過著必須服從的生活。」[1]

也就是說，唯有經歷過像梅克爾在德意志民主共和國的生活，才能夠真正地讀懂她。或者倒過來看：如果想要對總理的工作更加明白，是否必須對西德的政治模式以及政治決策過程，擁有詳細的理解？畢竟梅克爾至今已有一半的歲月都是在這個模式裡度過、在這個模式裡思考事情的。所以回到一個根本的問題：我們必須真正地深入她不願意與人分享的性格（不論是日常還是職場上的），才能夠撰寫關於她的生涯嗎？目前所出版的梅克爾傳記，都是出於西德作家的筆下。為什麼是這樣呢？「當然，最懂她的會是東德記者。」一位長期紀錄梅克爾的東德新聞工作者這樣說。但就是因為西德的總編輯們都認為「東德的女記者們不懂政治」，所以梅克爾可說是很幸運，「可以為自己保留一塊隱私……她可以跳進她的隱身處，在那裡等待、生存。」[2]

看事情的角度總是關鍵性的，不過在梅克爾身上，觀點角度的重要性，恐怕遠遠超過了其他任何時候。現在僅找得到極少數關於她的事情，所以我們唯有靠著詮釋，才能整理出她的全貌——這對傳記著作者來說是越權了，對封閉自己的梅克爾來說則是一種風險。當人們閱讀到關於她政治生涯的記載，其實都是讀到紀錄者本身想要傳達的訊息。

在梅克爾政治生涯最開頭的幾年裡，她把自己隱藏在一些童年、青少年、以及在前東德時期工作的故事裡面。這些故事當中，有許多的真實性還有待查證，而且許多情節已經被她以前的朋友、同事或政治上的夥伴所否認。隨著時間推移，她才漸漸讓人看到她曾經是一個什麼樣的學生、一個會烘培梅子蛋糕的甜點師，以及一個會作馬鈴薯湯的廚師。當然這些敘述也是經過精心設計的。

面對大眾對她生涯的興趣，梅克爾設計出一些指標，這些指標表面上是要呈現她的職業生涯，但更大的目的則是要促使讀者將所接收到的資訊，照著她的心意來解讀。當時在三公尺跳板上的遲疑，是否就是梅克爾一生的基本態度？她年輕時曾震驚於地方藍莓採收者的薪資這麼低，這對年輕的梅克爾來說，是否就警告著社會主義經濟的錯誤？在德意志民主共和國所培養出的不信任態度，是否反而成為她面對西德民主政治最有效果的防護衣？以上都是梅克爾總理期待大眾做出的詮釋。但非得這麼解釋嗎？能否不要那麼勉強、不要那麼偶然、不要那麼矛盾？

當然，幾乎所有與她同世代、來自東德的政治家傳記裡面，都有一個固定的模式。對他們來說，他們的生活分成了「之前」和「之後」，分界點就是一九八九年十一月十九日。那一天，東德政府發言人君特・夏波夫斯基（Günter Schabowski）因為失誤而宣告東德人有旅行的自由，也造成了柏林圍牆的倒塌。這個事件打亂了人們原本的生活規劃，並將許多東德人帶上了政治之途。其中有幾位也像梅克爾一樣，開啟了「之後」時期成功的政黨生涯。普拉策克和老天主教徒提爾澤在德國社會民主黨中取得了最高職位；舒爾茨和艾卡特在90聯盟／綠黨裡也有舉足輕重的地位；基督教牧師，同時也是東德國家安全部文件監管人（負責管理前國安部的文件並調查該部罪行）高克當上了聯邦總統。葛瑞哥．居西（Gregor Gysi）和莎拉．瓦根克內希特（Sahra Wagenknecht）則是幾十年來左派的要角。

但只有梅克爾和高克兩人不再被看成是「東德人」。高克和前東德人不一樣，因為他以抵抗極權政府的方式，讓全國人民看清了事實。「高克讓我們知道，什麼是可能的。」提爾澤如此談論他。那梅克爾呢？「我很快就找到工作，有很多可以讓我開拓視野的機會。但有很多比我年長的人並不贊同，雖然他們像我一樣，也想融入自由的社會。」梅克爾在一個訪談中曾這麼說。[3]

不可否認的，那些將自己視為德國統一下「受害者」的人，對梅克爾扶搖直上的政治生涯並不樂見。「從他們的角度來說，她背叛了他們。」[4]一位曾於一九八〇年代在東德科學院與梅克爾比鄰工作過的劇場工作者說。二〇一五年她訪問難民下榻處時，德國社會所出現的憎恨浪潮，以及同時期她選舉造勢場合所出現的憎恨浪潮，也證實了這個「遭背叛」觀點。但這也可說是梅克爾個人的勝利：她實現了兩德合併的真實形象。而這正刺痛著那些被遺忘的人。當他們聽到梅克爾發表言論，他們看到的是自身拒絕或錯過的機會，於是他們指責她沒有飲水思源，忘了對東德付出關心。另一方面，許多對兩德統一感到光明的人被這位總理所感動：「她對成功的東德人來說，可以說是一個鏡像。」[5]來自東德，專門研究一九八九年後人民身分認同的一位女作家這樣評論。

學會了「靜悄悄地生活」

梅克爾於一九五四年六月十七日在漢堡出生，也就是她父母就讀大學的地方。媽媽海兒琳（Herlind）在但澤（Danzig，今日波蘭格但斯克）出生，是拉丁文和英文老師。父親是一位基督教牧師。梅克爾出生後沒幾週，夫妻倆就搬到了德意志民主共和國。出身於柏林的父親赫斯特・卡斯納（Horst Kasner）當初是因為念書的緣故而到了西邊的漢堡，但有鑑於柏林—布蘭登堡區的地方教會缺少牧師，他毅然決然地回到了東德，接任布蘭登堡邦西邊一個名叫克維左夫的小村莊牧師職務。

對於德國注定要分裂，他已經不抱任何希望。西德和西方強權的關係已經緊密到無法分離，而東德在史達林去世、一九五三年六月十七日以失敗告終的反抗活動之後，也已牢牢地和東歐勢力綁在一起。一九五〇年代中期，德國東西兩邊再度合併，似乎是一件不可能的事情。

在東德的教會受到了很大的壓力，尤其是基督教的青少年組織更是遭遇當局的鎮壓。出身有產階級和基督教傾向的學生，是沒有機會就讀大學的。但這也就是為什麼卡斯納和其他神職人員會從西邊到東邊的原因：他們不想要用「埃及的肉鍋」來填飽肚腹（按，出自聖經出埃及記第十六章，以色列人懷念罪中之樂），而是要依循著教會派遣使徒前往艱困地區的初衷。「應該要前往需要我們的地方。」卡斯納在接受《明鏡週刊》記者的訪談時說。[6] 這是一個影響全家人的決定。

在最開始幾年，作為女兒的安格拉經歷了一些影響她家庭和成長的事情：在一九六一年建造柏林圍牆前，有幾乎三百萬的東德人踏上了前往西德的道路。而卡斯納一家則是因著教會的因素，反其道而行，自願前往東德。「如果教會要我們去非洲，我們也是會去的。」這是卡斯納在很久以後被問到時的回答。另一方面，牧師家的小孩也學習到，為了生存要配合，盡量不要引起注意，而是要很務實地在充滿敵意的環境下追求好生活。「帶著『不同意』的意念，是東德基督徒的生活態度。」身為天主教徒以及德國社民黨政治人物提爾澤說。但這種態度只出現在少數的抗議行動裡，大多數人學習過著「安靜的生活」。卡斯納家也不例外。

在一九五〇年代中期，當時還以農業為主、位於布蘭登堡邦和下薩克森邦交界處、近易北河的克維左夫小村莊，教會對年長者來說是非常重要的。正當城市裡越來越世俗化的同時，布蘭登堡邦的鄉下依舊堅守著信仰，尤其很多農人是共產制度底下農業集體化的受害者，而且他們內心本來就不認同位於柏林的政權。

牧師一家的生活是貧困的，而且媽媽海兒琳無法在這裡繼續擔任老師。他們住在一個由桁木和紅磚搭起的房子，一樓還得和教區護士共用。在閣樓的幾個小空間日後也被拿來善加利用。媽媽得把多刺的蕁麻葉煮得像菠菜，爸爸得學習如何為家裡的兩隻山羊擠奶。這些是梅克爾跟女攝影師哈琳德·柯爾珀（Herlinde Koelbl）所親口敘述的。

這一家只在這個寧靜小鎮度過了三年的時光，之後他們搬到了滕普林附近，要在這裡持續經營一個牧師學院，提供牧師們繼續進修的課程。這裡本來是一個教會的慈善機構，從十九世紀末開始針對「道德喪失的男孩子」進行輔導及教學。當卡斯納一家抵達這裡時，有一些精神障礙的孩子住在這裡，他們要負責花園和維修的工作，在田裡耕種和幫忙家事。安格拉和她後來出生的弟弟馬庫斯和妹妹艾琳在這裡經歷了另一個差異體驗。他們的家，和同學們所住的地方很不一樣，以至於剛開始學校的同學都不敢來他們家玩，因為同學以及同學父母都對機構裡這些精神障礙的孩子感到害怕。

牧師一家開始布置家裡。寓所很寬敞，能夠容納從西德來的訪客。在閣樓的一個小房間裡，將會在接下來的三十年當中累積許多在東德無法取得、被限制或被禁止的書籍。房子外有個花園，每個孩子都有一小塊地可以栽種植物。四週都是森林、草地、農田和湖。離滕普林由中世紀城牆圍繞的古城區只有區區幾百米之遙。這是烏克馬克縣最美的地方。

安格拉不太走路。卡斯納家的長女是個早熟的孩子。她小時候很快就學會講話，可以說得很流利。但她一直不愛走路。在多年以後她還是常常不肯自己下樓，而是派遣弟弟去幫她跑腿。她甚至要靠著練習，才能夠從山丘上跑下來。她日後解釋說，她為了避免走多餘的路，還會在事前好好思考跨出去的每一步。少女時期，她常常因為「無法跟著音樂節拍跳舞，往往是那個站在邊上吃花生、不會跳舞的女生」[7]而感到痛苦。這番話是她在當青年部部長時，跟來自杜賽道夫的龐克樂團「死褲」主唱肯培諾（Campino）坦承的。令人訝異的是，現在的她喜歡放假時在義大利多洛米蒂山脈健行，而前極限登山家、同時也是好友的萊茵霍爾德．梅斯納爾（Reinhold Messner）證實，她的健行蠻厲害的。還有一件令人訝異的事是，這個自稱「運動白癡」的人，她童年時一度的夢想是成為一名花式溜冰選手。

「在我的童年是沒有陰影的。」日後梅克爾會這麼說。[8]但並不代表這個家庭沒有受到干擾。他們只是很妥善地安排了雙面生活：在家裡有一些些西方的氣息，而外在環境則是共產東德；在教區裡是講述基督教教義和堅信禮，在學校卻是共產少年先鋒隊成員，還要參加俄文奧林匹亞競賽。漢堡的親戚會寄書來，日後也會寄來牛仔褲和西方的服飾。

直到一九六一年八月十三日圍牆建造以前，卡斯納家——尤其是卡斯納太太——會偶爾去西德，有時也會有來自西德家鄉的訪客。放假時他們會和住在漢堡的外婆一起度過。在圍牆建造前夕，當卡斯納家剛從巴伐利亞邦度假回來時，卡斯納先生發現樹林裡到處都是鐵絲網，他立刻猜到即將要發生什麼事了。夫妻倆和教會成員面對柏林被硬生生地分成兩半，全都感到手足無措。梅克爾記得，在興築圍牆的那個星期天，好多人在教堂裡面哭泣，她的母親也哭得很傷心，大家都不知道該怎麼辦。這是一個七歲女孩對某件政治大事件的最初記憶。

一九六八年八月，牧師一家在捷克的克爾科諾謝山度假。牧師夫婦去了布拉格幾天，為的是要近距離體驗名為「帶著人性面孔的社會主義」的抗議活動。卡斯納牧師非常認同捷克這個社會主義的兄弟之邦所嘗試走出的第三條路。但他們家還在捷克度假時，「布拉格之春」就被蘇聯、波蘭、匈牙利和保加利亞等華沙公約組織的軍隊鎮壓。當時東德的軍隊雖也整裝完畢，但最後並未出兵。

在這之後，卡斯納牧師的內心不再存有希望。「我父親非常失望。」[9]梅克爾日後如此敘述當時她父親對轉變和改革所產生的失望。一九六〇到一九七〇年代之間，卡斯納牧師還是與國家制度合作，而且加入了由神職人員組成、親近政府的「魏森塞工作團」。孩子是少年先鋒組織成員。令教會感到驚嚇的是，牧師的兒子馬庫斯甚至還參加由國家所主導的青年獻禮。卡斯納一家對政權的順服，引起了許多牧師同事的不滿，紛紛向主教抱怨此事。

一九六八這一年所發生的事，讓人第一次感受到東、西德是真正的分開了。對東德來說，這一年澆滅了人們對言論自由、集會自由、政治改革和進步的希望。從布拉格遭到外國軍隊入侵鎮壓後，東德能夠走出獨特社會主義的機會消失殆盡，在一黨獨大制度以外的政治活動，都將會受到嚴厲的制裁。

而對西德人而言，一九六八年在東歐發生的鎮壓，只不過是漫長的冷戰時期中又一個著名的事件。同年在科隆、漢堡、西柏林和法蘭克福發生的是學生運動，抗議五〇年代的錯誤，大聲疾呼祖父母和父母輩要勇敢承認他們在納粹時期的錯誤並負起責任，同時開始提倡男女平權、普及教育、性解放。這也促成了社會上極右派和極左派的對立，更引起了一九七〇到一九九〇年代的極左派「赤軍旅」的恐怖行動。當東德在一九六八年後對政治保持靜默時，西德巨大的社會對立方興未艾。

可是在這段時間裡，位在滕普林的卡斯納牧師宅裡卻可以擁有個人的獨立思想，並在小小的聚會中，拋開外面的東德政府，針對社會主義應該有的正確方向進行意見交流。被信任的朋友們可以在閣樓的小房間裡閱讀或借閱西方文學。那裡甚至有一台影印機。「他提供很大的思想空間……這也影響了我的生活。」[10] 梅克爾身為家庭部部長接受媒體訪問時，這樣談到了她的父親，這位讓她在兒時及青少年時期崇拜的男人。

東德的國家安全局果然盯上了這個牧師家庭及這裡的一家之主，以非法持有蘇聯物理學家沙卡洛夫作品為由，脅迫他必須與當局合作。根據記者伊芙琳．羅爾的記載，這件「被吸收為線民」的案子很快就不了了之，因為卡斯納似乎馬上就通知教會他被當局查水表的事情。

儘管有這些風風雨雨，牧師和師母日後還是可以到非社會主義的國家旅行，而他們的孩子，安格拉和馬庫斯，則是獲得在大學攻讀物理的機會。

「對他人保持存疑態度」是在東德過日子的必要生活模式。父母教導孩子要格外的小心。梅克爾日後也說，這是她性格中的一個基本特徵。而她的共事夥伴則證實了這件事：歷任總理凡是談論到自己的決策核心時，都會保持低調，梅克爾更是把這個特質發揮到極致，遠遠勝過前任。她在政治上的對手則指責，這是一個在黨內所建立的「間諜系統」，為的是要及早偵知反對的意見（例如歐元區的援救計畫，或是難民政策），然後予以壓制。但這些政敵沒提到的是，前任柯爾和施若德也都擁有黨內的小耳朵，不斷對他們通風報信。只是梅克爾的作法太像東德國安部的手法，外人找不到她的情報是從哪來的。「成功的東德人，總是有些見不得人的事。」[11] 這是一位作家在撰寫具有高度爭議、出身前東德的企業家以及出版社負責人賀爾格．弗里德里希（Holger Friedrich）傳記時所形容的。

而且，我們可以用梅克爾的童年和青少年時期來解釋她的溝通模式：「保守秘密」具有高度的重要性，當然不可以跟朋友談論自己在家裡看的電視節目是什麼。梅克爾從小就知道要如何掩飾自己，來對付老師三不五時對學生家長思想傾向的試探。有一次在學校，老師叫學生畫出他們在家裡看新聞報導時，電視上看到的時鐘。如果家裡收看東德官方新聞「時事聚焦」，則學生看到的時鐘會是一個刻度為短線的時鐘。「如果收看的是西德的新聞，則是以『點』來作標示的。」梅克爾日後跟學生說。「所以我們永遠都知道，哪些事情是可以說的。」[12]

如果問梅克爾，父母親哪一方對她的影響較深，她會回答，媽媽總是在他們身邊，如果要找爸爸，則是常常要等待。但父親才是梅克爾拿來衡量自己的標準。如果學校要求寫一篇故事，她會問媽媽；如果學校要求一篇客觀評論，她會去和爸爸討論。梅克爾大學剛畢業時，正在東德科學學院攻讀物理博士，住在一間破舊的公寓裡。有次父親來看她，談話間爸爸說「妳沒有很大的進步啊！」[13]儘管沒有文獻記錄下來，但可以想見，女兒感到很委屈。不久之後，她就完成了博士論文，並取得學位。

在布蘭登堡的基督教路德派之中，卡斯納牧師無論在教會高層或基層都是很有名的。幾乎每一個年輕的牧師都曾多次前去滕普林的牧師學院接受訓練，他們每個人都非常尊敬這個有點距離感、很強勢、身形高大的男人。但他們比較喜歡師母海兒琳，她很好客，會盡量照顧每個人，她會跟學員坐在一起，和他們聊天。長久以來，她一直嘗試能進入公立學校當老師，但每次的應徵都以失敗告終。

因此她致力於教會的工作，在牧師學院裡講授英文和拉丁文，同時也照顧三個孩子。她每天早上都灌輸孩子「牧師的小孩如果沒有最好的成績是無法上大學的」這個觀念。但同時，她也教導孩子學習上和閱讀上的樂趣。

梅克爾每科都拿到德國學校評分最高分「1」，除了體育以外。體育是東德的學校非常重視的科目，而梅克爾直到大學畢業都無法戰勝它。當她在萊比錫大學完成物理學業時，每一科都取得特優的成績，只有必考的體育測驗沒有達到。儘管她認真練習，如她所說的，還是在第二次補考才剛剛好通過門檻。日後梅克爾帶著感恩的心猜測，一定是哪個仙子把計時碼表動了手腳。[14]

她在語言上的天賦也相當驚人。跟她的同學不同，她很愛英文和俄文。其他學生在下課後一句俄文都不情願說，可是梅克爾會在放學後找駐紮在附近的俄國士兵聊天。她觀察到這些士兵常常呆站在那兒，似乎一直在等待什麼事情似的。日後她可以跟俄國領袖以俄文直接交談，讓出國隨行的人都非常敬佩（普丁喜歡和她說德文，因為普丁曾經以翻譯員的掩護身份，由KGB派駐在德勒斯登）。一九九〇年代後期，許多觀察家驚訝地發現，擔任德國環境部長的梅克爾在準備京都氣候協定會議時，英文非常自然而流暢。這是很多人原本對東德小鎮的教育無法想像的。

儘管成績十分優秀，但梅克爾依舊以「低調」為最重要的原則。「我採用了一種特定的順服態度，目的是為了走上一條特定的學術之路。」[15] 梅克爾在一次電視訪談中，談到自己曾經身為「自由德國青年」成員（按，共產東德官方唯一青年組織，類似共青團）在學校的任務所作出的解釋。當她贏得東德俄文奧林匹亞競賽，並獲准去俄羅斯旅行時，她的俄文老師完全不擔心她的語言程度，反倒是得很費力地教她「和人交談時，眼睛要看著對方並微笑」。曾經教過她的老師都讚揚她的聰明和管理能力，她的同學則是對她樂於助人和具有同窗之誼印象深刻。然而，她在班上從不是一個舉足輕重的角色。一位她的老同學回憶，她在班上屬於那種不被注意，也是「沒有被吻過的」學生。當年的同學和老師可曾看出，這個牧師之女有一天會被賦予一個極重要的角色？一定沒有。

在她高中的最後一年出了一件幾乎會毀掉前程的大事。本來是件小事，卻釀成軒然大波。一九七三年四月，校長策劃了一個宣示與北越戰士一起對抗美國帝國主義的活動，而這個12年B班竟然拒絕參加！安格拉是這個事件的罪魁禍首。那時畢業班的學生都已經拿到大學入學許可，所以根本沒興趣參與學校這類政治宣傳。結果，該班接獲嚴重警告，也通知了家長。最終學生妥協了，念了一首克里斯蒂安・莫根斯坦（Christian Morgensterns）關於哈巴狗的詩，短短的六行文字說的是一隻坐在圍牆上的狗。這大概是在梅克爾家策畫的。這次事件中，出現了好多可能導致這些高中生被退學的元素：資產階級兼嘲諷風格的詩人莫根斯坦、詩中提到的「圍牆」、甚至還用英文從頭到尾唱了一遍國際歌……如果被退學，之後更別想繼續讀大學了。果然，接踵而來的是調查和訓斥，幸好最終沒有學生被逐出學校。為了這件事，卡斯納牧師不只需要當時教會法律顧問的協助，同時也請包括區域主教的教會大老出面協助。

牧師的兒女可以上大學，這和當時東德針對基督教會的鬆綁政策有關。一九五〇年代，東德執政當局和教會是對立的，但到了六〇年代東德政府嘗試和教會和平相處，只要牧師能夠對社會主義路線表達善意，甚至可以使用福音來證實社會主義的正確性。這個政策在一九六四年的八月達到最高峰，當時德國統一社會黨（東德的長期執政黨）第一書記烏布利希（Walter Ulbricht）和圖林根教區主教莫里茨・米策海姆（Moritz Mitzenheim）在艾森納赫市（Eisenach）的瓦爾特堡——也就是馬丁路德將聖經翻譯成德文的地方——進行歷史性的會面。之後，比較「上道」的牧師和他們的家人，可以過著較為輕鬆的日子。但好景不常，隨著一九七一年初烏布利希垮台，這段和平期也結束了。但卡斯納一家卻把握住這個時間，從中得到好處。

其實梅克爾很想和她母親一樣成為老師，但她因為身份而無法在大學取得修讀師範類別的資格。日後提到她當年如何選擇要就讀的科系，她說她想念一個需要認真專研的困難科系，她想要有能力理解愛因斯坦的相對論。但她並不想成為神學家，雖然基督教的生活對她影響很大，不過她沒有成為牧師的渴望。她太常看到牧師的孩子最終也成為牧師，因為他們在東德沒有其他繼續深造的機會。她不想也成為那樣。

她想要從父母身邊獨立出來，就像他們當初作出搬到東德的決定一樣。她知道，必要時她要申請出國。畢竟當時母親也沒有針對舉家搬到東德的事，詢問過外婆的意見。「真誠但有距離的」，這是梅克爾在統一後的德國身處高位時，如此形容她和父母的關係。

在滕普林所經歷過的事，對她未來的生活至關重要。雖然她每天都過著不自由的生活，東德的社會裡有很多限制，國家經濟也不上軌道，但她也知道，東德人民若是比才能、知識、理解能力，是一點都不輸人的。「我曾經在與西德人的會面中，試驗過自己的頭腦是否可以跟著上那些人。」她之後很確定：「是的，我可以。」[16]

擁有這樣的自信，讓梅克爾和許多沒有接觸過西德或非社會主義經濟體的人很不同。這也讓她在進入波昂政治圈最開始的幾年，能夠忍受部會裡面官員對她肆無忌憚的蔑視。她可以很放鬆地面對黨內的對手，從容地從他們身邊經過。小時候在滕普林那些低調的日子教會她許多日後用得上的優勢：存疑、不多話和充滿耐心的個性；好勝心並預備好能快速學習；同僚之情；可以讓自己不被注意的能力；知道自己很聰明且能夠適應各樣環境。更重要的是，她已經知道：**勇敢向前的時候，並不是一定需要依附別人的**。

謹慎的年代

梅克爾開始了在萊比錫大學的學業。五年修讀的時間裡，一週參加兩次派對。面對實踐性質的物理，她感到困難，面對必修的體育課更是如此，起碼她日後曾以這件事開玩笑。但最終她還是以最高分完成碩士學業，並得到前往東德柏林科學院攻讀博士的機會。

在這裡她認識了第一任丈夫，也是位物理學家。他們在梅克爾結束碩士學業前在教堂結婚。這時，安格拉·卡斯納變成了安格拉·梅克爾。她先生烏立希·梅克爾（Ulrich Merkel）很內向，但她最愛的事情就是「閒聊」。[17]先生喜歡待在家裡，妻子則喜歡出門；先生避免參加學院的慶祝活動，妻子卻是帶著熱情安排一切。他們兩人會一起健行、拜訪彼此的家庭、旅行。幾年下來似乎很平順。然後，就在他們已經在柏林生活了一段時間之後，妻子搬出去，並和丈夫離婚。她只帶走了洗衣機。

在萊比錫的這些年是謹慎的年代，她變成一個可以自己作決定的成年女性。她徹底擺脫了牧師之女的角色，雖然有時會去學生團契看看，但拒絕擔任教會的服務事工。在反動政府的人群中，她的態度讓人覺得挺友善的。大家會在她在場時暢所欲言，也會邀請她參加批評社會主義的私人場合。儘管她總是很低調，也從不表達自己的政治立場，但大家很信任她。在這裡，以及之後在國家科學院，她其實都被國家安全組織所監視著。

但她也同時被那些服從政府、與政府配合的人所喜愛。有些人當時就已經入黨了。遠離滕普林，她在這裡對大多數人來說，是個既聰明、酒量又好、愛旅行、能玩卻也極端努力用功的同學。她把隔壁果汁店的櫻桃蘋果酒全部掃貨買光，然後晚上在學生俱樂部裡，將櫻桃蘋果酒兌上烈酒，調製成櫻桃威士忌，儼然一副女酒保模樣。梅克爾一直沒有成為黨員，但她還是保有自由德國青年成員的身分。這個組織是東德中央的青年團體，也是東德執政黨「德國統一社會黨」的先鋒組織。

通常談到這裡，許多人就會開始討論，她是不是太服從了？就像她父親之前或許太過熱烈地支持社會主義一般。她對她曾是自由德國青年組織幹部的身份保持沉默。完成博士學業後，接著她讓「馬列主義」課堂的結業報告消失，然後再塑造出她崇拜東德異議作家雷納・昆澈（Reiner Kunze）的形象，這位作家由於和政府持不同意見而離開東德。有人批評梅克爾，她當年與東德政府的關係，比她在兩德統一之後所宣稱的更為密切。若從這個論述出發，則會得出一個結論：在東德時期，她不是受害者，而是加害者。

剛進入西德政壇的時候，她還很喜歡提到當年在少年先鋒隊和自由德國青年組織的時光。在接受專訪時梅克爾曾說：「我很喜歡在自由德國青年組織的日子。」一九九一年十月三日在德國基督教民主黨於德國北部城市施威麟（Schwerin）舉辦的一個青年聚會上，梅克爾毫無保留地敘述前東德所組織的學生和大學生聚會，以及那些美好時光。然後她看到台下一張張無法理解、甚至嚇傻的臉。從此之後，她在公開場合再也沒有提過這件往事。她注意到，「即使在統一已經一年以後，兩邊的理解竟是如此少得可憐。」西德人無法明白，「我們東德人也是一樣在過日子。」她對記者解釋，「人們常常忽略：在東德的生活，政治和私人領域是分開的。政治給了個人限制，但也沒那麼明顯。在私人領域還是有友誼，還是有空間可以討論事情、閱讀、思考、追求知識和慶祝。可惜這個觀點卻沒有在現今社會被認同。」[18]

在西德成長的人也不明白，東德人順從政府並不只是為了個人自己，也是為了保護家人。「連坐法是最糟的。」[19] 梅克爾說。這個方式是國家安全局最有效的武器。若誰敢反叛，不只是讓自己陷入危險，也會拖累整個家庭和朋友圈。梅克爾的第二任丈夫約阿希姆・紹爾在二〇一〇年的一個訪談中，如此敘述這種被強迫的服從過程：「不只是消極的『不表態』就可以，而是要積極的去服從、表態，以及為社會服務。這代表那些不是東德執政黨成員的人民，統統需加入大型社會主義群眾組織。當我還在洪堡大學擔任助理時，有一天教授過來跟我說：『我們都是德國—蘇聯友好同盟協會的成員，如果您不想成為這個組織的會員，那就請您另謀高就。』這也就是說，我得離開大學。所以我就加入了。」[20]

梅克爾妥協於這種不同的感受模式。她日後提倡兩德雙邊人民應該要有更多對話，並分享經驗，但這種倡議剛好對她本人不適用。她反其道而行，保持沉默，就像在兒時和青少年時期學到的那樣。只是現在這是出於自己意願的沉默，這個沉默切斷了她與之前生活的連結。

這不僅讓許多老朋友們，也讓那些西德一直帶著猜忌眼光看著梅克爾一步步往上爬的人感到懷疑，這種沉默已經遠遠超出了個人順應情勢和牽連的範圍。就像她在從政的最初幾年所學到的，在民主的西方反正是無法說服別人的，解釋是沒用的，為了信念而爭取是徒然的。這是一種公開的沉默。只有在少數情緒波動的特別時刻，或國家級災難時，她的這種沉默才會被打破。

但若有人認為，梅克爾刻意抹煞她在德意志民主共和國的生活，是為了兩德統一後，在基民黨能以東德異議分子的身份從政，那麼就是完全扭曲了事實。她沒有掩蓋過往，她只是，就像德國其他政治人物提到自己過往時一樣，選擇了符合大家期待的記憶。她選擇了合適的故事，並藉著這些敘述加深內心對東德當局的隔閡。

難道原來的故事來自一個早早被政治化的少女，喜歡偷偷收看極保守的西德節目〈第二台新聞雜誌〉，靠著來自西德的書籍、聯絡和包裹才能夠忍受在那個錯誤國家的生活，最終期待著東德的滅亡？許多在過去三十年受訪過的朋友、同學、老師和教授的記憶裡不是這樣的。二〇一九年時，曾擔任過前東德國安部紀念館長、既好爭論又有爭議性的歷史學家胡伯圖斯·克納貝（Hubertus Knabe）彙整了梅克爾與社會主義國家的密切關係。他的結論是：梅克爾不是像一般人民順應情勢而已，但關於梅克爾曾身在組織中擔任線民，並化名艾莉卡的指控，沒有任何證據。

或許答案是很簡單的：她在這段期間裡沒什麼好隱瞞的，因此可以敘述這些故事。但比起要花精力去作無人會理解的解釋，她寧願只挑選能符合西德人民期待的事情——這完全就是她之前行為模式的翻版，只是對象不同罷了。

等待的時刻

在完成碩士學業後，梅克爾和她第一任丈夫原本想要前往圖林根邦的伊爾默瑙市（Ilmenau），想在那裡的科技大學任職。她申請了工作，然後面試時她還記得「這個令人不快的面試，是由一個更令人不快的幹部所主持的」。[21] 這個人知道一切關於她的事情。到此時，梅克爾終於確定她一直以來的懷疑都是真的：她在萊比錫的時候，有人在她身邊監視她，記錄她的所作所為。面試之後，在她前往科技大學的財會單位申請旅費補助時，半路出現了一個貨真價實的國安部人員和她攀談。她告訴對方，她不是秘密工作的適當人選，因為她非常大嘴巴。這當然是個笑話，梅克爾最擅長的就是保持沉默。不過，她父親當年被秘密組織吸收時，當下就拒絕合作，並向教會高層通報。國安當局想要吸收梅克爾的這件事後來也不了了之。當然，伊爾默瑙市的科技大學後來沒有錄取她。

雖然求職失敗，但她反而進入了柏林「東德國家科學院」的物理化學中心。一位在萊比錫的教授推薦她，而這位教授的兄弟正是這個中心的負責人。在媒體人胡戈．繆勒—福格（Hugo Müller-Vogg）所出版的梅克爾訪談集裡提到，梅克爾覺得，那些有「與國家對立」傾向的科學家才會被派來這裡。這個中心只做研究，並不進行教學，因為這樣就無法把反抗的意圖傳遞給學生。

但這只說對了一半。這個科學院奉命要進行最頂尖的研究，為的是要提升東德的科學和經濟水準，甚至希望能超越資本主義國家。總共有兩萬五千人在這裡工作，其中一萬人是科學家，工作的地方是柏林阿德列爾霍夫區的一個大型場館裡，自成一個小區，接近與西柏林的交界處。能在這裡進行研究的科學家，都是屬於東德國家級的頂尖研究員。

梅克爾要寫的博士論文題目是〈基於量子化學和統計方法的簡單鍵斷裂崩解反應機理研究及其速率常數計算〉，而她的馬克思—列寧主義課堂的論文標題則是異常簡單：〈什麼是社會主義的生活模式？〉22

對梅克爾有利的是，前面一篇博士論文得到了特優的成績，而第二篇的馬列主義論文則只是剛好及格。原因是這篇論文章「談論了太多農夫的狀況，而針對勞工階級著墨太少。」23

超過十年的時間，梅克爾天天在待在這個不起眼的營房裡。其實已經沒有人確知，當時她這個部門到底在研究什麼了。「社會主義的目標，在不可預期之意象和視角的幻想裡迷失。有誰像我們，在只有打孔卡而沒有電話的狀態下，為日後的世界打拼，會感受不到物質和科技的壓力。」曾經與梅克爾共事過、後來成為劇場工作者的麥克．辛德海姆（Michael Schindhelm），在他依真實情節改編的小說《羅伯特的旅程》裡如此寫道。在小說裡，梅克爾名為蕾娜特。「在部門裡的七位男士和蕾娜特都在隱密又直接地和世界進行精神對話……蕾娜特好幾年以來都是獨自面對著自己的博士論文。」小說如此敘述。[24]

梅克爾後來的丈夫，約阿希姆．紹爾在兩德統一超過三十年後，在一個訪談錄影中談到東德時期科學家的工作：「（科學家的）工作能力都沒問題，但工能力並不是必要的條件。」[25]在梅克爾的研究中心裡盡是百無聊賴，大家朝著龐大的電腦塞進自製的打孔卡，有時得花整天的時間才能等到結果，這些資料以現今的智慧型手機甚至一秒都不需要。為了能順利完成論文，梅克爾特地去捷克布拉格待了幾週，因為那裡有台ＩＢＭ電腦可供她使用。

相較起來，有交際又能吸收知識的生活更令人感到愉快。在最初幾個月，梅克爾這位新人，又身為部門唯一的女性，頗感到寂寞。之後，她再度從自由德國青年組織為起點，很快就交到了新朋友。這些自然科學家閱讀範圍廣泛，也包含了小說。其中有些人還弄來了蘇聯異議人士、科學家沙卡洛夫的文稿，這在東德是禁止閱讀的。此外，他們還討論關於西德總統里夏德．馮．魏茨澤克（Richard von Weizsäcker）的演說。

梅克爾為大家安排戲劇門票以及學年度的討論會、辯論會等活動，同時還把營區地下室改成了交誼廳。若活動期間少了盤子、玻璃杯或餐具，在她辦公室裡有的是存貨。一些當時的朋友、支持者、政治上的夥伴提到，她在當時的自由德國青年組織裡是負責鼓動和宣傳的。當然這些梅克爾自己都不記得了。

梅克爾會煮土耳其式咖啡，那是同事們在高談闊論世界情勢時很愛品嘗的。不知在某個時間點，在梅克爾的生活中出現了一位名叫約阿希姆·紹爾的男士，大多數在大學食堂裡相聚。他成為她科學上的指引者、朋友、伴侶，到一九九八年成為第二任丈夫。

一九八一年，梅克爾和第一任丈夫分居。某天深夜，她突然出現在一個同事家門口，她說，真的不行了，請求對方能夠讓她暫時棲身——這個朋友後來是這麼告訴媒體的。搬家到柏林的生活，讓前夫烏立希·梅克爾感到痛苦。不論是較早在洪堡大學，還是後來在國家科學院，他都無法適應大都市的生活，也無法融入科學家們的社交圈，他真正喜歡的是宅在家裡。他的太太則不同，喜歡晚上出門、跟朋友聊天或是欣賞戲劇，算是對沉默單調的日常工作一種補償心態。[26]

於是，研究機構同事們之間發起了一個冒險活動，名為「為安格拉找房子」的計畫，最終在柏林當時還很荒廢的普倫茨勞貝格區，一棟位於滕普林街上的後排房子裡找到一間沒人住的公寓。他們把門鎖撬開。當時在東德這種佔據無主屋、逕行入住的方式，雖不合法，但很常見。朋友們幫忙把房子整理好，貢獻一些家具，讓梅克爾可以入住。住久了，她的居住資格就算是合法了，而且她還很幸運：這個地方要重新翻修，她被分配到另一間已整修完成的公寓。[27]

梅克爾運用科學院提供的機會，多次前往波蘭、捷克、俄羅斯和烏克蘭等國參訪。她認同波蘭的團結工聯，並常和同事討論社會主義到底有哪些新路線可走。

到這個時候她明白，德意志民主共和國是無法繼續存在了，如她日後所說的。跟她大多數朋友以及她父親不同的是，她在當時已經不認為社會主義會走出一個新路線，她認為西方社會的經濟模式才是可行的。但回到研究中心，她將自己的這種想法隱藏起來，因此研究中心裡面那些為東德國安部當線人的同事，至終提出的觀察報告都是：梅克爾對黨對國家抱持著既質疑、卻也具建設性的態度。

在兩德統一之後，她確信有些同事曾為國家安全組織工作過。但她的不信任感保護了她，讓她沒有因為透露太多自己的想法或關於自己的事，而遭到麻煩。一位同事、也是旅遊夥伴的人，在給組織的報告上面寫著：他不確定梅克爾在教會中有多活躍。

劇場工作者麥克．辛德海姆日後承認，他自己也曾為國家安全組織服務過，在他眼中的梅克爾很率直。不過梅克爾很幸運：辛德海姆似乎是個很不稱職的線人，他的報告完全沒有殺傷力，他也沒有提供關於同事們的線索——這是世界日報記者阿克瑟．布呂格曼（Axel Brüggemann）在閱讀過辛德海姆的「加害者／被害者」檔案後所總結出來的。

波蘭的改革運動、戈巴契夫在蘇俄的改革開放，都為一九八〇年代後半的東德，帶來了改變的希望。西德以數億元貸款幫助東德穩定經濟，換來了兩德之間漸漸順暢的雙邊關係。

一九八六年梅克爾獲准到西德，那時她的一個表妹在漢堡結婚。梅克爾利用這次機會還拜訪了搬到西德、當時住在喀斯魯爾的一位老同事。接下來她去了德、瑞、奧交界的波登湖。這個充滿自信的女性科學家看到西德的城際快車感到無比興奮：「這種鐵道技術！」她也對一些西德學生不拘小節的行為感到訝異，他們居然把腳放在火車座椅上。28

從梅克爾後來的旅程可以看出來，東德人民對西德生活的理解是如何的片面。在康斯坦茲時，她單是為了「身為單身女性入住旅館是否明智」這件事就傷了很久的腦筋，畢竟她以前看到的西德警匪影集，劇情常常是單身女性在旅館被謀殺的故事。

奇怪的是，她並沒有嚴肅地考慮是否要留在西德。儘管她意識到，東德已是無可救藥地癱瘓，且依據後來的說法，只有靠著旅行才能讓留在東德的心情好過一些，但她還是回去了。這是她再一次、也是最後一次證明她堅定地讓自己順服在社會主義律法之下的意志力：誰要是叛逃，是會讓家人和朋友落入險境的。她的伴侶還在東柏林，他一九八八年成為旅遊部門的幹部。

父母親和弟妹也都還在東德，他們雖然在思想和政治立場上和當局不同，但仍是留在那裡。長期以來，在滕普林的老家中會有針對社會主義改革的討論，來自西德的訪客會固定出席，而梅克爾的弟弟馬庫斯則是明顯站在批判的立場。所以她回去了。

不過她離開了在自由德國青年組織的職務，回歸私人生活。科學院已經沒有能力再購置任何必要的零件，整個研究部門不是停擺，就是得自己想辦法拼湊殘缺、不完整的設備。有些同事去了西德，但國家和黨領導還是拒絕往前走，儘管許多社會主義的友邦都已經開始改變了。

梅克爾自認在科學院的十年是等待的時間。她的傳記作者伊芙琳・羅爾寫道，她變成一個蛹了。[29] 這是一幅美麗的畫面，但只有當我們看到後來發生的事情，這個比喻才有意義。一九八九年東德瓦解，這個來自滕普林、蟄伏中的女物理學家，終於有機會蛻變成一位女政治家。只有當人們回顧之前發生的，才會看到這個成蛹的過程。

採取攻勢

麥克・辛德海姆是在東德科學界這個圈子裡，少數幾個大家知道在東德瓦解這個鉅變之前就離開原本工作的。他辭職，先是投入文學，然後戲劇，最後到了西德。在離別時，他送給梅克爾一本果戈里的小說《死魂靈》，在題獻的地方，他寫了改編自十九世紀德國哲學家詩人腓特烈·賀德林（Friedrich Hölderlin）的詩句：採取攻勢（Geh ins Offene.）。

這件事促使了梅克爾走向一個新的起點，也成為她生命轉捩點的一個代表事件：採取攻勢。日後她常常引用這句口號。它讓她有勇氣可以迎接新的開始。在她早已被全世界關注和尊敬的時候，她把這句話傳達給下個世代。二〇〇六年在德國統一紀念日當天，她對著全國人民大聲疾呼：「我們要採取攻勢」，[30]「你們要採取攻勢」則是在二〇一九年在哈佛大學對頂尖學生的鼓勵。[31]

這段歷史也顯示出一個模式，當一個大人物的生命重要時刻被偶像化的時候，記憶是多麼地不可靠。在最初幾年，故事不是這樣的。在小說《羅伯特的旅程》中，羅伯特是受贈者。他在離別時從蕾娜特得到一本有題獻的書。[32] 梅克爾在公元兩千年剛當上基民黨黨魁時，所說的也和這個版本相差不遠。[33]

同樣明顯的是，在她記憶中的這段經歷，漸漸的向後被推延到一九八九年，「或是更晚」。[34] 這個故事應該是在一九八六年，辛德海姆離開科學院這一年發生的，也是梅克爾乖乖從西德回來的時候。

因此，特別引人注目的是，較早的版本傳遞出與較晚版本完全不同的訊息：如果梅克爾是送禮者，而真的是在一九八六年發生的，這句話就是隱藏著這位年輕女物理家內心的渴望。她有短暫地採取攻勢，但卻又回到這個封閉的地方——因此祝福即將離去的友人能夠做得更好。但，如果梅克爾真的是一九八九年的受贈者，那這個題獻真的開啟了她從政的大道。採取攻勢，勢必面對風險，但也可以改變自己、改變世界，這是梅克爾對哈佛大學學生所說的。所以，不讓人感到意外，梅克爾從回顧的角度來看，將自己視為一九八九年的受贈者，乃是更合適的。

這兩位，小說中的羅伯特和蕾娜特，現實中的辛德海姆和梅克爾，都採取了攻勢。他們都做到自己所能達到的最好狀態。這跟他們許多同胞們不同。在這個點上，個人和群體面對兩德統一過程有著截然不同的記憶。梅克爾和辛德海姆兩人都離開了女作家茵尼斯・蓋博爾（Ines Geipel）所定義的「東德的記憶群體」。只有辛德海姆在若干年後還可以說：「安格拉・梅克爾在本質上，還是我當時所認識的那個人。」[35]

其他人認識的梅克爾，不是一九八九年之前的她，就是在那之後的她。大多數的東德人走過了國家統一這段動盪的時刻之後，經歷了改變帶來的失敗和屈辱。這點和總理不同。總理與大多數的東德人之間的關聯，除了對馬鈴薯濃湯的喜愛，以及她還保有在家鄉烏克馬克縣的第二聯絡地址，其他什麼都沒有了。而西德人則是對梅克爾感到另一種疑惑：他們認識了一位不知從哪兒冒出來的女性政治家，她的發展只能從一起共事的當下來評論。

我完全不感到疲倦，這一切都是不可思議地令人興奮

任何人如果曾經經歷過「一個看似不可能摧毀的系統，最後竟然瓦解」的過程，就會覺得世上的事情沒有什麼不可能、或是理所當然的。在蘇聯，以及大多數社會主義兄弟之邦在一九八〇年代中期正在迎接政治的春天之際，只有在埃里希．何內克（Erich Honecker）統治下的東德，覺得這是不必要的改變。「您會在您的鄰居翻修屋子時，也覺得自己必須換上新壁紙嗎？」[36]——在一九八七年《亮點》雜誌中的訪談中，問到當蘇聯已經在進行開放政策和改革重組，整個社會也要透明化和革新的同時，德意志民主共和國還要封閉多久時，執政的德國統一社會黨首席思想家庫爾特．哈格（Kurt Hager）如此反駁。

其實當時哈格被視為東德政治局勢的新希望，卻是他摧毀了所有改革的希望。他說的這句話很快就傳播開來，對成千上萬的人來說是最後一個信號。不只造成政治反對者和知識分子背離當局，現在連一般民眾都不再接納政府了。

一九八九年夏季快結束前，整個歐洲局勢正在高速轉變。幾個星期以來，從匈牙利往奧地利的國界大開，因此上千東德人民放下了黨國、財產、親戚和朋友踏上這段旅程。其他人則是佔領西德駐友邦國家的大使館，藉此施壓得到離開機會。很多留下來的人選擇走上街頭：在萊

比錫，每個星期一舉辦的和平祈禱會，從九月初開始越來越多人參與，成了當局無法制止的示威遊行。

最終燃起和平革命火花的，是在九月三十日這一天。當時西德外交部長漢斯─迪特里希．根舍（Hans-Dietrich Genscher）到了布拉格，進入已經被擠爆的西德駐捷克大使館，並說出了在德國近代史上最有名、卻又不完整的一句話：「親愛的同胞，我今天來到這裡，是要告訴您們，您們出境至……西德的事宜已準備好。」句子中間的部分，淹沒在四、五千東德人的歡呼中，其中有些人已經在大使館區紮營好幾個星期了。就在當天晚上，這些東德人民在西德外交部的護送下抵達了西德，在接下來的晚上，大使館又再次擠滿了人。但此時的東德政府還是拒絕正視現實：為了保住面子，當局很荒謬地要求開往西德的列車必須通過東德的領地，指稱這一切都應該走合法的程序，而這些人民會被開除國籍。結果適得其反，當列車通過德勒斯登時，在火車站湧入了大批抗議群眾，整個局勢陷入一片混亂。

同年，東德當局熱烈慶祝建國四十年，好像什麼都沒發生一樣：火炬遊行、閱兵典禮、國宴。而其實，翻天覆地的大變化即將來到。蘇聯國家領導人戈巴契夫在這個晚上也是柏林中區共和國宮的座上賓。「晚到的人是會被懲罰的。」他回憶他向何內克同志在私下會談時說過這句話。何內克下令趕走皇宮外聚集在施培爾河和電視塔中間的抗議群眾，毆打並逮捕他們。人民吶喊「戈比、戈比」、「要民主」以及「不要暴力」的聲音，一直傳到宴會廳裡。

但抗議的東德人民並沒有因為鎮壓而害怕退縮。這股風潮到處都可見，從德勒斯登、普勞恩、馬德堡一路蔓延，尤其在萊比錫，最後到了柏林。雖然當局想要鎮壓，召集警察、軍隊和國家安全部來扼殺這些抗議遊行，但一切都是徒然的。越來越多軍人、警察和消防隊員退出工作，政府也無法確認交代的命令會確實執行。十月九日，也就是在詭異的國慶大典以及被鎮壓下來的柏林抗議行動之後兩天，七萬萊比錫的居民在週一禱告會後走上街頭，朝著市政府的方向前進。令人不可思議的是，居然什麼事也沒發生。軍人、國家安全人員和警察皆重裝待命，且在當天下午也被告知抗命的後果。但是晚上時，他們還是留在軍營和運輸車裡。已經沒有人再對他們下命令了。

從這天起，政局的轉變已是不可逆的局勢，所有東德的大城市都看得到抗議遊行。東德政權急速崩解。一個月之後，埃里希・何內克下台，政府發言人君特・夏波夫斯基在十一月九日宣告東德人民享有旅行自由，現在每個人都可以隨時進入西德。當記者問到這個新的旅遊條款何時開始生效，夏波夫斯基說了另一句在轉變時刻有名的不完整句子：「據我所知……馬上……即刻。」就在當天晚上，數千人民聚集在東西柏林交界的波恩荷爾摩街。代表著分隔的柵欄緩緩升起。

梅克爾與大多數人的反應不同。她先和一位女性友人去了桑拿，接著又去了隔壁的「老瓦斯燈」酒吧點上一杯啤酒，這是每個星期四固定會做的事。她本人日後也很喜歡講到這段。十五年後她將會回到這裡，為她的丈夫和朋友扎啤酒當作紀念。在這個解放、充滿衝擊的時刻，這位女物理學家選擇拿起游泳用具，步行到恩斯特·台爾曼公園的游泳池，讓自己在桑拿裡盡情出汗。她之前和她母親通過電話，為的是要記起他們曾約定，如果柏林圍牆有一天倒塌，他們要到柏林選帝侯大道上的凱賓斯基五星級飯店去吃生蠔。梅克爾本人不喜歡生蠔，這個柏林之行也沒有真的實現。但這凸顯了卡斯納家是如何表達對德國分裂的感受，他們象徵了「不遷就」、「不同意」的態度。

一直到從桑拿出來，她才聽說邊界已開放。她出發穿越了波恩荷爾摩街的邊界管制站，到了威丁區一個家庭稍稍慶祝一下就很快離開。她第二天必須早起，畢竟還有工作。

這段軼事也顯示出後來成為基民黨政治人物梅克爾的真實性格：動盪讓她不安，**在混亂的狀況下她會退一步，冷靜下來，做出思考，然後才有動作**。在日後的一段訪談中她說，花園裡「挖來挖去」的工作，會幫助她即使在扶搖直上的政治生涯中整理心緒並保持腳踏實地。[37] 或者是休假幾天。而在兩德合併的那個轉變時期，則是去桑拿。

梅克爾不屬於一開始就投入政治的那批人。儘管她和反對黨有聯繫，她也不是人權維護者。她每天依舊得早起到科學院，一直待到傍晚。但實際上也沒有人在工作，「辦公室裡和企業都被政治影響了」。[38] 她還是預計完成原本排定好的學術交換旅行，一個是十一月初在喀斯魯爾，另一個是十一月十三日在波蘭的演講，她都很認真地完成了。但不論在科學院之內還是之外，梅克爾漸漸放得開了。

在九月的時候，她就參與過在父母家舉辦的一個政治座談。當時的參與者敘述，梅克爾的話很少。她本人則是不記得這件事了。但就在她的父親仍堅信社會主義能走出一條自主新路線的同時，梅克爾清楚地體悟到，除了市場經濟是不可能有第三條路的，如同她之後在一段訪問所說的。

早在九月九日，東德異議人士勞勃・哈費曼（Robert Havemann）的遺孀凱雅・哈費曼（Katja），和芭貝爾・博利（Bärbel Bohley）、延斯・萊許（Jens Reich）等人組成了「新論壇運動」，之後還註冊成黨派。卡斯納家長久下來一直和哈費曼夫婦交好，安格拉的父親和弟弟馬庫斯和這個組織走得很近。這個組織後來有一部份成為了和西德綠黨合併的「聯盟90」。緊接著，九月十二日在柏林基督教巴特羅麥教堂的週遭成立了「當今民主」運動、十月一日進行「民主覺醒運動」，七日「東德社會民主黨」建黨。梅克爾的母親投入社會民主黨的工作，日後長期擔任該黨滕普林市市議員。在短短幾天、幾個星期內，陸續產生了許多政黨、運動、聯盟。似乎整個國家都像梅克爾一樣經歷了成蛹的過程。

「如果這時什麼都沒做，以後怎麼跟兒孫輩交代？」後來成為總統的沃夫岡・提爾澤提出這個疑問，也是幫那群在東德時期經歷過「差異體驗」，現在想要走上政治之路的基督徒發聲。日後成為伊爾姆區區長、也是一九九九年基民黨推派的聯邦總統候選人黛瑪・史基潘斯基（Dagmar Schipanski）的丈夫，提崗・史基潘斯基認為，這真的是「讓我新生命覺醒的解放一擊。」[39]

很多人都有類似的感受，梅克爾也不例外。內心裡她知道，自從一九八六年取得博士學位後，學術研究的大門對她而言就關閉了，因為她看到了自己的極限：她很好，但不夠出色。她認識到，即使是班上第一名，還是有更上一階要達到：頂尖出色。在科學研究上，她是無法達到了，除非她能全心全意投入學術，不過，她並沒有準備好要這樣做。當政治情勢不斷改變時，梅克爾自己正也面對生涯的轉折。

到處都在舉行各式的討論會和集會。「我完全不感到疲倦，這一切都是不可思議地令人興奮。」[40]梅克爾說。她不僅僅是參加而已，讓同事們感到訝異的是，平時在科學院那麼謹慎的研究員，現在是如此公開而堅定地疾呼改革。

十月時，梅克爾也開始在一些非和平革命的場合中露臉。有位最初的目擊者說，她在位於柏林普倫茨勞貝格一座名為客西馬尼園的教會裡，幫忙計算募捐金額。這幾年來，客西馬尼園教會在東德的人權運動上佔有舉足輕重的地位，八〇年代中期曾是反對陣營基本成員的中心。梅克爾已經參加過幾次在這裡舉行的座談晚會，大家都認識她。對柏林的抗議群眾來說，這個教堂既是一個提供保護的場所，也是提供醫療救治的地方。當時在國慶被軍警打傷的群眾，就被送到這裡來救治，還有人躲避鎮壓逃到這裡。「在群眾力量下，讓自身從昏迷狀態甦醒過來，這真是令人陶醉的感受……以前是如此的死板且規定好的，現在原本僵硬、只有馬克思的態度，突然都開始舞動起來。」[41]社會學家斯特芬．毛烏（Steffen Mau）在他對東德社會分析時寫道。梅克爾也跟著起舞。

梅克爾一開始先是在「民主覺醒運動」黨派活躍人士、後來該黨黨主席、身為律師（但後來又被識破是東德國安部間諜）的沃爾夫岡．施努爾（Wolfgang Schnur）辦公室裡幫忙，不是擔任領導的職位，只是單純以志工的身分參與組織。施努爾曾身為教會執事，因此和梅克爾的父親相識。在當時他被視為人權運動的希望。其餘被賦予厚望的還有神父萊納．埃佩爾曼（Rainer Eppelmann）和弗里德里希．朔爾萊默（Friedrich Schorlemmer）。另一位她弟弟的好友，後來也是基民黨一員的君特．諾克（Günter Nooke）在最初也參與這個運動。

但梅克爾還無法做出決定。她跟著她在科學院的直屬上司克勞茲．烏布利希（Klaus

Ulbricht）觀摩了各式各樣的政治團體。當時為德國統一民主黨之衛星黨的基民黨完全不列入考慮；德國社會民主黨以「女同志」稱呼她，讓她覺得反感。在「新論壇」和其他類似的組織，對梅克爾來說存在著太多基層民主，一切都停留在動嘴皮子。只有談論是不夠的，「必須要有作為。」[42]

克勞茲．烏布利希最後決定留在德國社會民主黨，後來成為柏林克佩尼克區區長。梅克爾則選擇了民主覺醒運動（發展成「民主覺醒黨」）。或許在另一天、不同的活動、跟不同的核心人物、在不同的社會，梅克爾也可能會選擇另一個政黨也說不定。

這說明了，為什麼梅克爾和基民黨的關係，即使在民主覺醒黨和基民黨合併、身為三十年黨員、擔任了十八年基民黨魁之後，依舊不是一個合拍的團隊。跟她的前任，以及現在許多黨中央的成員不同，她也可以是另一個黨的黨員。這個指責從此刻開始就和她形影不離，日後在她每次決定政策方向時，都會再次被提及。保守派成員們帶著獲得「缺乏獨特性」認證的這一股委屈，在基民黨裡忍了一個世代。每當他們和梅克爾的務實路線相衝突時，就會更深刻地感受到這股委屈。當這個基督教的總理對德籍教宗提出質疑時，或當她為「人人都可結婚」這一議題排除一切阻撓時，這個傷口又再次被撕開。

梅克爾讓許多黨內同志感到格格不入，並不是單單因為梅克爾人生的前三十五年沒有參與政治、跟他們沒有共同話題。更糟的是「梅克爾幾乎是偶然的情況下才加入基民黨」的這個事實。而且梅克爾本人無意解決這個隔閡。

東德人民無言又驚恐地看到，他們原本認知的政治體系是如何被和平地「抗議」掉。許多人歡呼迎接一個其實還看不到方向和結構的新開始。每個人都在談論，大家都有想法，每個人都認識某個朋友的朋友在參與此事。但是對梅克爾來說，她未來的道路和那些在激情過後又回到原本生活（或是殘破的原本生活）的大多數人民不同。

因為在轉折的那幾週裡，出現了一個對東德公民權利維護者來說是突襲、對質疑者來說是證實、對務實者來說是獎賞的一件事：西德進入到東德。西德的黨派紛紛來到了萊比錫和柏林，為的是幫忙解決混亂。企業家和經理人到這裡尋找商業夥伴和市場。科學家和管理部門的公務員搜尋一起合作的機會。他們面對的是一個尚未準備好的社會。「對民主參與的最初體驗，建立在能夠被人聽見、能讓上位者讓步的街頭抗議，但是卻缺乏廣泛的公眾參與、政治上的自我管理以及群體的意識組織上的經驗。不過，他們又該從何得知呢？」[43]斯特芬．毛烏提出疑問。務實主義者則重新整理全新的東德，並建立自己在政治上的地位。這也是梅克爾擅長的。

十一月的時候，民主覺醒主席沃爾夫岡．施努爾接待從西德來的代表團。發展援助部部長余爾根．沃恩克（Jürgen Warnke，西德基社黨）想以德國基督教會核心成員的身分，在充滿改革氣氛的東德尋覓人才。大眾對當時談話的細節知道得不多，除了身為志工的梅克爾第一次被西德訪客注意到。沃恩克的發言人漢斯－克里斯蒂安．馬斯（Hans-Christian Maaß）——他本身也出身於東德牧師家庭，在一九七四年還是個膽大妄為的學生時，慘遭東德除籍——在這次晤談中有機會和梅克爾談話，但覺得她是一個既冷淡又有些高傲的女性。梅克爾對漢斯也抱持同樣的看法。不過無論如何，她讓漢斯－克里斯蒂安．馬斯有印象，這點在未來幾個月非常重要，因為他正在東德地區尋找優秀的政治人才。

梅克爾跟科學院申請從一九九〇年二月一日開始休假。她決定要投入政治，但還是先留給自己一條退路。如果三月的議會選舉不幸失敗的話，她還是可以再回到科學院工作。

回想起來，她從政的第一年真的是充滿了巧合、幸運和緣分。這是一個面向。另一個面向，是冷靜計畫、目標明確和處變不驚的態度。在一九八九年十二月時，她還默默無名，甚至有些在自己所屬小黨的成員都還不認識她。但在幾乎整整一年以後，她將隨著當時西德執政大黨基民黨一起進入聯邦國會，而且總理邀她到總理府，請她擔任部長。

那些在一九八九、九〇年冬季認識她的人，都特別對她在辦公室安排事務的能力印象深刻。在一個缺乏有效通訊系統和影印機的國家，連黨員之間的聯絡都很不穩定，更遑論可能的選民，此時光有遠大的政治藍圖是無法讓人成為不可或缺的腳色。但梅克爾做到了，因為她有使用電腦的能力，沒有派頭又非常幽默，能夠跟每個人談得來，又願意為大家煮咖啡。但沒有人能從這個穿著咖啡色燈芯絨褲的年輕女生身上，預知她有一天會成為頂尖的政治家。

儘管民主覺醒黨在它短暫的黨史上即將面對一個最困難的方向抉擇，梅克爾還是沒有確定自己的定位。一派人認為，市場經濟及兩德統一才是未來的方向，另一派人則堅信能夠在社會主義和市場經濟中間走出一條屬於東德的獨立新路線。梅克爾是屬於前者，但她選擇沉默不語，不想影響黨務，其實也無從影響：她既不屬於這個年輕黨派的核心，也不是有名的黨員。

這個黨終於分裂了，當初同為創黨成員的君特．諾克和弗里德里希．朔爾萊默很失望地離開這個「香草甜菜黨」（朔爾萊默的說法）。[44]沃爾夫岡．施努爾和同為主席的萊納．埃佩爾曼為了要追求與基民黨合作的機會，而不斷穿針引線。由民主覺醒黨、東德基民黨和當時與巴伐利亞邦基社聯盟親近的德國社會聯盟（DSU）共同組成「德國聯盟」，毫無阻礙地並肩投入東德人民議會的選舉。一夜之間，新成員梅克爾成為保守黨一員，一個本來幾週前還無法想像要效力於衛星黨的政治新星。她一九九〇年秋天才成為基民黨黨員。而她在萊比錫及科學院的老朋友們，對這點深感驚訝——這還是委婉的說法。

民主覺醒黨黨主席沃爾夫岡．施努爾是一個混亂製造者，因為他曾為國家安全部工作而廣受責難，這也成為聯盟的負擔。他總是遲到，常常同一時間安排了兩到三件事，老是在時間壓力下。一九九〇年二月，阿德諾基金會人員進行禮貌性拜訪時，他居然沒空接見對方。「妳去吧！」他對梅克爾說。當她提醒主席，她並沒有被黨授權可以與代表團進行談話時，沃爾夫岡．施努爾說：「那妳現在就是黨發言人。」[45]

就這樣定案了。反正大家都沒有參與民主政治的經驗，東德是否有人能夠勝任這個面對媒體的工作，就要在實務工作上才見分曉。「結果還不錯。」梅克爾清楚覺得。[46]特別是，她不需要等別人告訴她，黨對個別主題的看法。她已經知道，目前黨並沒有堅實的基礎。她憑自己的思考就可以準確地總結討論的結果。對記者來說，她是少數可接觸到的、可溝通的及值得信任的對談對象。晚上她在家製作傳單和標語，白天她為黨高層撰寫演講稿，中間的時間她為自己尋找定位。在二月十日出刊的《柏林報》已經可以看到作者為「安格拉．梅克爾」的一篇客座評論。在評論裡面她提出為何和基民黨合作是正確的選擇，同時，她引述德國經濟之父路德維希．艾哈德（Ludwig Erhard）的話說，認為政治家應該要為民眾服務。起碼在未來幾年裡，她都忠於這些動機和議題。[47]

三月間的東德人民議會選舉當中，共有超過二十個組織和黨派參與。事前無人能預料，第一次參與自由民主選舉的東德人民會做出什麼樣的決定。最終東德基民黨在新任黨主席洛塔．德．梅齊耶的領導下（而且有當時西德總理柯爾在選戰中的加持）獲得勝利，「德國聯盟」拿下將近百分之五十的選票，差一點就達到絕對多數。德．梅齊耶，一個律師兼中提琴家，成為東德第一任人民選出的領導人。相反的，民主覺醒黨打了一個大敗仗。在選舉前幾天，黨主席沃爾夫岡．施努爾承認他幾十年來身為國家安全部的線民，他不僅出賣了他的委託人（女性人權維護者、建築家、藝術家），甚至包含他長年的友人、同為主席的萊納．埃佩爾曼。只有不到百分之一的選民選擇相信這個黨能夠帶領東德的未來。

民主覺醒黨的這位女發言人沒讓自己陷在悲傷太久，在選舉後的當天夜裡，她還見了剛從基民黨盛大慶功宴來到充滿悲傷氣氛的民主覺醒黨黨部的洛塔．德．梅齊耶。現在梅克爾走出藏身處，她成功地向德．梅齊耶提議，在籌組政府的過程中不要忘記民主覺醒黨，即使該黨的選舉結果慘不忍睹。民主覺醒黨從此沒落，但梅克爾這顆明日之星才要升起：她成為新政府的副發言人。

這就是梅克爾式的特質，**融合了不虛榮、自信、聰穎和知道什麼時候該做什麼事情的智慧**。這個特質也讓德．梅齊耶和他西德的幕僚漢斯－克里斯蒂安．馬斯等人印象深刻，而過幾個月後，也會使柯爾注意到。梅克爾能夠說英文和俄文，她陪著東德總理德．梅齊耶出訪。她能夠巧妙地運用政治語言和所要傳達的訊息，並為總理的公開場合進行準備。她既容易親近又爽直，對記者們來說，她是針對東德問題最佳的聯絡人。

就像她之前讓自己成為民主覺醒黨不可或缺的人才一樣，她現在讓自己在東德政府裡顯得無可取代。現在她終於下定決心要投身政治，即使以副發言人的身分，尚未能進入總理的核心團隊，但足夠讓她和其他閣員建立起良好關係。

她的行動非常有策略。當時身為黨鞭，在人民議會領導基民黨的君特．克勞斯，同時也以國務秘書的身分進行兩德統一的談判，堪稱是最搶手的風雲人物。當梅克爾以發言人的身分參與統一合約的談判時，她和克勞斯建立起良好的工作關係。克勞斯和德．梅齊耶成為了讓梅克爾留在政治圈，並快速爬上權力核心的重要推手。

儘管梅克爾當時還是民主覺醒黨的黨員，不過克勞斯自己身為基民黨在梅克倫堡—弗波美拉尼亞邦的黨主席，於是為她安排了一個選區：施特拉爾松德暨呂根島。他非常欣賞梅克爾作為發言人的角色，並計畫他本人在兩德合併後當上部長時，同樣給她發言人的職務。

在這個一年之間，梅克爾學會了一切之後能讓她在西德政治圈的大環境裡有幫助的事物：跟黨內人士和記者都建立好關係。她也藉著參選，在聯邦國會裡佔有一席。她讓之後在政治圈的有力人士印象深刻。她非常盡責地做到了。

在一九九〇年代的西德，一個好勝又聰明的女性政治人物，若是行為舉止都像男性同事一樣，那可是會讓人留下負面印象的。梅克爾很快就明白了這個事實。當人們對她的髮型、被嘲笑的燈芯絨褲、亂飄的裙子、手織襪和平底涼鞋指指點點時，她認知到：在西方，女性是用不同的標準被衡量的。她開始收起她的好勝心和執行力，就像她在她人生最初的三十五年那樣。她開始讓週遭覺得：她獲得提拔是偶然的。這將對她在波昂的起步很有幫助。對那些西德的政治老手來說，一個迷迷糊糊誤入政治叢林、總是能逃過危機的女孩，比一個堅強、聰明、有明確目標、來自滕普林的牧師之女，更能讓人接受。

PART 3

弒父者與男性敵手 Männer

黑寡婦

梅克爾被視為德國政壇的女性當家，是身著褲裝的女性政治權術家。她就是那位逐一打敗男性競爭者、帶著忠誠的女性幕僚團隊一起執政的女總理。然而梅克爾是否將政治上的性別之爭，提升到了一個新的層面？

首先可確定的是，男性在梅克爾的政治生涯裡扮演了重要的角色。再者，她並沒有全數解決掉他們，這點與廣為流傳的傳言剛好相反。

在團隊裡，時常有數量足夠的男性忠心臣服於這位女總理，一部份是自從她開始進入政壇就已經合作無間的伙伴——即便有時這些伙伴們也不免對她的行事感到失望。這些男性政治家包含湯瑪斯・德・梅齊埃（Thomas de Maizière）等人。來自萊茵邦已逝世的彼得・辛澤（Peter

Hintze）也曾屬於梅克爾男性親信團的成員，或許是最舉足輕重的一位。

再來就是那些無法脫離這位女總理懷抱的伙伴，就她的立場而言，她也不想與這些男性撇清關係，例如前輩、抱持懷疑態度的人以及對手們。這個類別中最有名的代表人物就是第一章已提到的蕭伯樂和斯托貝（差點扔了她生日晚宴邀請函的人），而澤霍費爾（在基民黨大會上對她訓話十三分鐘的人）以及諾伯特·拉默特（Norbert Lammert）也屬於此類。

最後，則是那些將自己視為梅克爾執政下受害者的人，那些與她進行權力鬥爭但卻敗落的男士。弗雷德里西·梅爾茨、羅蘭·科赫（Roland Koch）或者諾伯特·洛特根（Norbert Röttgen）都是屬於此列的政治家。梅爾茨和洛特根本想於二〇二一年一月的「後梅克爾時代」黨魁競選時再次嘗試，但卻失利，這也與此位女總理政治生涯中所應負責承擔的盲點有關。

有些在層峰邊緣的陽光男孩們，如卡爾－特奧多爾·楚·古滕貝格（Karl-Theodor zu Guttenberg）這類年輕的從政者，在梅克爾勢力範圍的另一端發光發亮。只要一切順利，她也不吝於提供他們較多的發展空間。

內閣的輪替總是意味著世代的更迭。蜂巢裡的雄蜂和多數的年邁工蜂將隨著蜂后的消失而逐漸逝去。即使在二〇二一年九月德國大選後，新任總理可能仍舊來自梅克爾那一個世代，但是許多部長和國務秘書、政府部門主管以及辦公室主任們不再繼續擔任原職。那些在政治臺面上的人物，如：馬庫斯·索爾德（Markus Söder）、凱文·庫納特（Kevin Kühnert）、安娜萊娜·貝爾柏克（Annalena Baerbock）、法蘭基絲卡·姬菲（Franziska Giffey）、丹尼爾·岡瑟（Daniel Günther）、羅伯特·哈柏克（Robert Habeck）、馬可柯·布施曼（Marco Buschmann）或保羅·齊米艾克（Paul Ziemiak），將會影響未來德國的政局。他們不僅能夠以不同的方式同時處理新舊世代的挑戰，還必須鏟除梅克爾執政以來，十二年的大聯盟政府（Große Koalition）以及四年的黑黃聯盟（Schwarz-gelbe Koalition）等舊勢力的影響。

但非常清楚的一點是：基民黨的時代，以及由女性擔任德國聯邦總理的時代，或許已劃下了句點。二十多年來由女性主導的政壇，目前可以感受到一股反動之力。議會中的女性所佔比例一直沒有改變，有時甚至下降，基民黨主席再次由男性出任——阿明·拉謝特（Armin Laschet），即便他自認是梅克爾政策的維護者。

情況雖然如此，但這也不會引發起男性的反革命。因為，整體而言梅克爾時代實在太成功了；社會思想的解放也發展的很純熟，再加上這期間更有許多野心勃勃的女性投入了政壇，例如綠黨提名安娜萊娜·貝爾柏克為總理候選人。梅克爾在一九九〇年代初期擔任婦女部長的時候，曾經否決了「女性主管在經濟與行政部門應有保障名額」的提案，不過現在這個點子已成了主流，梅克爾也轉為支持此項政策，成為她執政晚期的另一項轉變。

德國花了三十年，這是一整個世代的時間，才將全國從父權體制轉變成一個多元化的社會。德國整體的「大我們」原本是由在基督宗教薰陶下，相同生活背景的西德男性所打造出來的，但如今大多數的德國公民已有多元的不同思考和感受方式。目前的問題，早已不是女性在公共領域、商業場域以及政治團體中是否獲得了足夠的代表。「公民」將包含男性、女性以及其他各種不同的可能性，他們將種族背景視為自己的身分認同，各種不同的生活方式取代了宗教的歸屬。教育成為核心特徵，與出身或是性別相較之下，生活重心是在城鄉或是東西德，更能說明自己的社會地位、政治立場以及生活態度。

這種發展趨勢，當然也會出現弊端，而且弊端直到最近幾年才展露出來。如同許多國家，新的社會版圖導致德國日益分裂，也因此造成了損失，出現了犧牲者。當所有的國民再也不想被視為是一個整體的時候，這個國家就失去了中心凝聚力。此時這些政治人物的任務是，盡可能地找到分裂的社會族群之間的平衡點，強化連結，聆聽並認真對待從未被聽見的聲音，並且在變動與保留之間，努力維繫平衡。如同社會學家安德烈亞斯・雷克維茨（Andreas Reckwitz）表示：「普遍的事情……必須再次重頭塑造。」[1]

社會學家克拉斯捷夫（Ivan Krastev）曾寫道：「東德人，如同許多東歐改革國家的人民，經過了和平革命，對於所有脆弱的政治關係尤其敏感。」[2]而那些原來位在前東德的新聯邦，對於安全相關的政策需求尤為明顯，並且把「保存傳統生活」視為追求的目標。在梅克爾領導政府十六年之後，位在前東德的各邦指控她完全忽視這一點，在政治層面一味迎合大城市的社會發展。這樣的批評聲浪，尤其來自她的黨內。

一九八〇年代開始，世界各地城鄉生活和教育機會落差日增。雷克維茨指出：「某方面來說，與個別的鄉村地區相較，現今各個國家的大都會發展面貌，通常更為相似。」[3]全球化過程中有些人從各種機會中獲益，但其他人卻逐漸有種不受重視的存在感。或許梅克爾不想思考這個問題，因為她提倡不斷的改變，主張追隨生機蓬勃的城市生活。

當然，某些傳統和生活方式，在二十一世紀的今天也應該有存在的合理性，這從來都不是梅克爾特別擔憂的議題。倒不如說，這些是那些被她從身邊趕走的男性政治人物所關心的議題。現任聯邦議長蕭伯樂、更早的聯邦議長諾伯特．拉默特等人，所關心的就是這種議題，而拉默特目前也是與基民黨關係密切的保守派智庫「阿德諾基金會」主席。根據基金會成員說法，梅克爾雖然固定會出席「阿德諾基金會」董事會議，但對保守派智庫所做的工作並不特別感興趣。

當然，像柯爾這樣一位黨派元老，或許在如今的基民黨保守派中也可能難以勝出。像施若德這樣過氣的總理，或許也很難在今天的社民黨有所伸展。個人特質變得越來越重要，也就是說，困難的政治決策在政治人物強烈個人特質的影響下，可能可以更容易被理解、被接受；也可能更容易被拒絕，完全取決於當事的政治人物是否獲得信任。表面上來看，全球化造福了政治圈裡那些明星：在緊急情況之下，他們有辦法對於危機處理的策略達成共識，接著指揮國會議員們該如何投票。他們看似強勢，並且具有主導性，但事實上他們的勢力正削弱中。他們的執政方向再也無法違背社會大眾的意願，因為如果沒有投票大眾的支持，他們根本無法邁向今天的職位。而且他們好像也已無力保障國家的疆界，無法勝過巨無霸般的跨國大企業，也沒辦法執行必要的法令以維持人民生計。

這正是為何上個世紀百般的英姿，在今日卻經常扭曲成了諷刺畫像之因。正如二〇二〇年的新冠肺炎，當法國總統馬克宏靈機一動、戲劇性地大張旗鼓公開向病毒宣戰，梅克爾卻採取了節制、用誠意訴求國民防疫的方式；馬克宏的舉止雖然看起來像個大將軍，但他還未意識到，自己已經沒有任何征戰的武器了。梅克爾對於疫情「認真看待」[4]的說法，和她在難民危機時強調的「我們做得到」，[5]好像也是同樣地無助。

不過，當巴黎和柏林的領導人一起出場時，才會展現出明顯的說服力。正如二〇二〇年五月間他們在一場視訊會議中提議成立一個舉債融資的「歐盟援助基金」，以應對疫情所帶來的影響。一個是有遠見的夢想家，另一個是有條理的女會計師，兩人突然發現他們相互依存的關係，然而在自己的國家裡，他們都再也找不到這樣的夥伴了。梅克爾已經成為一位太過總統化的總理，在處理新冠肺炎問題時，再也無法偕同衛生部長一起向人民喊話，如同她在二〇〇八年經濟危機時那樣，由總理和財政部長一起面對人民。現在的她，已經太不信任自己國家政壇裡的同事，以至於她不願意主動讓她的同事們和她平起平坐。所以，現在她必須信任至高無上的權力，也就是人民。可是在這個時候，又出現了另一個阻礙：不信任。因為，「信任」並不是梅克爾的專長，從來都不是。

弒父之女

關於梅克爾和那些男性政治人物之間常見的故事，其實劇情非常簡單。在她擊潰了德國統一之父柯爾之後，緊接著對柯爾的黨主席接班人蕭伯樂步步進逼。而蕭伯樂與柯爾兩人又糾纏在一場極具殺傷力的彼此爭執當中，接著蕭伯樂自己捲入了非法政治獻金醜聞的風波裡。在檢察官調查期間，梅克爾卻從原本的黨秘書長晉升成了全黨主席。

之後，她又逐漸逼退那些充滿希望的中生代政治人物，例如黑森邦的總理羅蘭·科赫、薩爾蘭邦的總理彼得·謬勒（Peter Müller）、下薩克森邦總理和之後的聯邦總統克里斯蒂安·沃爾夫（Christian Wulff）、巴登—符騰堡邦的邦總理統根特・歐廷格（Günther Oettinger）、活躍於外交界的政治家弗里德伯特・普夫呂格（Friedbert Pflüger），尤其是基民黨在國會黨團的主席弗雷德里希・梅爾茨。

最終，她是「撐到最後的女人」，圓滿地從總理府卸任離開。

一個故事，既簡單又曲折。政治就像每張寄出去的履歷表一樣，暗藏著失敗的風險——自己會失敗、野心無法達成、對其他人有風險、對選民有風險。反正也只有一個人能搶到總理大位，因此大多數人都不肯邁出登上高峰的最後一步。在民主社會政治中，「只有選民才能決定誰成功」這個想法，完全是一種錯覺。在民主選舉制度中，政黨必須經歷毫不留情的競爭、採取各種策略、相互攻擊排擠。如同《梅克爾傳》作者格爾德・蘭格斯（Gerd Langguth）所形容，不具備「追求權力絕對意志力」的人必輸無疑。[6]

懷著入駐總理府夢想的政治人物很多，然而無一例外地都缺乏了絕對意志的決心。他們不僅成為對手的犧牲品，而他們的失敗也是因為缺少了一份「我絕對進駐於此」的動能。例如當年和柯爾競爭大位的巴伐利亞邦總理弗朗茨・喬瑟夫・施特勞斯（Franz Josef Strauß），就是缺少了那股掌握權力的決心，也因此柯爾才能當上總理，而不是那位來自慕尼黑、躊躇不前的男人。如果當時洛塔・施貝特（Lothar Späth）在一九八九年布萊梅黨員會議上提起勇氣挑戰柯爾，競選黨魁，次年他或許就可以成為總理候選人了。蕭伯樂和安妮格雷特．克朗普—凱倫鮑爾本可以對梅克爾發動政變，還有些勝算，但是在關鍵時刻，他們也缺少了決心和勇氣。

如果梅克爾是男性的話，人們會以不同的方式來談論對於政治結局的期望嗎？如果她的背景不是來自東德，而是西德呢？如果她看起來不那麼的無害、手無縛雞之力呢？身為總理的梅克爾，做了她的前輩們曾做過、她的繼任者也將會做的事情。她將黨員分類為圍繞在她身邊的盟友、她不想放棄的政治人物，和她存疑、必要時須與之對抗與擊敗的對手。就如同柯爾排擠他的勁敵們一樣。又或者像施若德把他的政敵們發配到政壇的邊陲地區一樣。之所以歷經這樣一個殘酷的過程，在於總理最後必須要組織起一個忠心於上司、且在緊急狀態下可以穩定運作的內閣。

然而被梅克爾排除的政治人物多為男性，這個現象，恐怕並非是女權主義的詭計使然，而應歸咎於基民黨的組成結構：黨內的男性競爭者本來就多於女性。在一九八〇年代西德的高中學生及大學生社團中毫不掩飾的充斥著一種大男人主義風氣，由阿德諾基金會籌辦的「青年聯盟」海外參訪團，團隊成員神奇地清一色由男性組成，他們在一九七〇年代末前往南美洲的旅途中，訂立一個傳奇且神祕的「安地斯條約同盟」（Andenpakt），同盟成員誓言彼此幫助與扶持，絕不相互競爭。梅克爾後來幾個最危險的競爭對手，皆來自這個圈子。這些西德的年輕保守派在與他們年齡相仿的梅克爾身上看到了生命中的對手，《明鏡週刊》如此的描述二十一新世紀之初時的局勢：「這些人是全心全意的基民黨人。」而當時的梅克爾只擁有一些後天學來的基民黨知識。7

女性們在年度聚會上通常被視為女友們或妻子們。但年輕的女性政治人物卻不會主動要求參加這樣的聚會，加入青年黨團的女高中生和女大學生也絕少會利用這個時候展現政治野心。就算有，也總是扮演組織內秘書的角色。一九八六年間，當時基民黨萊茵蘭－法爾茨邦地方黨部協會召開會議，會議唯一的女性代表瑪麗亞·博麥爾（Maria Böhmer）拒絕延續以往的優良傳統：負責撰寫會議紀錄，立即成了一樁相當轟動的事件，萊茵蘭－法爾茨邦的人民不習慣如此忘恩負義的行為。博麥爾後來在梅克爾政府中成為總理府的國務部長，會議紀錄就交由其他人來撰寫了。

永遠的老二

二〇二〇年九月，聯邦議院議長沃夫岡·蕭伯樂決定，他將再一次競選聯邦國會的議席。雖然沒人敢打賭，但若是他當選，他這輩子的國會議員任期累積時間將超過五十年，比德國任何其他人都還要長（先前的紀錄保持人是十九世紀及二十世紀初德國社會民主黨的共同創辦人奧古斯特・倍倍爾 August Bebel，任期長達四十三年）。

蕭伯樂曾是由柯爾和反對黨領袖所指定的部長、儲備的繼任總理、黨主席。二〇二一年間他是現任聯邦議院議長，之後也很可能還會繼續留任。蕭伯樂經年來一直警惕人民，政治的真正樣貌是什麼，而且提醒人們不僅要辨別社會的危機，並要用政策方案和信念與之抗衡。身為基民黨黨員、議員和部長，他是聯邦德國戰後政策的化身：通常有效率、大多時候睿智、偶爾傷人。尤其是迴避風險這件事，儘管他堅定地提出草案，卻總是小心謹慎、四平八穩地公諸於世。

蕭伯樂可能會成為德國前所未有最好的總理。對梅克爾而言，他填補了自己施政上的空缺。但在另一方面，她也看出蕭伯樂的從政原則當中最危險之處：當基本的事物無法控制時，他會消極接受局面的發展，而梅克爾則會踩下剎車，翻轉局面。在二〇〇八年全球金融危機時期，他已準備將希臘排除於歐元區之外，她卻在最後一個可能轉寰的時刻阻止了他。

在她來之前，他已經在這位子上很久了。現在他想要再續任四年，藉此他似乎想要確認：沒有她，他依舊有存在的價值。

蕭伯樂璀璨與苦難交錯、極其戲劇化的政治生涯，幾乎無人能比。即便在議會工作了將近五十年，他這位律師依然堅持著「言而有信，曾經協議過的事就該維持」。柯爾與梅克爾與他不同的是，他們清楚協議至少也得取決於對的時機，而且必要時必須拋開協議，就連承諾或者是友誼也能拋開，這樣才能成為總理。否則仍然只會是一位部長，就像蕭伯樂。

一九七二年，蕭伯樂才剛完成他的法律系課程，獲得博士學位沒多久，便開始了財政官員的職業生涯。他的崛起非常快速，同年秋天他便初次獲選為聯邦國會議員了。他成為基民黨／基社黨議會黨團的議會主任、總理府主任和德國統一合約的首席談判代表。他的從政之路和後來的梅克爾同樣步步高升，當初許多人確信他最終會坐上內閣總理的那把高靠背、位置比其他椅子更高的扶手椅上。當時他本人並未對此發表任何意見，但他本人的想法也是這樣。曾有記者想在《亮點》週刊為他撰寫一則標題為《柯爾的儲君》的報導，他雖然對記者說「這是胡說八道」，但實際上他卻認為這是個不錯的點子。[8]

他經歷一次暗殺而導致癱瘓，即便如此他還是儘快地重回了聯邦德國政壇，即便行動不便，卻升任成為議會黨團主席，成為首都波昂第二大有權勢的政府人物。同時期的梅克爾曾經一再表示，她可以想像自己「沒有從事政治，會有什麼樣的人生」，但蕭伯樂卻被所有人永遠視為那個「沒有政治就活不下去的人」。她公然表現出來的獨立和他那頑強的熱忱，是將兩人徹底分開，卻也一再將兩個人鏈結在一起的矛盾之處。

一九九一年間，身為婦女事務部長，梅克爾坐在內閣中最不重要的職位上。她必須為了爭取幾分鐘的發言時間，不斷向總理討價還價，以便能夠在內閣中推動她的政治提案。在婦女聯盟的支持下，她懇求當時位高權重的蕭伯樂幫忙疏通，請他無論如何將她的《以婦女利益為主，一項可靠的婦女政策》以及刑法第二一八條（禁墮胎）修正案排進議程裡。[9]蕭伯樂也認為這是聯盟黨團推出的第一批嚴謹的現代婦女法律，但他認為沒有必要讓這位年輕的婦女部長和她稚嫩的團隊去使喚他「替婦女地位帶來實質的改變」。這點梅克爾事先並不知道，畢竟她在政治這行待得還不夠久，她是外來人，在政黨內無以為家。

除了公務員體制中婦女地位的平等問題之外，議會黨團主席當前另有其他的一些問題要煩心：兩德統一帶來了沉重的負擔，經濟情況岌岌可危，對於稅收的提高、大量的失業率和社會福利保險危機的擔憂，正在逐漸取代統一的喜悅。

第一個立法會議任期對梅克爾而言是練習謙卑的時期，而蕭伯樂便是促使她學習謙卑的人。《明鏡週刊》在大約一年後的判斷是：「她所有的重大計畫完全沒有進展」。[10]她並不服輸。她一次次地重新來過，失敗，再重新開始，偶爾也會有成功的確幸。

那些重要的政治人物、議會黨團主席和總理玩著嘲諷的政治遊戲，看後輩中誰能成大器，誰被允許升遷，誰會被剔除。在總理府舉辦的男士晚宴上，他們相互點頭肯定「那個小姑娘」

處事條理分明。《漢諾威匯報》悄聲評論了這位女部長：「那表示，她在內閣中表現的很不錯。」她可以繼續做下去。[11]

根據參與這些男士晚宴的消息人士指出：「無庸置疑，她和她的繼任者有著不同的樣貌。」年輕、來自圖靈根的克勞迪婭．諾爾特（Claudia Nolte）起初也是東德人才計畫的一份子，自一九九〇年起擔任議會黨團婦女政策發言人，九四年後擔任聯邦家庭事務部長，但不久之後她被認為在這個職位上的表現太過軟弱了。從此就自議會上消失了，並於二〇〇五年退出政壇。

不同的是，梅克爾在下次選舉後成功拿下環境部，該部成立於蘇聯車諾比核災事故之後，她的前任克勞斯．特普費爾（Klaus Töpfer）把該部發展成了德國的核能中心。越來越多基民黨成員懷抱著環保的想法，並且認同黨派理念。如今蕭伯樂和梅克爾彼此之間的工作關係和個人的價值觀越來越契合。蕭伯樂事後回憶道：「我曾經緊盯著她擔任部長以及代理黨魁職務時的表現，對她是越來越敬佩。」[12]現在她有了幾項足以登上《法蘭克福匯報》頭條的話題：一九九五年以減少溫室氣體為主題的首次國際氣候高峰會、運送核廢料到德國東北方偏遠的戈萊本（Gorleben）儲存問題、夏季霧霾條例和生態稅。

她取得了許多次成功。在環境會議尾聲，為了通過京都議定書談判所擬定的《柏林授權書》（Berliner Mandat）就是她的功勞。

她提出了超越時代的建言。「現今的能源太廉價了」，她在接受《法蘭克福評論報》採訪時如此表示，並要求提高汽油、柴油以及燃料稅，[13]雖然她後來在碰到反對聲浪之後，快速地修正了她的立場。基民黨在一九九八年大選敗落後不得不淪為在野黨，施若德結合社民黨與綠黨聯合執政的「紅綠政府」引進生態稅時，她極力地反對藉著生態提高稅收。

當時的梅克爾成為一名激進的環境政治人物，早已擺脫了柯爾的陰影，轉而關注其他的議題，並且還贏得了議會黨魁蕭伯樂的尊敬，在基民黨中已經無人能出其右。兩人早有預感，柯爾會在一九九八年的選舉中落敗。兩人事前都知道，柯爾無論如何都會參選，而且會違背讓蕭伯樂成為繼任者的承諾。儘管蕭伯樂有幾次機會可以發動政變，但這位儲備總理自始至終並沒有這麼做。他一再表示，「我很忠誠」，對梅克爾亦是如此。[14]他在等待，等總理大位被騰出來。然而政壇上的最高職位，從來就不曾空下來給消極等待的人。

當基民黨在一九九八年大選失利，蕭伯樂接任黨魁後，他任命梅克爾擔任秘書長。那是個革命性的決定。因為對一個不得不成為在野黨的執政黨而言，有許多老經驗、已有政治成就的黨團領袖們正在尋找自己的一席之地，但黨內的職位太稀少了。那些在政府輪替後沒有迅速讓自己成為話題、而是心存等待、希望被徵詢的人，很快就會被淘汰。

主要原因不是攸關誰能夠得到最大的辦公室、最多的幕僚以及議會中最好的席位。而總是關於自我與他人的形象。例如那些專長在財經領域的政治人物，如果敗選了，或是當選後卻流落到訴願委員會任職，那麼與其說他們關切國家財政前景是否繁榮，還不如說他們關心的是自己職涯的前途。

蕭伯樂正在迫使黨內有影響力的議員們接受這樣的命運，並保全梅克爾免受波及。他知道，如果基民黨成為人民未來支持的黨派，那麼就必須改革。他不想和前總理的老員工繼續耗下去。他親身經歷過柯爾的總理優勢如何快速的消失。他也看到，基民黨在很多人眼中看來，就像是一位已經跟不上時代潮流的老姨媽，與時代脫節的程度甚大，甚至沒有人願意勸她再也別去村里的舞廳了。此時的基民黨需要創造新的話題，需要一張更年輕的面孔，讓黨內的女性能被看見，並且必須要開拓一條通往核心中央之路。因此，蕭伯樂詢問野心勃勃的安娜特．莎萬（Annette Schavan）是否願意承擔這個角色，可是當時有許多人認為她將順利進駐巴登—符騰堡邦的首府斯圖加特，成為下一任邦總理，因此她拒絕了這個提議。之後他問了梅克爾。她同意了。即使現在回想起來，蕭伯樂認為這是「在我任期內所做的最佳決定」之一。15

社民黨和綠黨的勝選，向基督教民主的黨員證明了兩件事：他們的核心選民減少得有多快，以及吸引新的選民層支持的成功率有多低。越多學生從高中畢業並進入大學，日後就有越多的女性投入職場，人們思想也就越自由，越少上教堂。這個情況對施洛德和綠黨的約施卡・費歐爾（Joschka Fischer）有利，但對蕭伯樂和他的政黨就很不利。

新任黨魁蕭伯樂認為可以暫時抵擋這個趨勢一陣子，但是無法打破僵局。至少，基民黨需要找到一個新方向。他希望有人能夠用冷靜的眼光看待這個政黨。一位來自黨內組織和委員會之外的女性，一個過去沒有長年在各種派別、立場、團體之間斡旋調解的人。一個不受幾十年來記憶、義務和創傷牽絆相互影響的人。蕭伯樂確信，梅克爾他是選對人了。他要想交出黨團主席的位子，梅克爾應該是那位現代的女性行銷主管。

當然在一九九八年的十一月，他們兩人都沒有想到，正是這樣的工作分配和梅克爾自身的特點，會在一年後，不僅使得柯爾，而且還有蕭伯樂都黯然失色下台。

新的紅綠聯盟政府開始執政初期，因人事問題爭執不休以及半生不熟的勞工權益改革運動面臨了災難性的失敗，一連輸掉六場選舉。此時有些基民黨的人夢想著找到恢復權力的捷徑，但就在這個時候，一九九九年十一月間，前基民盟會計主管瓦爾特・萊斯勒・基普（Walther Leisler Kiep）無預警的被指控逃稅並遭到逮捕。奧格斯堡市的檢察機關懷疑他在一九九〇年代初收下了數百萬的政治獻金，但卻沒有按照規定向稅務局申報。

這位基普並非黨裡的等閒人物，他可是基民黨中最傑出的人物。他出身於黑森邦最優秀的商業家族，曾經擔任過保險公司經理和監察理事會成員，擁有完美的國際交流天賦，還有總能感應出大批財源的靈敏嗅覺，使得他在基民黨更加閃亮耀眼。讓人驚訝的是，正是這樣一個所有人眼中的成功者、完美的外表、無可指摘的人，現在公開地受到撻伐。

這筆錢來自不久前在加拿大被逮捕的富商卡爾海恩茨·薛瑞柏（Karlheinz Schreiber），他是一名企業家、軍火說客，也是基社黨成員和巴伐利亞邦前總理弗朗茨·喬瑟夫·施特勞斯的親信，因涉嫌逃漏稅被德國通緝。隨著他的被捕，相繼揭發了黨內的捐款醜聞，不僅摧毀了蕭伯樂和柯爾的政壇生命，也幾乎撼動了整個西德的政黨聯盟。薛瑞柏等人在一九八〇年代和一九九〇年代以捐款方式，資助政黨附屬的基金會，或者乾脆將現金交給基民黨領導人物，數額高達好幾百萬元，不少人對於這件事略有所聞，並也從中獲得相對的利益。案發後，黨庫裡的地下現金系統和虛構的基金會逐漸地被揭露，這整個系統替長期缺乏金錢的政黨以及其主席提供現金。柯爾藉由這些錢來取悅市長們、郡縣議員和基民黨的官員們。薛瑞柏只是這眾多資助者之一，卻是最危險的那一位。

一次擊落兩位前輩

梅克爾從這次醜聞中得出兩個結論。這兩個結論不僅邏輯令人信服，而且對她本身的職涯也格外有所助益。首先她注意到，從現在開始，「在西德基民黨中紮根」再也不是能在黨內晉升的優勢了，反而是一種阻礙。經歷了捐款醜聞的道德最低點後，基民黨需要一個和過去黑手黨般的領導作風有所切割的掌舵者。

這位秘書長以顯著的速度，迅速地和黨內典範人物、父親般的柯爾保持距離。她要求要澄清案情，承諾將拿出公正透明的處理方針，並呼籲此事相關負責人要清楚交待所知的資訊。十二月二十二日她在《法蘭克福匯報》發表了著名的投書，其中提到她與柯爾分道揚鑣，並要求基民黨自我解放，走出過去。

其次，她掌握了當時仍未公開，且只有部分圈內人士知情的消息。在梅克爾投書《法蘭克福匯報》的文章出刊幾週前，蕭伯樂在基民黨主席團中揭露，他曾經接受過一筆薛瑞柏捐款。那位老總理和女秘書長甚至在更早之前就已得知此事。自那時起，基督教民主黨的領導階層深知，前任以及現任的黨魁涉及這次醜聞的程度，比他們至今所知的都要深。[16]但對於基民黨深陷危機這件事，他們卻只是雲淡風輕的處理。

參與處理的黨員們回憶，該黨顯然同意要等公元兩千年一月才和安永會計事務所一起公布這項捐款醜聞財務調查報告的最新消息。梅克爾也願意遵守這個協議，然而她同時在《法蘭克福匯報》投書中提出了切割論點，這讓她和柯爾劃清界線，而基民黨也必須和他們的黨魁蕭伯樂劃清界線。基民黨不得不砍掉大筆捐款的大罪人，同時也無法容納接受捐款金額較小的小壞蛋。梅克爾是唯一看出這點，並從中獲取教訓的人。這篇《法蘭克福匯報》文章中提及：「只有奠立在真正的基礎之上，才能締造出未來……只有如此基民黨才能不畏每則與捐款相關的新消息所帶來的攻擊。」儘管一月時她還試圖阻止蕭伯樂因此而下台，但她心理明白，留不住了。17

她後來的黨內勁敵也掌握了這個資訊。然而，他們不是搞不懂訊息的含意，便是他們不敢做最壞的打算。如果說梅克爾曾在政治手腕上「不擇手段」，那就是此時：她一下子就擊落了新舊兩位國王。

梅克爾沒有直接擊潰蕭伯樂。但是她製造了一個局面，在這個局面之下她的上司蕭伯樂垮台，她個人獲得了最大的利益，但她的個人風險卻不大。蕭伯樂當天讀完晨報、在主席會議開始前，就已了然於心，他說「其實我現在必須把梅克爾趕出去」。但在和他的媒體發言人的電話中則表示：「可是事實上，她在報導中所寫的沒錯呀。」18

沒人知道接下來會發生什麼。或許這可稱得上是缺乏忠誠，或者自私自利。但是，能夠坐上頂端寶座的政客人物，一直以來不都也是這麼行事的嗎？人民厭惡叛徒。他們支持揭發真相的吹哨人——即便這些人不一定將所知道的一切公諸於世。

對基民盟而言，這次捐款醜聞是難以估計的危機，對梅克爾而言卻是她人生中千載難逢的機會。她現在必須處理整個黨過去累積下來的問題。她至今的人生從未擔任過要角，也正因如此，她才更能夠自在地達到人民所期待的「最高透明性」的要求。也只有她能夠敦促基民黨擺脫與老戰將柯爾的牽連。

這些時日，蕭伯樂和她之間的權力差距急遽出現。形式上蕭伯樂依然是她的上司，然而她對於透明化和公開化的要求越強烈，他就越加陷入與她的敵對狀態。蕭伯樂曾經是她的恩師，但是從現在開始，規矩轉由她來制定。

社會學家馬克斯・韋伯（Max Weber）是民主德國政治學門學科奠基者，他在一九一九年於慕尼黑的《政治這一途》（Politik als Beruf）演講中提到，政治家只有努力「追求不可能」的事物，才能將其「化為可能」。並進一步解釋：「能做到這點的人不僅得要是位領袖，還必須是一位——簡言之——英雄。」在一九九九年十二月戲劇化的過程中，梅克爾欣然接受了基民黨的革新者將她視為韋伯式的英雄，同時也承受了柯爾的友人辱罵她是背叛者。從那時起，梅克爾「黑寡婦」的綽號廣為流傳，她們首先引誘男人，然後謀殺他們。梅克爾「為了達成政治目的而寧願承擔巨大風險」的名聲，就是源自於此。

她眼睜睜看著兩位基民黨的偶像丟掉官職，而這兩位卻是她的提拔者和支持者：前總理和儲備總理，名譽主席和基民黨黨魁。其他基民黨大咖們手足無措在一旁觀望，目瞪口呆，無助地看著柯爾和蕭伯樂相互廝殺。他們少了女秘書長梅克爾觀察事態的那份抽絲剝繭的冷靜。

即便如此，梅克爾的進擊卻差點功虧一簣。因為對她而言，若當天無法準時地將這篇文章刊載在《法蘭克福匯報》，會是最大的風險。她於十二月二十一日將文稿傳真給《法蘭克福匯報》駐波昂記者卡爾・費爾德麥爾（Karl Feldmeyer），他是基民黨／基社黨（通稱聯盟黨）的新聞報導負責人，他一度擱置了這篇文章。畢竟，施洛德總理和他的財政部長漢斯・艾歇爾（Hans Eichel）才於當週星期二宣佈了重大的稅收改革案。各個企業公會和經濟專家學者們都相當雀躍，看來社民黨和綠黨組成的紅綠政府，總算瞭解了如何妥善的執政。在這個時候，就很容易忘記還有一份由在野黨秘書長撰寫、「十分有趣但不怎麼特別」的評論文章還躺在編輯台上。

直到梅克爾再次出手，催促《法蘭克福匯報》的編輯，這篇文章才得以如期付梓。梅克爾無論如何都要讓這篇文章及時的出版，因為基民黨的董事團和主席團商定好於十二月二十二日早上舉辦另一場危機處理會議，而這位秘書長想要事先決定這次討論的方向。

二十年後，梅克爾提到當時的情況說：「時間很急迫。費爾德麥爾先生正在用中餐……

然後他認為應該要重新考慮一下現在是否是刊登這篇文章的適當時機，當時我真的捏了一把冷汗。」[19]

蕭伯樂和柯爾直到報紙印出來後，才得知這條獨家大新聞。蕭伯樂向他的秘書長要個交代：如果她事先知會他這個消息，他就會阻止這篇文章的刊登，但是這篇文章是有存在的必要性。[20]無論如何事情已經發生了，蕭伯樂也接受了這個事實。但是自那天起他也意識到，自己的職位也無法保住了。

梅克爾主動脫離了她與蕭伯樂的關係，這點有目共睹。不是蕭伯樂，而是梅克爾，推動了這塊在接下來幾個月中即將摧毀基民黨、使其重生的巨石。此外，她的文章有如毒藥般，滲入蕭伯樂和柯爾之間早已搖搖欲墜破裂的關係中。老總理柯爾認為這篇文章是他的繼任者所策劃的陰謀詭計，從此他變本加厲，無所不用其極設法擊垮蕭伯樂這個政客。而梅克爾雖然是這篇文章的作者，卻幾乎毫髮無損地閃避過老總理的怒火。

蕭伯樂被迫在一月間公開承認收了薛瑞柏的錢。薛瑞柏每週都從加拿大稍來問候的訊息，同時威脅著蕭伯樂，將讓他掉入一個「連滴水聲都聽不見」的萬丈深淵。[21]之後蕭伯樂安排了與薛瑞柏的第二次會面。

另一方面，梅克爾則升任基民黨主席，並且與蕭伯樂的弟子、負責領導國會黨團的弗雷德里希・梅爾茨一起成為聯盟裡新的強勢人物，當然還有基社黨主席埃德蒙德・斯托貝。蕭伯樂自此開始必須依賴著梅克爾。

蕭伯樂頭一次體會到這個事實，是在三年後聯邦總統的選舉上。當時他被視為是最有希望的候選人，那時捐款醜聞的風波已過，國內渴望一個具有能見度並且能夠挽回聲譽的適當人選。蕭伯樂是基民黨內的知識份子，是一位大量閱讀、與人文社科與哲學各領域學者交流頻繁並且敏銳關注社會變化的政治人物。基民黨和基社黨期望他能夠擔任總統，以減輕他們對蕭伯樂的罪惡感，並且順帶削弱梅克爾的地位。

幫蕭伯樂造勢的人，正好就是羅蘭・科赫和梅爾茨——反對這位女主席最激烈的批評者。這當然對梅爾茨沒好處。在另一方面，梅克爾細心的觀察到，連自由派立場的自民黨也不想要蕭伯樂。若是她想讓她的候選人獲得聯邦國會的選拔，她需要自由派的選票。於是她在二〇〇四年三月時第二次犧牲了蕭伯樂。當他還相信人們願意給他這個國家最高職務的時候，他的名字就從梅克爾談判的名單中離奇地消失了。反而是政治上可說是零經驗、時任國際貨幣基金組織的負責人霍斯特・科勒出現在名單上。此外，先前的聯邦環境部部長克勞斯・特普費爾和巴登―符騰堡邦的文化部長安娜特・莎萬都被推薦了。但並非每個人都清楚，特普費爾和莎萬只不過是充數的人頭候選人罷了。自民黨對特普費爾不感興趣，基社黨反對莎萬。最後通過的是在第一輪投票就勝出的科勒。這是梅克爾在柏林政治舞台登場後，第一次的公開勝利。

梅克爾從此開始與蕭伯樂在柏林的共和上建立了複雜的政治關係。蕭伯樂是梅克爾具有影響力的主持者，也是頑強的批判者。她是未來政府的第一把交椅，而他是黨派的英雄，後來的幾年他有機會推翻她，但他卻沒那麼做。

根據蕭伯樂後來的描述，他與梅克爾之間的政治關係非常微妙。當梅克爾在二〇〇五年九月險勝贏得大選，提名他為內政部長時，他的回應竟是，「不舒服，但是有誠意」。[22] 在梅克爾的總理生涯裡，他是一枚鑽石，擔任過內政部長、財政部長、聯邦議院主席，他是時常敲醒總理的良知——無可或缺，但也難以忍受的良知。梅克爾擔任總理的十六年間，他說出了眾人腦海裡想著，但卻說不出口的話語。

同輩競爭對手

蕭伯樂的支持者同樣感到憤怒。在那場聯邦總統競選的明爭暗鬥中，他們終於領悟：梅克爾權謀算計的能力，跟他們可說是旗鼓相當，甚至明顯的更勝一籌。他們震驚的發現，梅克爾若不是對基民黨建立在「有付出，才有得到」的一貫交換、互惠風格始終沒概念，就是根本不甩這一套。更令他們不安的是，梅克爾在戰術運用上比他們棋高一著。

梅克爾知道怎麼跟她的競爭者保持安全距離。蕭伯樂是她永遠的競爭對手，是位令人尊敬的對手；她智取斯托貝，在逆境中轉勝；她戰勝公開的敵人梅爾茨，因為她能夠以耐心與冷靜理性，抗衡對手的焦躁與情緒化。

二〇〇四年聯邦總統選舉後幾個月，梅爾茨就在一封給「親愛的黨主席女士、親愛的安格拉」的短信中宣布，將辭去基民黨金融政策負責人一職，[23]他無意為她投入總理的選戰，尤其當時已很明顯，黨魁及聯邦國會的黨團主席安格拉顯然並不一定打算實施他推出的「簡單又公平的稅收制度」。

梅克爾要求蕭伯樂臨時暫代梅爾茨的職務，但蕭伯樂拒絕了，他認為接替梅爾茨的職務以拯救梅克爾於窘境，並沒有任何意義，至少當時蕭伯樂是這麼想的。此外他也覺得，偏偏由他來接替他拉拔起來的人，並不合適。

梅爾茨和梅克爾這兩人，活脫脫就是教科書裡關於政治成就和個人挫敗的典型例子。這兩人都極有政治天賦，一人藉著她的智慧和適應能力達到頂峰，另一人則以他的反應快和演說能力自豪。

梅克爾，一個不起眼的優等生，懂得分析，總能在危機時刻保持冷靜。她會模擬所有的可能方案，再挑出一個傷害性最小的作法。她剛進入政壇的前幾年，曾經歷過幾次罕見的公開情緒崩潰：有次她因自己的提案失敗而淚灑內閣；在京都氣候高峰籌備會最後一回合談判的長夜裡，眼見一切都要失敗崩解之時，她潸然淚下。這些經驗教她一個正確的結論：類似事件絕不能再發生，**就算情勢再艱險也要保持冷靜，靜待最佳時機。這個原則，成了她面對所有危機時的不二法門**。她的幕僚只有在她政治生涯的最初幾年必須擔心因為動作太慢，而被她斥責。[24]等團隊熟悉程序後，她會把晚間會議廳裡沒吃完的三明治，端給等待著的幕僚們，讓他們也能充充飢。

相對的，梅爾茨是來自紹爾蘭地區（Sauerland）布里隆市（Brilon）的叛逆高中生，八年級時留級，只好轉學，到了新高中的畢業考成績也是普普，分數不足以上醫學系圓夢，於是進了法學院。高中時他挑釁校長和老師，在波昂大學念書時，他挑釁政壇的左派。他年輕時就牢記基督教民主聯盟老牌政治家海納．蓋斯勒（Heiner Geißlers）的座右銘：「被攻擊的人必須轉守為攻，唯有讓自己印象深刻的人，才能讓別人印象深刻。」[25]梅爾茨跟所有的人爭辯——他用詞精彩，情緒激昂，有高度攻擊性，甚至讓人無法捉摸。

每個必須聽梅克爾政治演說的人，都得忍受時間難熬的折磨。每個聽梅爾茨演講的人，都覺得內容精彩而吸引人。這兩人的組合看起來無懈可擊。但這只是表象，因為在政治爭論中保持冷靜和掌握全局，比取悅觀眾重要得多。對於梅爾茨而言，每場爭論都是戰爭，贏了，他覺得自己所向無敵，輸了，他會狂奔逃離戰場。而梅克爾則要到戰爭完全不可逆轉時，才會放下。

一九九四年政治新秀梅爾茨在歐洲議會的立法會議任期結束，開始了他在德國聯邦國會的政治生涯。蕭伯樂幫他找到他第一個位高權重的職位：梅爾茨立刻成為聯邦國會黨團的財務陪審長，也是蕭伯樂最得力的助手之一。資深的蕭伯樂一再將特殊任務交託給新手梅爾茨。梅爾茨是保守西方世界的理想典型：他高大瘦長、婚姻美滿、是自豪的父親、有信念的歐洲人和自信滿滿的德國人，念大學時是著名的天主教學生會「巴伐利亞」的成員。他深受年長女性、手工職人、中產階級企業家、同齡和較年長的黨派朋友歡迎。梅爾茨是大型晚會的寵兒，他們夫婦在聯邦媒體人舞會上跳舞，在泰格湖畔（Tegernsee）開派對，他就像《時代週報》當時深受上流階層歡迎的交友廣告所說的「如橡木地板般厚實可靠」。

跟他相比，梅克爾就乏善可陳了，她跟派對格格不入，只結識了幾個朋友和可信賴的人，離過婚，沒有孩子，一九九八年才再婚。雖然經常在歌劇院和劇院裡看到她和她丈夫——但她每每獨自出席柏林政治圈的盛大晚宴，並提早離席。等到她當上基民黨的黨主席，不需要再參加這種應酬時，她就根本不去了。對於最有影響力的上流社交圈來說，結果顯而易見，到最後聯邦總理的人選勢必是：弗雷德里希・梅爾茨。

梅爾茨身邊這一代的西德男性基民黨菁英，在政治和社會上都處於最佳狀態，他們正值進入內閣的最佳年齡，並且磨拳擦掌準備在接下來的數年間為黨和國家效力——只要人們給他們機會。

而梅克爾卻在地方會議上普遍受到基民黨基層黨員的充分肯定。對此，黨內有一派人不以為然的抿嘴偷笑，這些人把地方會議視為「東鵪鶉」（Ostwachtel）鄉土味的表現，這個稱呼是他們用來打趣梅克爾東德出身的說法，「鵪鶉」通常有讓人厭煩的貶意。西德這邊，大家看好的一群黨內接班人，則一直把梅克爾視為路過此地的東方商隊最後的背影，應該不久就會消失在地平線之後了。

相反的，基層黨員們異常興奮，因為很久沒有黨總部的人在拚競選以外的時間，也重視他們。兩黨聯盟此時正在尋找聯邦總理的理想候選人，這位候選人必須要能在二〇〇二年秋季選舉中抹去一九九八年敗選的恥辱，讓社民黨的聯邦總理施若德下台一鞠躬。

弗雷德里希·梅爾茨有可能就是這個人選，巴伐利亞邦的總理埃德蒙德·斯托貝同樣有此企圖心。羅蘭·科赫也是熱門人選，他剛當上黑森邦的總理，剛躲過黨內的捐款醜聞，最早要下一次選舉才能參選。但有一個麻煩問題：黨主席梅克爾公開表示，她自認有能力擔任聯邦總理這個職務。

到最後，斯托貝和梅克爾出其不意地宣告：聯邦總理的候選人將由黨的最高層決定，智取了梅爾茨這一世代。其他基民黨的領導階級非常生氣，因為大家都算得出來，如果六十一歲的斯托貝當上聯邦總理，那麼他們之中至少有一個人還能懷抱希望，在四年或八年後輪到自己出馬競選。但若是較年輕的梅克爾當選，一切就化為泡影了。

二〇〇一年聖誕節和二〇〇二年一月年主顯節之間，電話一通接著一通，都是打給黨主席、要勸她打消念頭的。薩爾邦總理彼得．謬勒和安格拉．梅克爾在電話裡對吼，黑森邦總理羅蘭．科赫——眾所皆知，梅克爾和他互相厭惡——在滑雪場上大聲的告訴黨主席，她想當聯邦總理候選人是得不到黨內多數席位支持的，說完掉頭就走，結束了休假。26這句話後面所暗藏的要脅夠明確了：如果梅克爾在兩黨聯盟的聯邦總理候選人投票中落敗，她將無法保住基民黨主席的位子。

梅克爾對外依然堅持己見，毫不退讓，直到黨委會和黨的核心份子在馬格德堡的「君子杯」酒店（Herrenkrug）召開密秘會議的前一天，她才放棄這場爭戰。幕僚們安排她飛往慕尼黑，二〇〇二年一月十一日，基民黨主席梅克爾自己邀請自己，來到了基社黨主席、巴伐利亞邦總理斯托貝家中，和他共進早餐。進早餐的同時，梅克爾決定採取她和她的知己蓓雅特．鮑曼（Beate Baumann）所說的「主導局勢」作法，也就是，擺脫防禦和被動，積極決定事情的發展。在斯托貝座落於上巴伐利亞邦沃爾夫拉茨豪森市的家中，梅克爾決定由他擔任聯邦總理候選人——從而保住了自己基民黨主席的位子和威信。德國有句俗話說，「被人攻擊時你必須轉守為攻」。梅克爾正好相反，**被人攻擊時，她有時也會放棄戰鬥，她退出戰場，穩住腳步，為下一次戰鬥開始準備**。

遠遠在馬格德堡酒店的政變參與者都很驚訝，他們發動的政變竟然成功了。但是當天下午梅克爾強迫他們表態效忠，圖林根邦總理福吉爾（Bernhard Vogel）事後表示：「掌權女當家」的權勢更強了。[27] 這一句話表達了當時基民黨領導階層對梅克爾掌權的厭惡和不屑，沒有人對這句話表示異議。

從那以後，梅克爾就認清，她對黨內既有的高層沒什麼好期待的了。「君子杯」酒店的對決和聽到「掌權女當家」這種說法後，她不再因為已有承諾或是要為他人設想而有所顧忌。梅爾茨和斯托貝很快就感覺到了這點，不過羅蘭・科赫還要再晚一點點才會親身體驗到這點。

聯邦總理候選人斯托貝內定內閣所傳出的一個耐人尋味的故事顯示，叛軍們對梅克爾的戰術運用能力和權力野心，可說是盲目到令人覺得匪夷所思的地步。直到選舉那天，梅爾茨都以為他和梅克爾先前的協議仍然有效——根據該協議，梅克爾領導黨，他則領導聯邦國會黨團。當一名斯托貝團隊的成員警告他（當時他已是競選團隊的內定財政部長），如果大選失利，他依據協議的聯邦國會黨團領導者位子很可能不保，因為梅克爾和斯托貝已另有協議。他的反應先是不敢置信、接著呆若木雞、最後勃然大怒。

選舉當晚，斯托貝和梅克爾一起告訴梅爾茨，梅克爾將領導基民黨和基社黨在聯邦國會的黨團。如果他有意願，他可以成為聯邦國會的主席。梅爾茨氣炸了。從這一刻起，以後他提到梅克爾，就稱她為「來自東德的女士」，他不欠梅克爾什麼了，他跟她沒有任何關連。只要她掌權，他就不會回來。基民黨的人很快都知道了這一點：想要梅爾茨回來，得先推翻梅克爾。梅克爾十六年的總理任期當中，黨裡很多人希望梅爾茨回來，但是沒有人能擺平女總理，等到她終於宣布退休，梅爾茨卻自己失足摔倒了。

聯邦大選失利幾個月後，輪到斯托貝了。想必是他以為自己還是兩黨聯盟的內定總理。二〇〇三年十二月初，他前往萊比錫參加基社黨著名的「黨前瞻計畫公告大會」時，仍深信他將繼續是兩黨結盟在聯邦層級的重要人物。其實，繽紛多彩的黨前瞻計畫應該可以讓他有點警惕的。

當年春天，梅克爾爭取到請前聯邦總統羅曼・赫佐格（Roman Herzog）領導一個改革委員會，該委員會正在為基民黨制定經濟和社會福利制度。來自姊妹黨基社黨的霍斯特・澤霍費爾，則代表他的黨在委員會中工作了幾個星期，然後他因抗議而退出。在「德國可以做得更多」的口號下，梅克爾提議徹底重整社會福利制度，而這對基社黨的選戰根本毫無益處。沒有人想過，是否有其他方案更符合姐妹黨基社黨的需求。

這個新自由主義計畫，頗符合二十一世紀的千禧年時代精神，當時幾乎所有的西方國家都實施減稅，社會福利國家則縮減福利，對經濟的監管放鬆了，勞動市場也更開放了。左派和右派政黨都努力振興本國經濟，以迎接全球化的挑戰。在此主流中，基民黨也不例外，只是更果斷一些。

基社黨的改革沒有那麼快。霍斯特・澤霍費爾當時是梅克爾在國會中基民黨與基社黨黨團的副手，也是黨團的健康專家。澤霍費爾盡力阻擋基社黨的「私有化狂熱」，[28]於是斯托貝和梅克爾棄他而去；二〇〇四年十一月，澤霍費爾鬱悶地辭去職務。從這時起，他變成基民黨總理和在野黨領導人擺脫不掉的折磨，讓人煩不勝煩。

本來澤霍費爾就經常威脅要辭職，先是為了健保、政治庇護政策上限等政策走向，但總歸還是為了埃德蒙德．斯托貝和梅克爾對他的重傷害。不過他卻一直穩定的繼續留任：「我不會讓一個全靠我才成為總理的人來解僱我。」[29]這是他擔任內政部長時、也就是剛威脅要放手不管後沒多久的說法。梅克爾的移民政策之爭，就是這場始於二〇〇三年內鬥的決戰，裂痕永遠不會癒合。

二〇〇三年十二月，黨主席擺明了誰才是結盟兩黨的真正領導人。她在黨代表大會的第一天發言，話鋒犀利。通常梅克爾演講的風格是很難讓任何人想歡呼的，但當天基民黨有理由歡呼，黨裡的士氣旺盛，因為羅蘭．科赫三月在黑森邦的選舉中大獲全勝，克里斯蒂安．武爾夫在下薩克森邦打敗了社民黨政府，埃德蒙德．斯托貝在巴伐利亞邦只差一點點就為黨拿下三分之二的絕對多數票。相反的，施若德的紅綠聯盟政府似乎在第二個任期開始後幾個月就已經窮途末路了。

萊比錫的基民黨黨代表看到兩黨聯盟的前景大好，他們願意將大部分的功勞歸於梅克爾。當黨主席的政策演說結束時——更自由的市場經濟、更多政治人物的責任、更少的國家干預——黨代表們起立鼓掌長達數分鐘之久。總算，梅克爾和她的黨之間終於產生共鳴了。

黨代表大會的第二天，由埃德蒙德．斯托貝發言，他致詞後只有零星的黨代表勉強從座位站起身，掌聲快速消散。斯托貝理解這場面所傳達的訊息，他將無緣再次擔任聯邦總理的候選人。他、他的基社黨和基民黨之間的默契在一夕之間驟降，不足以助他再次競選聯邦總理。

直到今天，政治學家和當代歷史學家仍在爭論梅克爾的改革計劃的真實性。萊比錫黨代表大會一年後、哥廷根政治學家弗朗茨．沃爾特（Franz Walter）寫道：「黨的資深領導人知道，總體規劃在無數利益糾葛的爭鬥後將被分化、進而碎滅。這正是基民黨自二〇〇三年底以來的梅克爾—赫佐格—梅爾茨改革主義必須經歷的。」[30]沃爾特認為，像梅克爾這種自然科學家無法認知這些。《梅克爾傳》作者、政治學家兼基民黨人格爾德．蘭格斯分析：「選民不想要一張冰冷無情的資產負債表，」若是忽略這一點，梅克爾很可能在二〇〇五年的競選中「官位不保」。[31]

他們兩人很可能都弄錯了，梅克爾從一開始就往這個方向佈局。至少現在回顧起來，基社黨的人認為那整場黨代表大會魔力演出都是預謀好的，因為儘管二〇〇三年冬天的政績斐然，梅克爾仍被競爭對手們團團包圍。她必須擺脫斯托貝和梅爾茨，但光靠權術策略是不夠的，她需要一個內容明確的方案，一個她也可以在經濟和社會政策方面「主導局勢」的政策方案。那時斯托貝的親信這麼分析：「為了要待在最高層，她別無選擇，只能自己成為基民黨經濟和社會的革新先驅。她的目標一旦達成，其它的就沒那麼重要了。」

可確定的是，要是有人在萊比錫黨代表大會結束後，認為未來的聯邦女總理傳達了她日後的施政方針，那就錯了。雖然梅克爾也深信，德國必須加快發展的步伐，才能在全球競爭中生存，但她很快意識到，人民和兩黨聯盟的夥伴不希望有任何劇烈的改變——她也毫無異議地接受了這一點。

只有在醫療保健政策上，她真的嘗試實施所提出的改革，因此犯下「瀰天大錯」。[32]作為第一大聯邦國會黨團的領導人，她親力親為、花了好幾個晚上計算人民可負荷醫療費用的限度和健保公司間的風險平衡。但沒有人感謝她的付出，相反的，不僅每次新的嘗試都遭到霍斯特·澤霍費爾挑毛病，她自己也遭人詬病是沒有認清自己的身分。政治學家們的忠告是：政策的大方向應該由各邦的總理們決定，如果她執意強調細節，表示她並不清楚自己的工作本分，

梅克爾在萊比錫黨代表大會上最主要的任務，是鞏固她在黨內的地位。弗雷德里希·梅爾茨在這次大會上發表了他此生最重要的演講。他解說了新的稅收制度，這是基民黨期盼能振興國家的方法。語畢，黨代表們的反應熱烈，但無非是熱情的告別致意。他的大膽嘗試，例如停止採用累進稅率、確定三種統一稅率、取消大部分的例外及折舊減稅可能條例，明眼人很快就看出來，這還是走不出基民黨革新計劃的廢石場。

對梅克爾而言，計劃方案跟人一樣，是要在有限時間內達成既定目標的文件。計劃方案有成效，就繼續推行，若計劃方案無益於鞏固她的地位，或是對她不利，就得改變計劃方案或是務實地先擱置一邊。

彌撒輔祭男孩

身為領導人，她可以自己挑選想用的人。回顧入黨後的短短數年，她選擇了不惹人注目、但可助她一臂之力的從政者。兩德統一前的西德波昂當局深受天主教影響，有人消遣地稱這些梅克爾團隊成員是「彌撒輔祭男孩」。

彼得・辛澤、湯瑪斯・德・梅齊埃和赫爾曼・格羅赫都是所謂的「彌撒輔祭男孩」，他們跟老前輩不同，他們沒有進入高層的野心。梅克爾藉著這些顧問和親信來補強她在基民黨歷史中的空白，以及她初任聯邦總理時對黨內行事傳統的缺乏概念。這些顧問、親信們和她很像，他們工作勤奮、紀律嚴明，但沒有自己的政治訴求。他們還有一個優點是：他們從不自認比梅克爾能力更好，他們只是呈上水與酒的輔祭，好讓梅克爾施展魔法。

輔祭男孩很少有新人加入，自二〇一五年後更完全中斷了。在梅克爾擔任總理的最後幾年，離職者雖有人替補，但信任感不復以往。聯邦總理府再次成為九十年代後期那個自以為是、斷絕與外界交流的要塞堡壘。梅克爾在柯爾擔任總理時已親身體驗當時政府大老們才思枯竭、即使最微小的改革也無力可施的窘境，而她自己在難民危機之後便是如此。圍繞她身邊的總是同一批人，她只聽她想聽的建言。夕陽的暮色籠罩著聯邦總理府。

直到新冠肺炎疫情爆發，才暫時喚醒了這群沒精打采的人，解救了梅克爾執政最後幾年政府毫無作為的景況。現在她又生龍活虎，她不需要別人解釋指數發展，她知道適任的顧問在哪裡：在柏林夏里特醫學院的實驗室、漢堡—埃彭多夫大學醫院、利奧波第那國家科學院（Leopoldina）、萊布尼茨學會、亥姆霍茲（Helmholtz）國家研究中心聯合會、羅伯特科赫（Robert Koch）研究所。瑞典環保少女格蕾塔·童貝里（Greta Thunberg）的口號「聽從科學」，也可能源於梅克爾。

一九九〇年第一次全德聯邦國會開會時，她和彼得·辛澤首度見面，當時她是新任的婦女事務部長。幾週後，部長需要一名國務秘書，總理柯爾推薦了辛澤。這位來自萊茵蘭邦的新教牧師多年來在聯邦政府中處理替代役事務，也是北萊茵—威斯特法倫邦（Nordrhein-Westfälisch）基民黨副主席。他領導基民黨福音工作小組，兩年後他轉到黨中央擔任秘書長時，他建議由婦女部長梅克爾負責他原來的工作。

一九九八年基民黨在聯邦國會大選失敗後，新的黨主席蕭伯樂不續用辛澤，而讓梅克爾接任黨秘書長。辛澤並未遷怒他的繼任者，他是梅克爾政治生涯中的忠臣之一，他是她的耳朵，是她在黨內的協調人。他知道所有的八卦和小道消息：誰適合做什麼、誰想要什麼。反觀梅克爾，缺少黨內的支持擁戴，對基民黨本身、黨內各部門和工作人員都不熟悉。辛澤協助她出主意，全心支持她，長達十多年。

這麼幾年來，梅克爾雖然越來越熟悉黨內事務，但還是有令人難以想像的隔閡。梅克爾和貧困環境中出身的施若德不同，施若德有完整的社民黨員從政資歷，從社民黨青年團一路奮鬥到進入高層。而梅克爾雖在黨內受人賞識，但始終是個格格不入的異類。她不是從青年聯盟出身，她沒有跟大家一同出遊或是聚會的共同記憶。梅克爾平和淡漠的個性讓人好奇，到底是什麼樣的價值觀和信念引領著她。有些人甚至說，她眼裡只有一個目標：當上聯邦總理。

辛澤補上了所有的缺口。不敢去找黨主席的，就去找辛澤。任何在聯邦國會有所求，又不想打擾總理的人，都來向辛澤求助。正因為本身不位居高職——他在二〇〇五年只擔任經濟部的國務秘書，二〇一三年是聯邦國會的副主席——更讓他成為最受各黨派聯邦國會議員尊敬的人物之一。如果他是天主教徒，那他的辦公室就會是德國聯邦國會人人必去的懺悔室。

儘管辛澤的名片上寫著經濟部，但他是聯邦總理唯一一再邀請參加機密晨會的人。他病危躺在醫院病榻上時，還催促她要再次參選二〇一七年的大選。二〇一六年十一月二十日梅克爾宣布再次參選，幾天後辛澤病逝，聯邦總理在葬禮上公開落淚。

赫爾曼・格羅赫在梅克爾接任婦女部長時擔任青年聯盟的主席。一九九四年他當選聯邦國會議員，那時的青年聯盟還不是黨的思想前鋒，相反的，他們跟這名東德來的年輕女性從政者有許多一致的想法，特別在家庭政策方面。梅克爾身上具有實用主義和東德生活經驗的集結，而青年聯盟成員則缺少耐心。他們的榜樣是柯爾時代基民黨的叛逆人物麗塔・蘇斯穆特（Rita Süssmuth）和海納・蓋斯勒（Heiner Geißler），他們發現婦女及家庭政策是柯爾執政時代最呆滯僵化的部分。於是梅克爾就成為了他們的盟友。

然而格羅赫並不是從一開始就願意為她效力，他是一九九五年所謂的「披薩連線」創始人之一。「披薩連線」是由基民黨和綠黨的年輕議員組成的小圈子，兩黨資深的議員們總是用懷疑的眼神打量他們。這個圈子裡的年輕議員早已確知，黨派長年累積出來的仇怨，在他們這一代已不重要了。成員在保守的基民黨這邊包含格羅赫等多人，在綠黨則有馬提亞斯・貝寧格（Matthias Berninger）等人。他們都喜歡在波昂一家名叫「莎賽拉餐廳」（Sassella）的地下室享用豐盛的義大利麵。這家餐廳，從波昂政府人員到柯爾總理都鍾愛不已。

成員們表示，他們那時對梅克爾的態度相當「中立」。[33]從年紀來說，她很適合這個圈子，可是她是女性部長，又是東德人。披薩連線的議員們常興致高昂地談論時勢和德國政權的變化，聲音洪亮，在微醺狀態中大放厥詞，但這些都和她搭不上邊，也沒有人會想知道她的想法。直到一九九八年政黨輪替之後，情況才有所改變：披薩連線裡的綠黨議員現在獲得執政權力，重要性不可同日而語。他們的基民黨老友則必須重新定位自己：想要翻身，就得聽從新上任的黨秘書長梅克爾的指揮，才能迎接新時代。

二〇〇五年後格羅赫成為聯邦國會黨團的法律顧問、總理府國務部長、基民黨秘書長、衛福部長。然而，更精彩的則是格羅赫如何失去他努力贏得的職位。每當梅克爾遇到危機時，格羅赫都會退讓，以避免她遭到挫敗。格羅赫有意競爭的職務總是跟梅克爾的想法不謀而合，這樣能確保她在黨的各種委員會中的地位。二〇一四年間格羅赫很想進入基民黨主席團，這對曾在二〇一三年成功領導基民黨競選活動的黨秘書長來說，通常不成問題。

但格羅赫在第二輪投票前的最後一刻撤回了他的競選意願。沒人料到會跑出來一個年輕的顏斯・史潘，壞了黨主席梅克爾精心籌畫的好事。按規劃，各邦政府、不同的民間組織和婦女團體都應該在主席團中有席位，而史潘卻把自己加入候選人名單。此時基民黨中對「萬世總理」的抱怨聲浪已經越來越大，而野心勃勃、目中無人、又不知輕重的史潘跟這些找麻煩的人同聲一氣。他出擊，格羅赫只好退守。

二〇一七年大選後，格羅赫再度輸給史潘。格羅赫本來想繼續擔任衛福部長，但梅克爾希望讓越來越難約束的史潘進入內閣，於是在二〇一八年延攬史潘成為衛福部長，格羅赫再次毫無怨言地退出。格羅赫是梅克爾的得力助手，有需要的時候，他一定在，有重要任務，交給他準沒錯，即使不受重用，他依然忠心耿耿。

湯瑪斯・德・梅齊埃也是如此，在梅克爾身邊工作，他必須擔待得最多，而失望也最深。但是跟很多人不同，他始終留在她身邊。如果不是梅克爾，德・梅齊埃的職位層級可能永遠不會高於德東聯邦的部長。然而，如果沒有德・梅齊埃，梅克爾的執政可能不會如此順利——而且可能根本不會進入政壇。

法律學家出身的德・梅齊埃早在一九九〇年就結識梅克爾了。他是東德最後一任總理洛塔・德・梅齊埃的堂弟，不過他一直生長在西德。一九八九年，他在柏林市議會秘書室負責基本政策部門，同時也擔任柏林基民黨聯邦國會黨團的新聞發言人。當他的堂兄成為面臨分崩離析的東德總理時，湯瑪斯・德・梅齊埃急忙伸出援手——於是他成為東德政府首批來自西德的顧問之一。他遇見了梅克爾，並推薦她擔任東德政府的副發言人。

一九九〇年代梅克爾在波昂政府平步青雲的同時，德・梅齊埃這位波昂出生的法律學家覺得自己在新聯邦很有發展，並且成為梅克倫堡—西波美拉尼亞和薩克森邦（Mecklenburg-Vorpommern und Sachsen）的國務秘書和部長。直到二〇〇五年他才進入聯邦層級，擔任梅克爾麾下的聯邦總理府負責人。

德・梅齊埃一向中規中矩，很聰明，擅長行政管理。他不是一個嚴守法則的人，但黨內的保守派還是特別喜歡他。他總是穿著剪裁合身的三件式西裝，髮型永遠清清爽爽、步伐瀟灑，不帶一絲高傲——派對上有些人稱他「完美先生」。

對梅克爾而言，他也是位「完美先生」。兩人的默契，使她對抗黨內唱反調的異議分子時無後顧之憂，他的忠誠穩定了政府。她可以把他從總理府調到內政部，或是調到國防部，再調回內政部，隨便調到那裡都行，他都沒有怨言。如果有人把效忠德國理解為效忠梅克爾，那人非德・梅齊埃莫屬。二〇一七年聯邦大選之後他沒有分到職位，於是他就在聯邦國會擔任議員，二〇二一年他不再參選。他的政治生涯始於安格拉・梅克爾，也終於安格拉・梅克爾。

辛澤、格羅赫和德・梅齊埃都為梅克爾總理效力。在眾多以自我為中心的政治人物中，他們是少見的例外，他們助她在黨和政府裡步步高升，並從中獲益。這三人自認最重要的是忠心擁護梅克爾，因此他們也願承受總理必要時將他們束之高閣的冷清與不堪。當年被稱為彌撒輔祭男孩的還有彼得・阿特麥爾（Peter Altmaier）和諾伯特・洛特根，他們兩人都於一九九四年成為聯邦國會的國會議員，也都曾是披薩連線的最初成員，並且都在前總理柯爾任期的尾聲，苦無發揮的機會，陷入僵局。

阿特麥爾和洛特根兩人是公認的積極進取、聰明又有學問。他們支持梅克爾對抗斯托貝和梅爾茨，在競選時為她提供諮詢。二〇〇五年大選後，阿特麥爾成為內政部的國務秘書；洛特根等著梅克爾打電話任命他為總理府高官。但是電話沒有來。她選擇了德．梅齊埃。洛特根覺得自己被耍了；但短短四年後，他就超越了他的朋友阿特麥爾，他以一己之力開啟政治生涯，當上環境部長，功成名就。他和阿特麥爾的友誼產生了裂痕。

大家都看在眼裡，年輕帥氣的環境部長自覺前途遠大，而阿特麥爾則本分的為梅克爾推動行政事務。女性雜誌《繽紛》（Bunte）稱頭腦靈活的洛特根是「德國政治界的帥哥喬治克魯尼」，[34]意圖靠自己走出一條政治坦途。就像負責家庭政策的烏蘇拉．馮．德萊恩（Ursula von der Leyen）和擔任國防部長的卡爾－特奧多爾．楚．古滕貝格，洛特根也有他的政治訴求：他跟自民黨的聯盟協議唱反調、堅持終止核能。（這導致他在政府中的支持度慘跌。直到福島核災之後，政府才決定應該要徹底終結德國的核電。但這已是高層的決定，跟洛特根無關了。）

但洛特根的政治野心並未就此打住，相反的，他有更遠大的謀劃。《明鏡週刊》打趣的報導：「媽咪最聰明的兒子，也是媽咪最危險的兒子。」[35]他發現要在柏林政壇一路亨通，比預期中困難得多，於是他開始爭取黨在地方上的資源。他違抗梅克爾的意願，執意參選北萊茵－威斯特法倫邦的基民黨主席，並取代原本看好的人選阿明．拉謝特當選。後來在北萊茵－威斯特法倫邦政府的大選中他一敗塗地，但這阻止不了他回鍋內閣後繼續跟梅克爾作對。

總理快刀斬亂麻，在她十六年的總理任期中，這是她第一次，也是唯一的一次撤換部長——這也是聯邦德國史上第二次，不是敦請部長辭職，而是正式解除部長職務，而且還是由梅克爾的忠臣阿特麥爾、也就是洛特根的老友接任他的職務。不言而喻，梅克爾要大家看清楚：在她的統領下，事事賞罰分明。

不管部長的性別為何，梅克爾總理都不反對他們有政治企圖心，而且，根據一名前內閣成員表示，她很樂於提拔他們。但梅克爾有兩個預設條件。第一，部長要自行承擔失敗的風險。第二，部長們的計劃方案不能有損總理的權威。所以家庭事務部長烏蘇拉・馮・德萊恩放手推行了她的家庭政策，國防部長卡爾—特奧多爾・楚・古滕貝格廢除了義務兵役制，教育部長安娜特・莎萬可以將國內生產總額的百分之十用於教育和研究。但洛特根不聽話的次數太多了。不管是誰有心爭奪總理的位置，不能用這種方式。

彼得・阿特麥爾就有自知之明得多了。他說：「面對今天的媒體式民主，像我這種長相的從政者是當不上總理的。」[36] 早在別人懷疑他別有企圖前，他就先舉白旗表態了。阿特麥爾生於薩爾州的一個礦工家庭，天生就有唇裂缺陷，體重明顯超重，且一直維持單身這種最讓人覺得可疑的生活方式。他跟大家不同的地方是，所有的人都有私生活，他只有基民黨。

對總理而言他是萬中選一的部屬，她有任何計畫，他都全力以赴。阿特麥爾是她的萬能牌：他先擔任內政部國務秘書，然後進入總理府，再進環境部，接著到財政部擔任沃夫岡・蕭伯樂的副手，最後當上經濟部長。他偶爾會夢想自己成為總理，梅克爾也不介意，反正他不過做做夢罷了。

沃爾克．考德爾（Volker Kauder）的情況則不太一樣。這名來自巴登邦的基民黨議員二○○二年時是埃德蒙德．斯托貝有意栽培的人之一，但他並沒有因為有人在背後罩他，他就敢直接向梅克爾嗆聲。他反而冷靜地為她分析，為何他認為出身巴伐利亞的斯托貝較適合擔任總理候選人。如此開誠佈公對他沒有害處，相反的，他後來成為梅克爾最忠實的伙伴之一：二○○五年他先出任基民黨秘書長，大選後接任梅克爾成為兩黨議會黨團的主席。

他以強硬和貫徹到底的手段確保梅克爾能對抗聯邦國會，議會黨團起先順從，接著怨聲載道，最後終於在二○一八年合力把他趕下黨團主席的位置。對梅克爾總理來說，十三年來考德爾確保聯邦國會黨團支持梅克爾的提案（即使這些提案令人錯愕），即使不支持，也至少保持低調。因此，即使是他不認同的政策，他也必須取得足夠的贊成票：例如增加托兒所和幼兒園、反歧視法、廢止核電、增加老年失業者的社會福利等等。跟聯盟中許多尚存的保守人士一樣，考德爾其實不贊同這些政策，但他還是想辦法讓法案得到多數贊同票。

如果少了一個像考德爾這樣的黨團主席，總理便孤掌難鳴。當年為前總理柯爾執行這項工作的是沃夫岡．蕭伯樂，為施若德效力的是彼得．施特魯克（Peter Struck）。越多政治決策落在聯邦政府的行政權，聯邦國會的立法權就越難發揮作用。事實上，黨團主席應該加強並尊重聯邦國會的權利，因為代表人民的畢竟是國會議員，而不是政府。但總是會發生一些棘手的情況，因此每個政府都需要他們的黨團主席在此時偏袒自己的黨，而不是質疑黨的錯誤。

考德爾還有一些特點：考德爾是基督教民主黨當中，象徵基督教精神的一塊活招牌，沒有人比他更嚴守信仰。黨團裡有人說，考德爾深怕死後會因為自己在政壇裡犯下數不清的詭計、陰謀和政治勒索，被扔到地獄永遠受火刑，所以沒有主教、牧師或神甫能逃得了跟他會面，仔細討論政治的罪惡和責任倫理。對牧師的女兒梅克爾而言，有考德爾是她的運氣。因為有人質疑，每當遇到僵局，梅克爾都會做出背離基督教精神的選擇，但她身邊有考德爾這種忠心不二的極端保守主義者，讓她長時間免受這方面的嚴重責難。

通常黨團主席可以放心的是：如果議員知道黨團有能力讓他們選不上，那麼他們對政府決策的不滿，一般而言很快就會消失，這在兩黨議會黨團也不例外。因此，要過了很長一段時間，等到金融危機、歐元危機、移民危機等政策累積出來的怨氣太大了，國會議員們才鼓起勇氣，不讓考爾德連任。二〇一八年拉爾夫·布林克豪斯（Ralf Brinkhaus）出人意料地參選黨團主席，而且當選。

這次選舉是梅克爾時代即將終結的第一個可覺察的徵兆，她早就表態支持考德爾，但最後連自家國會議員都無法掌控，可見她的權勢正在下滑。幾週後，黑森邦的基民黨在選舉中慘敗。梅克爾辭去黨主席職務，並宣布她的政治生涯將於二〇二一年結束。考德爾也不會再競選聯邦議員，他心滿意足了。他說，他跟安格拉．梅克爾將是「永遠的朋友」。[37]

陽光男孩的墜落

總理用一種不厚道的方式來檢驗從政的年輕一代是否可靠。她跟他們會面時，就像馴狗學校的校長見到一群活潑的小狗似的。二〇〇九年和自民黨的聯盟談判之後，自民黨的克里斯帝安．林德納（Christian Lindner）因為終於可以加入執政，喜悅之情溢於言表。梅克爾警告這名政治新秀，她會小心翼翼，免得林德納「放火燒了國家」。[38]年輕人想從政，就得承受得了這種嘲諷，不過林德納就不太消受得了。

但有一個人不僅開得起這種玩笑，而且還樂在其中，那就是卡爾—特奧多爾．楚．古滕貝格，他的崛起和殞落可說既是梅克爾政途發展的鏡像，也是反證。《明星週刊》在二〇〇九年驚訝不已：梅克爾從德國東部進入兩黨聯盟的宇宙深處，不過十年之後，出現了節節高升的古滕貝格，而且他不僅來自西方，更「來自上流階級，這是從前所未見的」。[39]楚・古滕貝格從小在上弗蘭肯地區的中世紀城堡「古騰堡」裡長大，是德國最富有的家族之一，父親是著名指揮家。他凸顯了梅克爾所沒有的一切。不過他從不威脅、壓迫、質疑或搞破壞，所以梅克爾不只容忍他，還甚至很欣賞他。

梅克爾不喜歡透露她的家庭生活，古滕貝格則大方分享他的家庭背景：最體面的家庭、世代沿襲的貴族、完美的教養、與出身俾斯麥家族的女伯爵的夢幻聯姻、考究的品味、家業殷實富裕。梅克爾將自己的「零魅力」超脫為內涵與穩定的象徵，而在古滕貝格令人目眩神迷的演說背後，可以想見他知識分子的深度和政治遠見。她是來自德東的大黑馬，他是出身德西的知名人士，兩人皆是獨一僅有。從二〇〇九年二月到二〇一一年二月這兩年間，這位弗蘭肯男爵在德國大眾眼中脫胎換骨。對梅克爾總理來說，這是一個絕佳的互惠共生的機會：她是穩穩固著在地面的海葵，他則是發光吸睛的鮮豔熱帶魚。

二〇〇二年古滕貝格進入聯邦國會，快速晉升，這讓他的政治導師十分欣慰，也讓黨內競爭對手憂心忡忡。他以擅長外交聞名，先成為基社黨的秘書長，之後擔任經濟和國防部長。

梅克爾出人意料的臣服於這名政壇新人的魅力，這位彬彬有禮的後備軍人，政治似乎對他可有可無，他身任經濟部長為黨團帶來光彩、決斷力、還有一絲德國經濟之父路德維希．艾哈德的風範。

這些特質深受選民們喜愛：不到五個月的時間，古滕貝格就超越總理成為德國最受歡迎的政治人物。在二〇〇九年九月的聯邦國會選舉中，他在上弗蘭肯連任他的直選席位，不過這還不算什麼，他甚至在聯邦國會獲得最多直選議員的選票。

古滕貝格是兩黨聯盟中唯一的一顆超級巨星。二〇〇九年二月他就任經濟部長沒幾天，汽車製造商歐寶的危機越演越烈，美國通用汽車母公司不僅受到金融危機和不景氣的嚴重打擊，多年來還一直有嚴重的銷量下降問題，已損失數十億歐元。現在公司瀕臨破產邊緣，德國子公司歐寶將被出售，需要超過三十億歐元的國家新擔保。聯邦政府願意出手相救，但經濟部長則出面反對，他認為應該按規矩來，建議採行「秩序政策」。然後他向聯邦總理提出辭呈，因為他不想成為政府施政的絆腳石。

這一瞬間，德國人立馬愛上了他們年僅三十七歲的經濟部長，終於出現一個有原則的人，一個讓路德維希．艾哈德立下基礎的經濟部再度有了肩膀與擔當的人，一個不任大企業擺佈、甚至不惜為此斷送自己政治前程的人。那個夏天，他是英雄。

後來事情另有發展，歐寶獲得國家擔保，KT（柏林人對古滕貝格的暱稱）也同意了這些擔保，他已經不再堅持，這跟梅克爾總理的行事風格很像。他態度堅定的告訴《明鏡週刊》：「進入政壇時我心裡就明白，我隨時都可能退出。」[40]這也是梅克爾總理一再用來表達她不戀棧總理職位的一句話。然而，和聯邦總理一樣，KT當然也從沒有一絲退出政壇的想法。他那兩年實在太順利了，所以，做點妥協也是應該的。

擔任國防部長期間，二〇〇九年聯邦國會選舉後不久，他承受了沉重的壓力。十一月德國國防軍在阿富汗昆都士（Kunduz）請求美軍空襲擊毀兩輛被塔利班搶走的油罐車，造成約一百四十人死亡，其中一百多人是平民。古滕貝格站在軍方這邊，表示軍方行事無誤。

後來證明他的說法並不完全正確。KT這時指責兩名屬下，表示他們太晚通知他，且沒有轉達完整訊息。他炒了這兩人魷魚，但他們不服。身為政治人物，古滕貝格在他政治生涯中第一次不得不面對公眾的指責：他沒有確認事實，又賴給忠貞的屬下。說到底，他可能跟其他的政客沒兩樣。

不僅如此，這位到目前為止在部隊非常受歡迎的部長，此時還要實施一項龐大的國防緊縮計劃。

在這種壓力下他想得很遠。在二〇一〇年六月六日的預算會議上，他建議廢除義務兵役制，將德國國防軍變成職業軍隊。內閣像遭到電擊，終於出現一件可以好好爭論的事，這件事可以證明，治理國家不僅僅是例行的行政工作！最後聯邦總理不得不出面緩頰。「我們不能在一個週日下午就廢除義務兵役制」，《明鏡週刊》在當期封面故事〈傳奇的古騰堡家族〉中引用這句話。[41]但事實上，義務兵役制真的在那天下午就廢除了。偏偏是由保守加自由主義的基民黨政府，出面實現了綠黨和左派社會民主黨人的畢生夢想。幫自己的政治對手實踐訴求，這實在太妙了。不過梅克爾總理讓古滕貝格放手去做。

在梅克爾擔任總理的第五年裡，可說諸事不順，德國雖然順利走出金融危機，經濟成長驚人，但政府內部分歧，幾乎沒有執行能力。基社黨和新的聯盟夥伴自民黨以「黃瓜部隊」和「野豬」等字眼辱罵彼此，[42]聯邦財政部長沃爾夫岡．朔伊布勒（Wolfgang Schäuble）羞辱自民黨，把他們的稅收改革方案貶得一文不值。斯圖加特市一向保守、傳統的市民公開抗議建造大火車站的計畫，並反對政府延長核電的使用。

此時兩黨聯盟迫切需要一個重量級的政治項目。古滕貝格和他的廢除徵兵制提議，來得正是時候。

梅克爾總理本身的信念是，讚美後隨之而來的總是指責，激情後隨之而來的總是失望，這是從她喜歡引用的能量守恆定律衍生出來的。[43]多年來她把自己受歡迎的程度定位在中等，她認為，如此就算有偏離的狀況也不至於太難看。她樂見古滕貝格男爵成功，但她也預期他會失敗。她知道，如果古滕貝格的軍隊職業化改革成功，兩黨聯盟的保守派核心也不能怪罪於她。古滕貝格是菁英的山地作戰特種部隊出身，是黨未來的希望，和保守派是自家人，若搞砸了，帳就去找KT算。

最後，卡爾—特奧多爾．楚．古滕貝格童話故事的結局，跟預期完全不同。他栽在自己的博士論文上，因為論文大部分是由抄襲的篇章組成的。這類危機總是一發不可收拾——就像緊接著科學部長安娜特．莎萬的博士論文引起爭議，或是聯邦總統克里斯蒂安．沃爾夫令人觀感不佳的接受企業招待事件——這是二十一世紀的特性，政府要應付的不再只是傳統媒體。輿論將會在網路、在社交媒體醞釀發酵。網民在網路上查證古滕貝格論文中抄襲的證據，大學助理和博士生發文表達他們對聯邦政府意圖息事寧人的憤怒。網路已是不可忽視的政治元素，它先讓KT的事業一飛衝天，然後又讓他一敗塗地。

真正讓總理震驚的是，古滕貝格在論文真偽之戰中，最後失了耐性。擔任科學部長的安娜特．莎萬為自己的科學聲譽和職位奮戰到最後一刻才認輸，古滕貝格不一樣，他很快就放棄了。依總理之見，古滕貝格可以繼續留在黨內。為了他，她賠上了自己相當程度的信譽。她在二〇一一年二月二十一日表示：「我不是任命研究助理或博士生……我在乎的是聯邦政府國防部長的工作……對我來說，這才是重點。」[44]

梅克爾從來沒有替任何人做過這種犧牲。這位物理學家一遇到緊急狀況，像福島核災或新冠肺炎疫情爆發，就強調自己身為科學家和自然科學博士的身分，但為了讓男爵留任，她竟然叛離自己研究學者的形象。幾天後古滕貝格還是遞交了辭呈，這證明他並不明白梅克爾對他用心良苦。對梅克爾而言，這也證明了KT不能成為聯邦總理。他吃不了苦，毅力不足，能量不夠，不能甘於寂寞。這正是梅克爾三月一日在漢諾威CeBIT電腦展開幕典禮上，收到KT辭職簡訊時的表情。她盯著手機的小螢幕，再把眼神望向天際，接著再看一次訊息，她把訊息給安娜特·莎萬看，兩人無奈地相視一笑。這兩位女性都知道，無論如何都要苦戰到最後一刻，但這頭幼犬卻先放棄了，他當不了獵犬。

政壇勁敵

要說政壇上有白熱化的對立，那最佳範例就是安格拉·梅克爾和格哈特·施若德之間的衝突。施若德只能贏或是輸，但梅克爾則是不輸不贏的高手。火爆總理對抗一流的中介人、勞工階級的小孩對抗牧師女兒、西德人對抗東德人、大男人主義對抗勤奮的阿信、男人對抗女人、本能對抗理性、喧囂對抗寧靜。這兩人的分歧太多，水火不容。

一九九五年春天，梅克爾第一次在她西德政治生涯中覺得安全，她已有一些成就。一月她解雇了大權在握的國務秘書克萊門斯．斯特羅特曼（Clemens Stroetmann），讓大家明確知道，她自有主張。她剛在國際環境會議上取得規劃具體氣候目標的委任，並明顯擺脫了傑出的前任環境部長克勞斯．特普費爾的陰影。一切運作順利，但只是表象如此。

挫折接踵而至：夏季北半球臭氧濃度逐年上升，家長不再讓孩子在戶外玩耍，大人擔心他們的健康。梅克爾希望藉著禁駕和限速來解決這個問題，但五月時她沒有得到內閣的支持，這讓她出現了可能是唯一的一次淚灑內閣。最終結果是，幾週後一條毫無約束力的臭氧法令，不經審查就得到通過，該法令跟梅克爾的草案毫無相似之處。梅克爾突然顯得軟弱無力。這樣一個軟弱的愛哭鬼，要面對當時下薩克森邦總理施若德這種人，根本是砲灰。在夏季霧霾條例的調解委員會中，他讓她在政府行政區內不停奔走，只為了促使內閣對法案的折衷限度達成共識——梅克爾後來告訴大家，施若德說，如果她「三十分鐘內不回來，他就要回家了」。[45]

她汗流浹背地來回奔波，他樂在其中。他讓這名年輕的女性部長見識了德國邦總理的位高權重，至少格哈特．施若德這位邦總理是這麼想的。梅克爾從不曾忘記這些屈辱。

施若德在自己的陣營中處境艱難，此一事實也激發了他跟環境部長梅克爾作對的意圖。他正跟自己黨內的競爭對手角力，想要跟黨主席魯道夫・沙平（Rudolf Scharping）和薩爾邦總理奧斯卡・拉方丹（Oskar Lafontaine）爭奪社民黨的大權。一九九四年沙平為聯邦總理候選人，以些微的差距輸掉了聯邦國會的選舉，但自認在社會民主黨中仍然握有決定權，而拉方丹和施若德兩人則公開否認這一點。那個夏天他們使出所有手段，讓沙平在預定於秋季在曼海姆市舉行的黨代表大會之前就出局。跟施若德對決，沙平暫居上風，但輸給拉方丹。拉方丹在秋天的黨代表大會上推翻了這位呆板無趣的黨主席。

這些事的發展對施若德的心情沒什麼幫助，他堅信自己輸給了自己黨內的「平庸聯盟」，[46]於是就把情緒發洩環境議題上，激烈爭論可否准許使用過的核電廠燃料棒，放置在高放射性核廢物儲存桶內，從德國核電站運送到下薩克森邦。能源共識談判失敗後，施若德眼中的梅克爾不僅「無能，而且在政治上也太嫩。」[47]而梅克爾則認為他在社民黨中孤立無援。只不過她低估了這個下薩克森邦人的野心和固執。施若德還是年輕議員時，他泡遍酒吧，酩酊大醉後經常搖晃聯邦總理府的圍欄大喊：「我會進來的！」

一九九五年初德國第一批裝載使用過燃料棒的高放射性核廢物運輸上路，目的地是位於下薩克森邦戈爾萊本市（Gorlebe）的核廢料臨時儲存場。數千人走上街頭反對核能，每次維護運輸安全的花費大約要花掉下薩克森邦政府兩百萬馬克。戈爾萊本對反核者而言具有象徵性，執政黨也打算擴大建設此地的岩鹽區，當成德國核廢料的長期儲存庫，於是下薩克森邦成了戰場。下薩克森邦紅綠聯盟的邦政府發現，抵制核廢料運輸是迫使政府廢止核能和停止勘探岩鹽區的最佳手段。

環境部長梅克爾執行了第一次和後續的核廢料運送，施若德盡一切可能阻撓。聯邦環境部長梅克爾控告他「失職」，並在法庭上獲判勝訴，但這對她而言無濟於事。施若德不僅蓄意阻礙核廢料運往臨時儲倉，並進一步阻止探勘岩鹽區為長期核廢料儲存庫。整件事滯礙難行，越來越多人走上街頭反核電。梅克爾在聯邦政府的聲譽下挫，柯爾總理越來越沒有耐心。

兩年後，她找到了一個至少可以推行長期儲存庫的方法，聯邦政府可望使用部分鹽丘。梅克爾戰勝了施若德，於是他再也不放過任何可以讓她出醜的機會。梅克爾曾告訴女攝影師哈琳德·柯爾珀：「我早就告訴他，遲早我會把他逼得無路可走，現在時機還不成熟，但我已經很期待了。」她認為自己踹了他一腳。48

女部長很少流露這麼多情緒。施若德得罪了她，她也惹惱了施若德。梅克爾續任環境部長時，已是受到認可與重視的政治家。但她也知道，想要有成就得靠自己，遭到打擊失敗時也要自己承受。對施若德而言，這些年他的政治企圖心無法施展，他在社民黨內並不順遂，這個東德女人又讓他臉上無光，簡直是雪上加霜。不用說，他們倆是不會成為朋友的。（聯邦和州政府到了二〇一六年才終於完成協議，重啟尋覓長期的核廢料儲存庫。德國的最後一座核反應爐將於二〇二二年關閉。這個決定在福島核災後落實，這一次由兩黨聯盟和自民黨負責——他們在這之前不久，才剛決定要重新啟動核能。）

對於梅克爾來說，核廢料運輸的餘波並未平息。一九九八聯邦選舉的那一年，人們得知核能產業界提供的承諾並不確實，核廢料運輸途中還是會釋放出輻射。雖然不至於造成大危險，但它破壞了原本就搖搖欲墜的聯邦政府的可信度。梅克爾陷入她從政以來最深層的危機，她中止了核廢料的運輸。施若德大獲全勝。唯一能讓她免於下台的原因是她能證明對此事毫不知情。想要梅克爾如在野黨所要求的負起政治責任？他們太不瞭解梅克爾了。事發後的幾個月，她反覆告訴大家，她可以想像自己告別政治圈，但此時她不動聲色、靜觀其變，等待風暴消散。

對於梅克爾來說，她與施若德的衝突從一開始就是兩性之間的衝突：「施若德先生壓根受不了女人介入他的政治遊戲，而且他根本輸不起，」梅克爾跟攝影師哈琳德．柯爾珀談話時說。[49] 然而，他們倆對政治的看法非常相似。例如，如果施若德說：「這不再是社會民主或保守經濟政策的問題，而是符不符合潮流，」[50] 梅克爾會立刻附議。如果必須討論報廢車輛或環保包裝規定，他們能達成協議。當舞台上的聚光燈熄滅時，跟施若德共事是可能的，但若聚光燈亮起，那就要小心了，她會覺得他是外星人，而他則覺得她在沒完沒了的找麻煩。

後來她成了他競選聯邦總理的競爭對手。兩德統一後出現一股趨勢，最初並沒有多少人把它當一回事，沙文主義的施若德大概壓根就沒注意到這個現象，但這股強大的趨勢幫了梅克爾一個大忙。在德國的廚房、臥室、學校、大學和辦公室發生了社會變革：女性形象在改變，對男性在家庭、職場和公開場合中角色的期待也發生變化。女學生的成績比以前好，大學裡一半以上的學生是女性。越來越多的女性希望有平等的兩性關係、希望有人分擔家事、希望能在事業上有發展。至於年輕男性，二十世紀大權在握的領導特質不再吃香，在大城市出現了新趨勢，誰是一家之主不再重要，重要的是生活伴侶。這也改變了大家看待政治和從政者的眼光。施若德符合「德國人傳統上所想像的總理典型」，[51]在新時代的氛圍中，施若德缺少現代感，安格拉．梅克爾登記參選總理，更讓他顯得老態龍鍾。

這件事的高潮是二〇〇五年九月十八日的選舉之夜。短短幾分鐘內，前述的價值觀和態度上的緩慢轉變，一下子都被證實了。在第一次計票之後，施若德出現在德國第一和第二電視台的「重量級政黨首長圓桌會」節目上，由在場各政黨的頂級候選人發表對選舉結果的看法。出乎所有人的意料，剛開始社民黨的票數很高，基民黨卻誇張的低於選舉研究者的預期，因此基民黨只有很小的領先優勢。社民黨估計，這個差距應該可藉社民黨的超額席次追平。

施若德自信滿滿地對著大夥自吹自擂，梅克爾沮喪地頹坐在桌子後面。社民黨總部熱烈慶視該黨即將敗部復活的同時，在深感失望的基民黨密室裡，人們幾乎毫無顧忌地討論，如何在沒有最高女主管安格拉·梅克爾的情況下組建政府。

幾秒鐘後情勢開始逆轉。施若德總理很激動的說：「您真的相信我的政黨會接受梅克爾女士的提議……說她要成為聯邦總理？我的意思是說，讓我們認清情勢。告訴您吧，我會主導談判，我告訴您，我主導就能談成……由她主導，是不可能跟我的社民黨組成聯盟的，門都沒有，別妄想了。」[52]德國電視史上還是頭一次出現這麼自以為是的政治人物。其他在場的埃德蒙德·斯托貝、還有自由民主黨、左翼黨、甚至綠黨等黨派的候選人，都聽得目瞪口呆。連主持人也呆掉了。

評論人兼施若德的心腹曼弗雷德·比辛格（Manfred Bissinge）後來表示，施若德當時「勃然大怒」，因為他自覺被電視台預先判定出局。德國第二電視台第一次採訪梅克爾時，已用「總理女士」的頭銜來歡迎她，但現任總理施若德去柏林錄製節目時，連個接待他的人都沒有。[53]

安格拉·梅克爾滿面春風，她意識到：她贏了對抗施若德的最後一場戰役，現在她把他逼得無路可走了。未來聯邦國會中最大的黨團不打算忍受施若德的出言不遜、蠻橫和高傲，黨內所有的宿敵現在都必須支持梅克爾。諷刺的是，施若德以他的男性荷爾蒙大爆發促成了他認為完全荒謬的情勢：梅克爾成為德國政壇第一把交椅。[54]

事情的發展正如預期。當天晚上，梅克爾的黨內反對者就收拾自己的物品，兩天後兩黨議會黨團再次選出梅克爾為主席，並委任她探詢未來政黨聯盟的可能組合。幾週後，社民黨同意加入由梅克爾領導的大聯盟，施若德離開政壇。選舉之夜發生的事及故事的結局向我們傳遞一個訊息：德國政治上權威領袖的時代已經結束，至少就目前而言。

PART

4

輝煌女權梅克爾 Frauen

妳是女權份子嗎

人們很少看到德國總理的表情如此驚愕！二〇一七年夏天舉行的世界二十大工業國家的柏林婦女高峰會議上，梅克爾與國際貨幣基金總裁克里斯蒂娜・拉加德（Christine Lagarde）、美國第一千金伊凡卡・川普（Ivanka Trump）、荷蘭王后馬克西瑪（Máxima）等超級顯赫的女性一起在台上同座。她們討研了如何提高婦女地位、政治上的女性保障名額與女性創業家精神等許多議題。

其間，梅克爾被問及她是否是一名「女權主義者」。總理一下表情就怔住了，凝神思索了一下。很明顯，她從來沒有對自己提出過這個問題，就算有，她也沒有對外透露她的想法。她花了幾秒鐘時間，彆扭地解釋她為什麼「不想用這個羽毛裝飾自己」。[1] 她覺得如果自稱是女權主義者，那彷彿是要從德國的女權主義者們如愛麗絲・施瓦澤（Alice Schwarzer）等人身上，竊取了她們才應得的名聲。

與會者都認同她的說法。下了台後，全世界都知道伊凡卡・川普是一位女權主義者，荷蘭王后馬克西瑪是一位女權主義者，國際貨幣基金總裁克里斯蒂娜・拉加德也是。

但梅克爾自認，自己並不屬於政治婦女運動的一部分，西方學術界的沙龍式女權主義對她來說是陌生的。然而，身為女性的榜樣、一位女性政治人物，又曾擔任德國家庭事務部長，她推動的事比許多人所知的多，當然也比那些在二〇一七年夏天歡慶女權主義的女性要多。

今天的小女孩和年輕女性，已不再懷疑身為女性是否能成為總理。擔任婦女事務部長的時候，梅克爾替職業婦女爭取到了保障孩子能進入幼兒園托育的權利；擔任總理的時候，她廢棄了基民黨一個「神聖」的傳統家庭定義，為所有人帶來了婚姻平權的權利。在她自己的政黨中，她納入許多女性參與政策的制訂，而在她的政治生涯結束之際，甚至通過了在大型企業的管理階層中必須普及實施女性保障名額的理念。在基民黨內，她認為現在已經到了談論平等的時候了，也就是在職位和任務上的平等分配：「在我看來，平等應該是合乎邏輯的。」[2]

女性的信念變強了嗎？還是戰鬥精神提高了？還是因為自二十世紀以來全球女性持續以自信爭取參與權，使得連保守的執政黨也被迫轉變接受女性？甚至連保守的執政黨也要被迫去適應？

許多跡象顯示，梅克爾一直是那個推動改變的人，至少在她從政的前四年是如此。而且與其說她是出於女權主義的信念而推動改變，不如說是因為她的東德背景與政治的謀略。

為了瞭解梅克爾為女性的付出，讓我們回到一九九〇年代初期兩德統一的時代。一九九一年，梅克爾在統一的德國擔任婦女事務部長時，西德的職業婦女不到百分之六十四，其中大部分是兼職。（在德國統一的廿五週年紀念專輯當中，德國家庭事務部指出，目前只有約一半的女性在上班）。家裡有幼兒的母親通常會待在家中，不會外出工作。而那些找到幼兒園名額的職業婦女則必須付出高昂的托育費用，而且一般來說日間的托育照護會在午餐之前就結束。至於收納三歲以下孩童的托兒所，恐怕得用放大鏡來找。

家長互助托育團體和兒童友善商店幫助不大，因為只有在大城市裡才有這些東西，而且需要雙親的時間投入。若是雙親都有全職工作，照顧小孩和上班則難以兼顧。此外，「幼兒的托育照顧政策」被視為是政治上的左翼思想，是來自一九六八年學生運動時期的反權威主義精神，這種被污染的想法，不適合傳遞給當代保守派思想父母的下一代。

德國的社會氛圍很明顯：凡是生了孩子、又讓孩子儘早獲得托育照護的職業婦女，不是來自有錢人家的寵壞女人，就是懷抱左翼思想的自私女性。或者以上都是。當時若有人以為「德國社會對育兒的態度正在現代化」，那麼就是想太多。至少在基民黨中，保守的家庭形象已經定型：丈夫有一份足以養家活口的工作，養活了整家人，妻子待在家裡照顧家庭與孩子，頂多就是有個小小的兼職工作貼補家用；而婚姻，就應該只有男人和女人共同組成。保守派人士認為，有事業心又有孩子的婦女，應該重新溫習她們對家庭的觀念，而不是在那邊要求男女平權。但梅克爾對此看法不同。她深受東德女性形象的影響，這個形象在許多方面比西德還更為現代。《法蘭克福匯報》援引她的話說：「房東能容忍房客養狗，但不能容忍房客有小孩，那這樣就不對了。」[3]在一九九〇年代初，這樣的說法在基民黨中已經接近現代主義了。

在德國統一之前，易北河以東有百分之八十以上的婦女都有工作，大部分是全職。東德的兼職被稱為「暫時性附帶條件限制的工作」（德文叫 Schonarbeit），只有不到百分之三十的婦女兼職，但是她們兼職的時數（每週二十到三十小時）又遠遠高於西德的兼職者。在東德，兼職的工時通常是專門為那些身體虛弱、健康不好的老年婦女所保留的。

而東德的托兒照顧是全方位的。東德領導層最關心的是如何儘早地以社會主義精神照顧與教育兒童。東德的政治領袖一方面努力使父母們融入共產集體主義的勞動世界，另一方面至少也花了同樣的心力，讓孩子們儘早接受照顧與教育。孩子照顧到了，也可以讓父母們受到政府的控制。此外，東德自從一九八〇年代以來就出現了勞力短缺，必須動員婦女進入勞動市場。

東西德統一之際，東德百分之八十的三歲以下兒童在日托中心或托兒所得到照顧。幾乎每個三歲以上的兒童都上幼兒園，百分之八十的小學生參加課後安親班。這些設施從早上六點開放至晚上六點，遇到特殊情況時也會在晚上與週末開放。父母不必為這種服務花費太多。幼兒園的中餐費用是零點三五馬克，遠低於自己在家做飯給小孩所需要花的錢。

當時薩克森邦總理、基民黨的比登科夫（Kurt Biedenkopf）在一次工會大會上解釋說，許多西德男性的期望很明確：東德的母親們很想抓住任何可以離開職場的機會，回家照顧孩子，如果女性回歸家庭，也會緩解在一九九〇年代人力逐漸供應過剩的勞動市場。如果東德婦女的就業率逐漸下降到西德的水平，災難性的勞動力市場數字也會顯得較為溫和。由此可見，許多基民黨的政治人物以及婦女事務部官員，都不認為東德婦女回歸家庭是個問題，反而將之視為一個解決方案。因此梅克爾在一九九二年夏天指控說：「事實上，是有人努力將婦女排擠出勞動市場」。[4]

梅克爾沒有小孩，當時也還沒再婚，她上任前從未處理過婦女與家庭政策問題。她甚至對這個主題並不是特別感到興趣。她在接受記者採訪時講述到，時任總理的柯爾有次出人意料之外地邀請她到總理府，問她是否「善於和女性相處」。[5] 梅克爾回答「是」，但她心裡不知道柯爾在打什麼算盤。她當時的政治前輩、曾擔任東德首任民選總理的洛塔·德·梅齊耶曾在她獲任命前悄悄告訴她，高層在討論延攬她當官，說不定是某部會的政務次長。[6]但她自己不抱持任何幻想。幾天後，她沒有成為部會的政務次長，反而成為了部長。柯爾只是想找一個有基督教信仰背景、來自東德、又是女性的內閣成員。在這點上，她是個理想的角色，可以說是一個有三重保障的人。

她得到的是一個部會的三分之一：婦女事務與衛生福利部拆開了，基社盟的格爾妲・哈塞菲爾特（Gerda Hasselfeldt）接管了衛福部，基民黨的漢娜洛蕾・龍施（Hannelore Rönsch）得到了家庭與老年人的事務管轄權。「這下子，好像這三個女人都滿意了吧。」《明鏡週刊》這麼調侃道。[7]

然而，梅克爾正在自己接管的部會內，展開了創新。這個部門之前是由同樣具有博士學位、同樣辛勤工作的麗塔・蘇斯穆特（Rita Süssmuth）領導，接著由一位對婦女問題沒啥興趣、專門研究高齡化議題的學者烏蘇拉・勒赫爾（Ursula Lehr）接手。梅克爾既沒有蘇斯穆特的傳教士精神，也沒有她對女權主義的熱血，更沒有勒赫爾對學術的興趣。但她意識到，基民黨保守、傳統的立場，在婦女問題上已經站不住腳了。「在婦女和家庭政策方面，我站在變革的位置上。在這裡我看到，我們的社會要適應新的改變，是多麼地困難。」她在《明鏡日報》的訪問上如此說道。[8]當她在說「我們的社會」這幾個字的時候，其實大可以直接替換為「基民黨」這三個字，這樣更能反映出她的真實心情。

相形之下，長期致力於婦女問題的綠黨，早已在議會中確立了自己的政治新力量。德國西部的年輕女性再也不希望由別人來規定她們要如何生活、如何工作；而東邊的婦女則覺得，基民黨與基社盟對婦女角色懷抱著保守與傳統的看法，這簡直是大開時代倒車。梅克爾接受《繽紛》週刊訪問時高調表示，德東區域在平權問題上走得有多先進：「德西區域只有百分之十七的男性會幫助打掃、除塵等家事。在前東德的區域，至少有四分之一的男人還知道要把抹布擰乾。」[9]

梅克爾認為，如果基民黨和基社盟想要保住各邦的女性選民，那就不能再讓宗教團體繼續主導婦女與家庭政策。她在這方面得到了總理的支持。柯爾先前將麗塔·蘇斯穆特這樣的角色引進政壇，就是因為柯爾很清楚，他的政黨與政府無法永久抗拒這個兩性平權的強大趨勢。而梅克爾這位女性，將超越只是做為家庭與母親的角色發展。現在柯爾一邊幫助梅克爾，一邊鎮靜地看著這位年輕的女部長與基民黨中的保守派進行對抗。

電視媒體在一九九一年十月對梅克爾的電視採訪中指出，「在某些方面，梅克爾這個來自東德的人，比某些西德人所以為的還要特立獨行。」[10]梅克爾在投入政壇的前四年，把西德波昂政府的座標轉向東德看齊——至少在家庭政策方面。這一點，與所有期望背道而馳，尤其是她所屬的政黨。

她並不清楚西德關於墮胎、育兒和婦女角色等議題的傳統意識型態，這些議題一直在西德引起強烈的爭論。這使得她有機會採取務實的解決辦法，而且也讓她學習到很多關於政府政策機制如何運作的知識。而柯爾的詭計則是，把這些帶有社會爭議、但無法避免的議題，留給這位女性部長，讓她去面對自己黨內的怒火。此時梅克爾「不透露自己意圖與策略」的行事風格，將首次受到考驗，這也成為日後梅克爾當上總理後處理問題的標準程序。

她任期內的三個主要議題：德國刑法二一八條禁墮胎的改革、幼兒園名額的權益，以及後來所謂的解放法，為家庭政策的現代化打開了大門。她的繼任者，基民黨的烏蘇拉・馮・德萊恩在二十一世紀持續推進這個改革。馮・德萊恩擔任家庭部長的時代，家庭部早已不是個次要的政府部門了，它已是社會變革的政治中心。這一點，梅克爾的貢獻良多。

梅克爾在婦女部長任內並沒有選擇議題的餘地，因為兩德剛統一的時候，政治上要優先處理哪些事項，是由兩德簽訂的《統一條約》來規範的。而統一之後的第一個立法會期，重點在於如何整合兩個德國之間的法律。但她利用她在婦女部的職務以及她身為黨副主席的高度，使自己成功受到外界注目，並且從中獲利。

她成功了。早在一九九二年四月《法蘭克福匯報》就撰文指出：「如果說有哪一位女性，擁有受到廣泛認可的政治前途，能夠成為基民黨與基社盟聯盟未來的第一位女總理，那應當就是梅克爾了。」[11]

東德法律允許自由墮胎，婦女在受孕後的頭三個月內，無需經過許可就能終止妊娠。相反地，西德刑法典第二一八條文中，基本上是禁止中斷懷孕，只有在定義非常嚴格的特殊情況下才可以。可以說，幾乎沒有一個政治議題，能讓保守派與自由派至今仍針對「什麼才是對的」進行如此激烈的爭論；幾乎沒有一個議題，在德國這個以基督教義為基礎的保守社會裡，出現了如此巨大的世俗化轉變；幾乎沒有任何其他議題，可以使得執政的女性部長變得如此飽受批評。「我家人總是說，似乎所有棘手的議題，都得由我來面對。」這位部長在一九九二年十月接受《世界報》採訪時哀聲嘆息道。[12]

在托兒政策與婦女就業議題上，梅克爾的黨內同志與基督教會的期望很明確：維持現行的西德政策。不過這位部長起草了一項法案，規定民主統一德國的墮胎解決方案：效仿東德的三個月內可終止妊娠，但是必須先經過強制諮詢。當梅克爾著手推動立法時，她第一次感受到了基民黨內保守派對她的集中抵制與厭惡，日後只要她繼續在自己的政黨中擔任高層，就會不斷感受到這樣的排擠。

梅克爾是婦女部長，墮胎議題實際上應該是由梅克爾的同事、家庭部長漢娜蕾·龍施來負責才對。可是梅克爾察覺到：乖乖牌龍施的保守西德觀點佔了上風，於是她就決定要勇往直前。

梅克爾選擇冒個險，這是一個經過評估與衡量的險。她瞭解她的草案在政黨聯盟的議會小組中絕對沒有機會過關，但是她也知道總理柯爾支持她的立場，所以她選擇了一個不沾鍋式的、自己不必親自涉入的戰術：在總理柯爾的默許下，先從自由派的基民黨議會成員，加上社民黨與自民黨，聯合提出一項刑法二一八條文修正案。這個法案雖然與基民黨和基社盟多數人的意願不符合，不過最後還是通過了。最重要的是，這項修正案的基本要點與梅克爾的草案相似。

不過，梅克爾並沒有在聯邦國會裡投下贊成票，她反而投了棄權票。根據她自己的說法，她甚至是「毫不猶豫地」參加了保守派在聯邦憲法法庭提出的合憲性訴訟，由大法官來審查這個新修正的法條是否符合德國的憲法〈基本法〉。[13]然而，依據她的傳記作者格爾德．蘭格斯的調查，訴訟聲請書中沒有梅克爾的名字。

梅克爾這一系列的動作，是向總理柯爾學習的：**如何在不疏遠其黨內同志的情況下，達成自己的目標**。柯爾的確簽署支持刑法修正案，但他也想向自家國會議員發出和解的信號，因此也參加了審查刑法修正案是否合憲的訴訟行動。梅克爾從柯爾那裡學到了**如何推行一項政策，**

卻又同時巧妙地讓政策與自己保持安全距離。日後她將更常運用這樣的技巧。

不出所料，一年後聯邦憲法法庭宣告跨黨派提出的修正案不符合憲法的意旨。一直要到一九九五年，聯邦國會才達成了共識，就是持續實施至今的「墮胎前先經諮詢」解決方案。墮胎依舊是非法的，但如果在懷孕頭三個月內、且經過諮商後執行墮胎，則不會受到起訴。這個折衷方案，或多或少就是梅克爾在一九九二年向國會提出的建議。

這事件成為後來梅克爾主義的一個早期例子。但也引起對她的極大指責，說她是個投機份子，沒有站在保守的立場；還說她對於自己所屬政黨「基民黨」的那個「基」字——代表基督——從來都無感，說她不理解也不尊重教會。還說她如果到其他黨派——例如社民黨——恐怕也可以混得不錯。

事實上，沒多久之後梅克爾對於「基督」這個問題就說出了一句名言：「我有我的困難處。」[14]她不能為基民黨的基督做些什麼。不過她後來永遠沒有重複說過這句話，因為外界批評她這句話簡直是把自己的政黨當成工具：只要她的信念能夠獲得夠多的票數，而且切實可行，那她就會持續實踐信念；但如果情況生變，她也可以立刻拋下自己的信念。

她自己對於要做出的決策，其實是帶著矛盾的態度，這是直到她政治生涯結束都不會改變的情況。這點在二〇一七年夏天的一個事件中表現的相當明顯。那次是總理在《德國女性雜誌》

舉辦的一個夏日講座活動中，澄清了她對於「婚姻平權」這個話題的態度。

夏季講座舉辦的同時，敵對陣營的社民黨和綠黨想趁著基民黨拒絕同性婚姻平權的機會，在九月間即將舉行的聯邦國會選舉中，一舉擊潰基民黨。而基民黨早就知道自己的立場已經站不住腳。畢竟，註冊的民事伴侶關係和同性戀的有限制收養權，自二十一世紀之初就已經存在，且憲法法院已經多次裁定支持平權。社會變遷是遠遠走在保守派前面的。那些熱切贊同總理的難民政策、且可望在二〇一七年九月首度投票支持基民黨的年輕首投族們，可能會被基民黨「拒絕婚姻平權」的立場給嚇跑。他們看到的不是一個現代的政黨，而是一個由落後村民組成、古老又保守的基民黨。當代選民們早已不再關注政黨的長期政策與基本立場，選民們反而會在短時間內做出投票的決定，而且判斷越來越常是取決於知名人物或當下重要的議題。

因此總理在夏季講座上大聲疾呼：支持同性戀伴侶擁有完全平等的權利，並不慌不忙地打破了黨內最後一絲保守派家庭觀念的形象：「同性伴侶也像我在異性男女婚姻中一樣，生活在同樣的承諾價值中，這就是我為什麼想讓大家明白，因為這更像是一種良心上的決定……」[15]

基民黨內反應簡直炸鍋了。國會議員們的不安，不僅僅是因為他們的價值觀和信念遭到背棄——他們封閉世界中最後、最微小的殘餘堅持，已經遭到背棄了。最重要的是，他們對這個程序感到氣憤：沒有正式討論、沒有辯論、沒有工作小組為他們準備資料來迎接黨內這項政策轉彎。還有，顯然這事情對總理來說似乎微不足道，以至於她竟然在一場談話活動中，像是順帶提過似的就宣告了這項政策髮夾彎。

梅克爾又幫自己出了一招。她建議在七月的聯邦國會大選中，廢除黨內在國會黨團小組的強制投票要求。這樣一來，她就避免了在自己陣營中遭到失敗。最後同性戀婚姻合法的法案在反對黨的社民黨、綠黨、聯邦民主黨、左翼黨和一些保守派的投票下，順利通過。

那麼在保守派中，是誰沒有投票支持平權婚姻呢？想也知道，又是梅克爾。她重操多年前刑法二一八條修正時的老把戲。她與他的基民黨保守派系的大多數成員，一起投下了反對婚姻平權的一票，在唱名表決中把紅色的反對票扔進了投票箱。但她穿了一件藍色的西裝外套，這個動作在她自己的隊伍中被理解為一個信號，表示她事實上有不同的想法。

以前她曾在媒體訪談時說過「我嚮往能夠達成的事」，如果這些能夠達成的事情，還能為她獲得到權力，那就更好了。16

例如，在一九九〇年代，基民黨與基社盟認為沒有必要對「保障幼兒能獲得托育」問題採取行動，因為托兒管理是各邦與直轄市等地方政府的權責範圍，中央為什麼要去處理和規範一個實際上沒人感興趣的問題，何況這個問題還觸碰了基民、基社這兩個黨的保守底線：兩黨名稱當中都有的「基督」這個詞。

當時的婦女部長梅克爾之所以有興趣，是因為這個托育問題很快就會成為東德的一個政治問題，而且西德的「婦女聯盟」人士不斷向她反應，西德婦女也很不滿意托兒基礎設施的糟糕狀態。婦女部長接著因為東德如此快速裁減日間托嬰機構與人員而感到驚訝——因為政府沒錢，也因為統一後新生兒人數迅速減少，不再需要這麼多托兒處所。此外，婦女失業率也高於平均水平，很難找到新的工作，因此寧願在家裡照顧小孩。

但是，看著托兒照護基礎設施持續崩潰，並接受東德婦女將被永久擠出勞動隊伍的事實，這樣對嗎？梅克爾覺得不對。這時她採取了先前與刑法二一八條墮胎合法化修法時同樣的決策：她迴避與自己黨團內的保守勢力起正面衝突。而「幼兒進入幼兒園是法律上的權利」這個修法，也與刑法二一八條修法一樣，是跨越黨派提出的立法草案，提交到聯邦國會。當然，投票時梅克爾又棄權了。然而，這絲毫不妨礙她在二〇〇五年與施若德競爭總理大位時，在電視辯論中宣稱，實現幼兒園名額權利，是她作為婦女事務部長的成就，「我到今天仍然為此感到非常驕傲」。17

至於兩性在職場上的平權法案，情況有點不同。兩性職場平權這件事，也是在德國統一後交給這位年輕女部長的任務之一。她認真對待此事：提議增加婦女公務員的人數、協助婦女平衡家庭與職場角色、婚姻中的性暴力納入刑事處罰、終結婦女在就業上的歧視等。從今天的角度看來，這些都是有遠見的建議，後來被逐項落實。但是當時這在基民黨中引發了一場大地震。薩克森州基民黨的政治人物史特芬．海特曼（Steffen Heitmann）認為，「我們的社會結構幾千年來都是由男性決定的」，女性不能越俎代庖，而且別忘了男女之間「本來就有自然的角色分工」。[18]下薩克森邦的基民黨主席約瑟夫．斯托克（Josef Stock）也說，梅克爾的計畫不值一笑。當時德國工商會協會主席漢斯．彼得．斯蒂爾（Hans Peter Stihl）更說：「政客沒事找事搞出來這些東西，真的令人感到驚訝。」[19]在基民黨的國會黨團裡，議員們火力全開質疑：是否以後收到履歷表，只要資歷相近，就只能錄用女性？

女部長陷入了一場文化大鬥爭，這是後代人幾乎無法想像的。婦女聯盟的代表們跑去求見基民黨在國會的黨魁沃夫岡．蕭伯樂，希望一起推動，但她們事後喪氣地報告說，蕭伯樂對這件事完全沒有興趣，他知道自己最好別去碰這些議題，他有夠多事要煩惱了：政黨陷入困境、部長們紛紛請辭、統一後國家經濟變差、仇外攻擊（攻擊難民收容）的案例一直增加。蕭伯樂將會把這項預計在一九九二年實施的兩性職場平權法案，送到冷凍庫裡冰著。

後來到了一九九四年，梅克爾才得以推動部分法律的通過。〈基本法〉第三條第二款也進行了修改，在「男女平等」這句話的後面緊接著「國家應促進男女平等之實際貫徹，並致力消除現存之歧視」等文字。

而那時總理柯爾同意男女平權的原因，跟先前墮胎合法化的情況相同：距離聯邦國會大選只有幾天了，他不想在此時被社民黨拖進去一場關於男女平等權利的爭論——特別是基民黨現在的日子越來越難過，東德婦女尤其看社民黨不順眼；加上基民黨的死敵社民黨很可能會在東德與當時的人民民主黨（現在的左翼黨）組成新政府聯盟。總理希望盡量不要留給左派任何攻擊的空間。

梅克爾這招奏效了——這是一種對於政治對手的不對等作戰模式，後來成為總理梅克爾的最高原則之一。基民黨在一九九四年的選舉中再次獲勝。雖是險勝，但足以讓柯爾再幹個四年總理。

不過此時還沒有談到婦女在職場上的保障名額，甚至當時是婦女事務部長的梅克爾也拒絕保障名額這個概念，除了一次例外：在兩德統一、貨幣也統一所帶來的強烈經濟衝擊之下，東德婦女的失業率高到不合比例。梅克爾不顧當時勞工部長諾貝特・布呂姆（Norbert Blüm）的極力反對，跳出來推動「婦女應按其在失業人口中所佔之比例，參與創造就業機會」的措施。

直到一九九六年，在漢諾威舉行的黨代表大會上，基民黨才就黨內女性人數達成共識，向黨的委員會提出建議。根據該建議，黨內三分之一的職位應由女性擔任。梅克爾絕非一開始就走在潮流前端，推動職場內的女性保障名額。相反地，她在將近二十五年後向婦女聯盟的成員們承認，當年是「柯爾催促我的。」[20]

梅克爾在二〇〇〇年於埃森舉行的黨代表大會上當選黨主席的時候，另外還有九位女性獲選進入黨的行政部門，安娜特．莎萬成為副主席。基民黨中的女性從未增加這麼多過。記者事後問及基督教民主黨現在是否正在走向母權制，梅克爾回答說：「不，我們只是在從廿世紀向廿一世紀轉變。」婦女職場保障名額的討論，則要晚得多。

後來婦女事務部長是由烏蘇拉．馮．德萊恩接任。與梅克爾不同，醫生出身的馮．德萊恩喜歡公開辯論自己在政治議題上的立場。梅克爾自己也是在政治生涯末期，才明確表態自己在某些議題上的立場——當時她早已失去了自己陣營中的保守派支持，而且很明顯，女性領導基民黨的時代也即將告一段落。梅克爾現在支持在黨內、企業和社會上實行有法律約束力的婦女保障名額制度。

現在，德國政壇大致上已經建立了保障婦女兼顧職場和家庭的法律框架。在這個議題上，我們可以清楚地看到「時間」對政治的影響有多大，以及政治議題是多麼的取決於適當的時機。二〇二〇年間，有意競逐總理大位的基社盟政治人物馬庫斯．索德爾可以公開倡導德國企業董事會中應該規定女性的保障名額，這反映了整個德國社會對於女性公平參與職場的趨勢。而黨中央再也無法抗拒這個發展，甚至連保守的基社盟也無法。

梅克爾比其他大多數政治家更早意識到這點。不過，她沒有領導這場運動，在賦予婦女更多平等參與勞動市場的能力這件事上，她甚至沒有推動最重要的幾項法案，例如健保中的家庭共同保險，和配偶分居的相關規定等。她只是觀察了社會變化，然後將這賦予政治的意涵。

二〇一九年在接受哈佛大學榮譽博士學位的演講中（此時她離開政壇已是定局了），她數度問道：「我推動的政策，是因為它們目前是可行的，還是因為它們是正確的，我才去做？」[22]這句話聽起來像是在兩難當中所做出的獨白。對於菁英大學的畢業生來說，該推動的當然應該是「正確」的事，然而在政治的日常中，總理通常在兩難的情況下，會選擇「可以做得到」的事。

梅克爾的女性友人

男女平權立法、對抗現狀、基民黨男性大老們倨傲的態度，這三個因素召喚出了以科隆為基地的媒體人兼女權主義者愛麗絲・施瓦澤。施瓦澤是德國女權雜誌《Emma》的發行人，最初對梅克爾的評價很低。但是，當梅克爾被當成所謂的左翼自由主義者而在政壇陷於苦戰的時候，施瓦澤改變了主意。兩人相約在科隆見面吃飯，施瓦澤被這位基督教民主黨女性政治人物的智慧、機智與幽默所打動。

儘管政治觀點不同，但兩位女性之間發展出了友誼。後來，梅克爾經常獲邀加入由施瓦澤與電視節目主持人薩賓娜・克里斯汀森（Sabine Christiansen）共同組成的女性圈內人聚會，地點就在薩賓娜柏林的別墅。經常參與聚會的還有媒體億萬女富翁弗麗德・斯普林格（Friede Springer）、和麗姿・孟恩（Liz Mohn）及時尚設計師吉爾・珊德（Jil Sander）等人。

配著義大利麵與沙拉，這群名女人在聚會上所享受的不僅僅是女性在政治、媒體與社會中日益增長的影響力。對於當時仍然是反對黨最高層政治人物的梅克爾來說，一個有影響力的女性支持者圈子，正在這裡成長起來。她在這裡的聚會顯得很平易近人，尋求並聽取女性的建議，包含關於服裝、髮型和外表的建議。「我們在那裡很團結，有人脈網絡，」她高興地說道。[23]這個人脈網絡並不是她主動爭取而來，但這個圈子裡有許多新一代、雄心萬丈的女性政治人物、記者和創業家。後來她們許多人，不管是否是基民黨員，都喜歡說自己曾為梅克爾的政治生涯奉獻過力量。

在公元兩千年代初期的經濟與社會情勢之下，有一群新的女性領導階層正在興起，她們的軌跡剛好平行於梅克爾在政壇上的崛起。她們是職場上的少數，正因為這個緣故而相互連結了起來。弗麗德・斯普林格（斯普格林媒體集團掌門人）和麗姿・孟恩（貝塔斯曼媒體集團老闆娘）這兩位女性，正在以漸漸壯大的自信運用她們的權力。過去幾十年來，她們身為公司創辦人的遺孀，常遭到公司內管理高層當作笑話，他們大大低估了她們對掌權的渴望與意志力。等到世紀交錯之際，她們占上了風，整個企業集團都必須遵從她們的指令。麗姿・孟恩更將她擔任董事長的貝斯塔曼基金會投注在極富政治熱情的改革服務中。梅克爾不管是擔任政壇反對黨領袖，還是後來成為執政的總理時，都獲得這個基金會極大的幫助。

薩賓娜・克里斯汀森、梅布里特・伊爾納（Maybrit Illner）、珊卓拉・麥施伯格（Sandra Maischberger）以及後來的安妮威爾（Anne Will）等德國最重要的談話節目中主持人，後來都在自己的節目中專訪梅克爾。這不單只是她們彼此相識的個人原因。在二十一世紀初期千禧之交，一種新的精神也在大眾傳播媒體機構中出現。起初，婦女很少在編輯部和傳播媒體的管理層中擔任領導職務。但在銀光幕前，她們扮演的角色越來越重要，婦女變得更加受到整體社會的關注。其中梅克爾是最引人注目的。

與女權主義者施瓦澤相交相識之後，還在另一方面為梅克爾帶來了幫助：她的個人政治基礎很快就發展到了基民黨的核心支持圈之外。高層的政治人物非常需要尋找像施瓦澤這樣令人驚訝的支持者，這有助於擴大他們的伸展空間。這不僅僅是未來總理梅克爾的一個秘方，她的前任總理施若德也是這樣做的。例如，他將企業家約斯特・斯托爾曼（Jost Stollmann）納入他的影子內閣。

然而，新朋友們千萬不要搞錯了：當職業前景發生變化，新聞價值消失之後，那麼高層政治人物的友誼很快就會結束。例如，施瓦澤最初以為，梅克爾未來不管在政壇哪個位置，都會持續對婦女議題努力奉獻。可是等到公元二〇〇〇年四月間梅克爾成為基民黨主席，女權主義者失望地做出結論說，擔任了四年的婦女事務部長之後的梅克爾，再也沒有公開談論過婦女問題了——無論是她環境部長時期，還是當基民黨的秘書長的時候。然而對梅克爾來說，這就是她與她自己的信念之間的戰術特點：如果你想成為總理，就必須迅速把先前的婦女部長形象甩掉。

而梅克爾與年齡相仿的安娜特·莎萬的友誼發展得很不同。這位來自萊茵州的女士，是梅克爾在基民黨中贏得的少數有私交的朋友之一。兩人第一次見面是在一九九七年，在萊比錫黨代表大會的空檔，柯爾把她的晚輩梅克爾介紹給當時的巴登符騰堡邦教育部長莎萬。

與梅克爾不同的是，莎萬在基民黨中是如魚得水的。她一路在基民黨經歷了青年聯盟、地方政治人物、婦女聯盟，然後負責管理主教獎學金資優生計畫，又被任命為巴登符騰堡邦教育部長與邦議會的議員，接著又擔任聯邦國會議員與聯邦部長。如果有人經歷了整個基民黨的所有高低起伏，如果有人對黨內大小事務都瞭解透徹，那這個人就是安娜特·莎萬。她提供了梅克爾在黨內生存的一切知識，讓梅克爾保持滿血：黨內有哪些傳統，有哪些糾結的事項，哪些權利義務，以及哪些人很好可以當朋友，哪些人壞壞要視為敵人。

莎萬很快就把自己的政治命運，與她新結識來自東德的朋友連結起來。這對她們兩人都有好處。一九九八年沃夫岡．蕭伯樂新接任黨主席的位子，想要尋找一位適當的秘書長人選。他第一個徵詢的就是莎萬。然而莎萬此時的野心是希望在不遠的將來能成為巴登符騰堡邦的總理，所以她婉拒出任黨秘書長。而她的朋友梅克爾則獲得了黨秘書長的位子。

最遲到現在，基民黨中與梅克爾同齡的男性應該要意識到，梅克爾的政治生涯正在起飛，而且她已經脫離恩師、她政治生涯的創發者柯爾了。可惜，他們仍然沒有看到這一點。這位「來自東德的女士」已經在一個黨內男性完全不屑一顧的領域——黨內女性成員圈——裡面，找到了她自己少數的追隨者，形成了她為數不多的人際網絡與政治友誼。

「婦女聯盟」是基民盟當中成員最多的組織，並成為梅克爾在黨內唯一的力量。[24]就像梅克爾本人一樣，它的重要性被黨內的男性領導人所低估，這是眾所皆知的。然而在選舉中支持基民黨的女性多於男性，在黨內大會的代表中，她們擁有三分之一的選票，如果她們團結起來，是一股難以抵擋的勢力。關於這個事實最近一次的證明，就是二〇一八年底弗雷德里希．梅爾茨想要競選黨主席的例子。他輸給了女性競爭對手安妮格雷特．克朗普—凱倫鮑爾，因為他忽略了在他離開國會的十年空檔裡，基民黨變得多麼女性化。二〇二一年一月他再度挑戰黨主席的位子，這次卻失言說出「關於女性，請讓我這樣說：即使是在社會上的弱者，也會在我們這裡找到一顆真心與協助」等語。[25]《德國工商報》隨後評論指出：「他說的話，讓他現形了。」[26]

梅克爾與莎萬的友誼超越了她在聯邦政治中的職業生涯。當莎萬因為自己的博士論文抄襲風波而被迫辭職的時候，梅克爾與她同理，幫助情緒低落的莎萬安排到梵蒂岡擔任大使一職，後來還力邀她擔任基民黨的阿德諾基金會負責人。但這次已經起不了作用了。那時已是二〇一七年秋天，黨主席梅克爾的權力被大力削弱，那些自以為是的基金會董事們不再買總理的帳了。

身為女主管

梅克爾從政的前四年裡，她以快車道的速度，從上而下地搞清楚了波昂政府的運作環節，同時還兼顧到她的部長職責以及在國會內的政黨領導任務。「我在那裡熟悉了一切，並進入情況」。[27]她認為，另一位來自東德的政治新星君特．克勞斯後來之所以在西德政壇失敗，是因為在不熟悉西德政府運作的情況下，就被賦予責任領導龐大的交通部（擁有數十億元預算）。

這是一項非常威風的任務，不幸的是，這也是一個麻煩任務，附贈一大群自以為是的公務員、無數的說客和利益團體，還有貪婪的人性。這也不單單是雄心勃勃的克勞斯必須面對的問題，他的許多繼任者也有相同的命運。

這位年輕的婦女事務部長很快就發現，「對萬事懷抱戒心」不僅是她早年在東德生存的必要條件，這個原則在西德政治中也適用。她指出：「我一直都很小心，這個習慣對我今天在西邊也有幫助。」[28] 儘管如此，她還是一次又一次地因相信別人而犯錯，因此在她的政治生涯裡，不信任感就會越來越強。最終，她會像她所有的前任總理一樣，被一個不斷縮小的、最親密的親信知己圈子所包圍，其中的許多人，就是從她抵達波昂政壇的第一天起，就一直陪伴著她。

她常想著，會不會有人想要跟她接近，跟她談話。讓她驚訝的是，那些來跟她接近的人，沒有一個是婦女事務部的人。當時這些婦女事務部的官員們，大多是由一九八〇年代的明星部長麗塔・蘇斯穆特所拉拔上來的，所以在他們眼中，新來的部長是誰，一點也不重要。

但是新任部長則是很在乎這點。波昂的媒體頤指氣使地提出質疑：梅克爾的政治事業，是不是進展得有點太快了。但在婦女部的內部，梅克爾可不允許任何人對她展現倨傲態度。她整頓了一番，開除了幾個最重要的司處單位主管，又把部長辦公室主任換掉，引進自己的人手。人們喜歡和自己相似的人在一起，這本來也是正常。梅克爾選擇的主要是女性。不過她在挑選新人時遇到的問題是：她不認識任何人。

凡是在那個時候跳出來為她提供良好建議的人，日後將在自己的政治生涯中獲益無窮。畢竟，梅克爾在一些事情上還是必須選擇相信一些人的建議，就算次數不多。而這些人，日後她將會進一步熟悉、認識。對這位半路出家的政治人物來說，此刻是政治生涯中最脆弱的時期之一。一方面，在沒有自己的人脈、還沒抓穩婦女事務部內部權力的情況下，又不得不求助於別人，等於暴露了自己的弱點，隨時可能毀了政治前途。另一方面，如果有人此時提供建議給梅克爾，而且這個建議證明有效可行，這時就出現了雙贏的關係，從這裡發展出來的工作關係，往往是可以持續好幾十年的。

蓓雅特・鮑曼（Beate Baumann）是經過後來擔任聯邦總統的克里斯蒂安・沃爾夫的推薦，進入阿德諾基金會擔任顧問。這位有著德文與英文雙學位的畢業生，很快就成為梅克爾最親密的同事和顧問，不久追隨梅克爾到環境部擔任部長辦公室主任，然後到基民黨的中央黨部任職，進入黨主席辦公室，接著再進入總理府。鮑曼有時會被稱作「柏林第二有權勢的女人」，而她可能確實是如此。[29] 蓓雅特・鮑曼在總理的所有戰略和戰術考慮中，無時無刻都起著決定性的作用——當梅克爾做著她最愛的「消遣」，也就是把問題從頭到尾徹底考量一番的時候，當情況變得棘手的時候，甚至當情況相當平靜的日常時分也是如此。許多梅克爾身邊的人都相信，一九九九年十二月二十二日梅克爾在《法蘭克福匯報》上發表的特約文章，就是「對柯爾的弒父行動」，因為文章中說「他破壞了黨……事情已無轉寰餘地，我們必須將我們的未來掌握在自己的手中」。而當時的黨魁沃夫岡・蕭伯樂事前並不知道梅克爾有這篇文章。整起事件，應該離不開蓓雅特・鮑曼的同謀。如果是黨內的男性政治人物，不會去冒險做這種投書，因為這樣可能會出現巨大的錯誤。從那一天起，梅克爾與蓓雅特兩人不僅是歃血為盟的團隊，更是命定的同伴。

艾娃・克里斯汀森（Eva Christiansen）後來加入了團隊。這位經濟學家在一九九八年被基民黨秘書長彼得・辛澤帶到黨內擔任副發言人，當時辛澤已經是梅克爾最親密的知己之一，當過她的國會聯絡人，然後轉到黨的總部領導一九九四年的選舉活動。一九九八年基民黨年大選失敗後，梅克爾接替辛澤成為黨秘書長，艾娃・克里斯汀森迅速成為黨內第一位發言人。在柯爾與蕭伯樂不當收受捐款的醜聞動盪時期，克里斯汀森成為梅克爾的重要顧問，也是梅克爾、黨與公眾之間不可缺少的橋樑。與蓓雅特・鮑曼一樣，她在梅克爾通往總理職位的道路上，一路留在梅克爾的身邊。這兩個人是信任的核心，將一直伴隨著總理直到她的任期結束，被學者描述為「也許是自從亞馬遜叢林母權女戰士政權垮台以來，最強大的團隊」。30 只有在艾娃・克里斯汀森和蓓雅特・鮑曼面前，梅克爾才會毫不留情地講出心裡的話。只有在這個最小的圈子裡，總理才會偶爾展現出粗魯與模仿別人的天份，還有時不時的大吼大叫。至於其他人，都遠遠維持著距離。

梅克爾於二〇〇五年任命烏蘇拉・馮・德萊恩為家庭與婦女部長時，馮・德萊恩自帶任務：她想提高婦女的勞動參與度。這對梅克爾來說很方便，不用自己動手，不用與黨內的保守派對抗，基民黨自動就被送進了意識形態的腐爛盆地。同時間，育兒津貼、男性陪產假、保障托育等事項則首度獲得正式討論。

這一切之所以會發生，並不是因為那位對於家庭政策有自己想法的女人當上了總理。而是因為她讓她的婦女事務部長放開手腳，把這個部會從前總理施若德口中的「家庭事務與多餘部」，發展成聯邦政府的重要社會事務部門。（按，一九九九年施若德擔任總理時，用貶抑性的「家庭事務與多餘部」來稱呼當時的「家庭事務、老年公民、婦女和青年部」。他後來解釋這是措辭失誤，因為他一時想不起這個部門很長的全名。）

而且，這件事之所以能在基民黨的內部推動，是因為背後有一個強大的推手馮．德萊恩。她生了七個孩子，她的政治事業又擁有無可比擬的保守派資產：她父親是已故基民黨下薩克森邦總理恩斯特．阿布雷希特（Ernst Albrecht）。

當然，馮．德萊恩也必須瞭解，總理手上的那本「信任存摺」，裡面的儲蓄是有限的——從總理府的角度來看，效忠總理必須是唯一的道路。馮．德萊恩這位醫學博士，是唯一一個在梅克爾的前三次總理任期內都擔任過部長職務的人。一方面來看，她與梅克爾很像：聰明、高度自律、善於分析；另一方面，她又似乎是出自魔鬼最精巧的設計，方方面面都是梅克爾的相反：她在西德受過菁英教育，生了七個孩子，是出色的演講者，擅長體育（是專業程度的馬術表演騎士），而且苗條又上鏡。雖然馮．德萊恩進入政壇不像梅克爾那麼久，但是她就是一個百分之百的政治人物。在最初幾年，她的影響力最大；之後領導著最重要的部門，亦即勞動和社會事務部長，但是二〇〇八年間爆發全球金融危機時，只有總理府與財政部才算得上是政府的明星亮點。二〇一〇年總統霍斯特．科勒因發表德國海外駐軍言論，被抨擊是倡導「艦砲外交」而匆忙辭職之後，梅克爾給了馮．德萊恩希望，讓她成為德國第一位女總統，但隨後梅克爾轉變心意，決定支持克里斯蒂安．沃爾夫。而馮．德萊恩自二〇一三年接任國防部長，就一直將自己定位在某時候接替梅克爾，但也沒有什麼結果。

總理非常清楚，馮．德萊恩因為自己沒當上德國總統那件事而高度失望，從此與總理漸行漸遠，保持距離，而且她開始越發地按著自己的想法推動政事，而不是照著總理的意思辦事。她的政績也不再像從前那樣成功，她在國防部任內沒什麼建樹，反而被諸如女兵的工作與生活平衡等枝節問題糾纏住，陷入無數次的衝突。最後，是法國總統馬克宏為她贖身，促成她擔任歐盟執委員會主席。

瑪麗亞．博麥爾（Maria Böhmer）很早就是「梅克爾大軍」的一員。和梅克爾一樣，她也是在一九九〇年首次進入議會，成為聯邦國會議員，但當時她已經是一位成熟的女政治家。這位來自德國西南部萊茵河中游區域萊茵蘭—普法茲邦的天主教徒和教授，在爭取男女平權法和修改基本法中的平等權利條款的鬥爭中，忠誠地支持來自東德柏林滕普林地區的婦女事務部長和新教徒梅克爾。作為基民黨內執行委員會的成員，尤其是作為黨內婦女聯盟的負責人（從二〇〇一到〇五年），她是在幕後為梅克爾動員的人，後來在基民黨黨內會議上作為女性代表，宣誓加入總理的現代化進程。

二〇一七年間，瑪麗亞·博麥爾是保守的基民盟黨派中，少數投票支持同性戀者婚姻平權的代表之一。博麥爾聰明而冷靜，是梅克爾政治生活中重要的恆定因子，但她從來沒有把自己推到前台，進入總理的最核心的圈子。因為她欠缺必備的膽識和政治野心。

梅克爾身邊也有些年輕女性，例如希爾妲格·繆勒（Hildegard Müller），她只是在總理府短暫地客串了一下。當梅克爾成為黨主席時，這位來自西發利亞地區的年輕女性正擔任黨內青年聯盟的主席。在基民黨大老不當收受捐款的危機中，青年聯盟站在梅克爾這一邊，為梅克爾在「後柯爾時代」推動地方公民對話系列活動作出極大的貢獻。希爾妲格·繆勒先是成為親信，然後成為聯邦國會議員，在二〇〇五年大選獲勝後，成為總理府國務部長。

三年後她就離職了，原因是總理府工作壓力、她作為母親的新角色、她得兼顧她在柏林與杜賽道夫的選區以及她在海德堡的繼親重組家庭之間的長途通勤等諸多因素，讓她再也無法多方兼顧。儘管如此，她仍然與梅克爾保持聯繫，先是作為聯邦能源和水工業協會的說客，然後是汽車工業協會的負責人。

德國政壇有一說，總理私底下非常挺希爾妲格・繆勒代表的汽車界。對於汽車製造業來說，二〇二〇年代最重要的就是面對經濟情勢變化，要求政府繼續提撥舊車報廢獎勵金以刺激消費，以及為了研發電動車技術、廢除燃油車而尋找政治和財政支持。汽車工業協會總裁如果有管道直通總理和經濟部長的辦公桌，那就太好了。希爾妲格・繆勒的上一任並沒擁有這樣的關係，因此只在兩年後就不得不離職。

在柏林的政治圈中，能夠接觸到總理就是一種有保障的籌碼。在過去的十六年裡，擁有這個籌碼的人退出政壇之後，永遠有一片光明的發展機會在等待他們。這些人當中當然有些女性，她們在野心、抱負、工作紀律、懂得妥協、折衝等方面都與總理相似。也許，這是梅克爾能為婦女議題提供的最後服務。在經濟部，也有幾位女性正在正習慣於擔任高薪的頂尖職位，一開始她們或許是因為和總理府接近的關係而爬到那樣的位子，但後來更因為她們能像男性前輩任職者一樣，把工作做好。

PART 5

世界冠軍梅克爾 Erfolge

歷史學家如果想記錄梅克爾的成就，或許要等到她卸任後才能完整敘述。若要在史學家芭芭拉．塔克曼（Barbara Tuchman）所稱的「混沌不明的歷史時刻」就著手記錄，[1] 恐怕會潛藏著危機：一方面可能會過度渲染當代與個人在政治上所扮演的角色，另一方面則可能會忽略了整個社會的改變及全球化的巨大演進潮流。

或許再等幾年，才能透過相互對照與比較而將視野打開；或許透過遺忘，可以略去無窮無盡的議案、遭忽視的改革和被延宕的決策，從而將真正重要的事與毫無意義的事區別出來。透過觀察鄰國，可以幫助我們瞭解梅克爾總理任內的獨特性，以及她的施政風格是如何不同於本世紀前二十年間大部分歐洲國家的作法。唯有如此，才能明白她真正做到些什麼、哪些事如果沒有她的協助也可以進行、假如根本不需要某人做出決定那麼情況又會如何。

一般而言，評價某人的政治成就意味著談論他突出的政績。如果是這樣的話，那麼梅克爾給人的第一印象應該是「好像沒有什麼政績可言」。柯爾是促成德國統一的總理，施若德是提出「二〇一〇大議程」的總理，接連改革了社會福利、勞工關係，帶來經濟繁榮。而梅克爾和施密特比較屬於階段性的總理，兩人都有施密特所謂的「責任感、有策略、有執行力」等特質。但這些畢竟僅是個人品德或能力特質。德國政治人物奧斯卡・拉方丹（Oskar Lafontain）曾針對施密特所提出的品德，尖酸刻薄地嘲諷說：「用這些特質，也可以經營一個集中營啊。」[2]

毫無特色也是一種成功嗎？

如果說，有什麼語句是梅克爾盡可能想迴避的，恐怕就是「在我任內我將……」這種句構。例如柯爾會這樣自我慶賀說：「在我任內，從沒有任何人能改變我的施政方向……」[3]或者施若德會說：「在我任內，我成功使得所有的勞工朋友都可以分享企業的成果……」[4]但是人們只會在梅克爾的詞典裡面找到類似這樣的句子：「現在還沒完成的事……可能就在未來……」[5]

梅克爾是無法捉摸的，無論是成功或犯錯時，甚至在失敗時，她都呈現出一種不確定的樣子。她沒有獲勝，因此也就沒有失敗。她永遠處於一種妥協、折衷相讓的溫和環境裡。「偉大的政治家通常做決定時不會讓人看到。」政治學者卡爾－魯道夫・寇特（Karl-Rudolf Korte）

認為，這樣才是二十一世紀現代領導人的先決條件。凡是可以忍耐的人，就可以握有權力，在這一點上梅克爾是專家，至少在新冠疫情爆發前是這樣。

如此的特質，使梅克爾在世界政壇上幾乎是唯一的，也因此成就她受人歡迎的一面。其他國家的領袖常是驕傲的，例如法國總統馬克宏、前美國總統川普、英國首相強森這類型的人物，積極擴大自己的政治版圖，毫不妥協。反觀在柏林，永遠有無窮無盡的協商、討論，多到令人厭煩的地步。每個當權者都很自戀嗎？是的，在土耳其或俄羅斯境內是如此，但在梅克爾領導下的德國絕對不會出現。每個當權者都追求地緣政治的霸主地位嗎？是的，從中國到美國到義大利，政治狂人都在盡情享受自我，但德國則是一個友善的「半套霸權國家」（Halbhegemon）：只要哪裡有麻煩了，它立刻伸出援手。梅克爾將自己塑造成「到處幫助人」的形象，這也是她追求的歷史定位，且她盡可能少讓汙點弄髒這個畫面。

如何評斷一位人盡皆知畏懼風險的女性政治人物是否成功呢？她往往只追求可行的政策，怯於去冒險，這樣的決策原則又有什麼獨特性呢？對於一位毫無政治目標、只主張「政治人物應為選民服務，而不該扮演摩西般的角色去引領選民」的女性政治人物，我們又該如何去評量她的成就呢？

總理覺得，她執政期間老是遭受同樣的指責，例如她只會管理而不懂勾勒大方向、她是戰術家而不是策略家、她不敢為政策打包票背書、她執政很務實卻無想像力、她堅守的信念等到她認為時機恰當時自己又加以推翻……等等。這些抨擊絕大多數來自她所屬的保守政黨，顯見保守陣營渴望領導人可以提出經得起考驗的政策，然後勇敢站出來為這些政策戰鬥。也因此，梅克爾從未能讓自己陣營完全服從於她，這也可以解釋何以她的成就總是有條件的。

事實上，衡量民主最重要的指標就是，是否有能力說服大眾信任你。若一位政治人物能夠一而再、再而三當選，這就是最明確、不可朽壞的成功指標。而梅克爾已成功勝選四次了。

不過，憲法的純粹主義者可能不會完全接受這個成功的定義。因為在德國這類政黨民主制度下，這種成功很難說與「選民個人」有關。德國憲法〈基本法〉第二十條第二項雖然說「所有國家權力來自人民」，實際上卻是政黨，而非選民個人，來運作權力，政黨在聯邦國會代表人民的意願行使權力；是政黨，而不是人民，在國會裡選舉聯邦總理。

有別於美國、法國、英國等國注重個人特質的選舉，德國總理不一定是依照個人的成就、偉大的事蹟和總理果敢的決定而選出。在德國歷史當中，聯邦議會的選舉（總理由此產生）當然也曾有因個人成就大於政黨成就而獲選的總理，例如一九五七年的阿德諾、一九七二年的威利．布蘭特（Willy Brandt），以及一九八〇年施密特打敗弗朗茨．喬瑟夫．施特勞斯（Franz Josef Strauß）皆屬這類。但也有很多時候，候選人本人的民間人氣不強，但依舊因為政黨的關係而勝選（一九六一年的阿德諾）；或者是人心強烈思變，導致勝出候選人的個人特質反而不重要了，例如一九九八年選民們並不是喜歡施若德，而是更討厭長年執政的柯爾與基民黨。因此，一個人能登上大位，往往是因為局勢、政黨、對手太爛或聯盟盤算等因素綜合的結果。

梅克爾一再當選，固然可以代表她的成功——但她的當選不見得就是因為選民覺得她政績卓越並期待她繼續領導國家。任何國家元首都不能忽略這個事實。只不過，「物理上的能量守恆定律」是梅克爾的信念，成功之後一定會往不成功擺盪，因此她可以泰然接受現實。二〇一七年大選時她就是這個心態，基民黨獲得了一九四九年以來最慘的大選結果（按，一九四九年是戰後西德第一次大選，二〇一七年基民／基社聯盟得票率僅百分之三十二點九），但是總理照樣可以繼續執政。

嚴格來說，多黨民主制度下少有英雄人物存在，而梅克爾不僅相信這個事實，更把它內化了，這才是她成功背後的真正原因。她比歷任總理更尊重憲法，堅決反對任何高調的舉措，這使她成為二十一世紀最成功的政治人物之一。今天是個不需要英雄的時代，但全球各地卻都渴望英雄出現。所以梅克爾在國外遠比在國內更受到推崇與尊敬，而擁有這般特質的女性只有在德國才能當選總理，甚至還連任。

數字肯定了梅克爾

單純從數字來看，梅克爾任職的二〇〇五到二〇二一年可說是德國的幸福年代，即便這期間歷經兩次全球經濟危機，德國仍安然度過。二〇一九年時，德國失業人口已經從近五百萬人（百分之十一點七）下降到兩百三十萬人（百分之五），直到新冠疫情出現失業率才再度上升。二〇一九年德國國民生產毛額大約三點三兆歐元，二〇二〇年已提升到超過三點三兆，出超也從二〇〇五年的一千五百八十億歐元成長到二〇一九年的兩千兩百三十億歐元。

德國人更富有了：二〇〇五至二〇一八年間，家戶總預算增加超過一半，從十兆增加到將近十六兆歐元，工資（名義上的）也成長大約三分之一，在德東成長更是超過百分之四十。而且儘管屬於保守派的梅克爾在二〇〇三年萊比錫基民黨大會上呼籲人民多負起自我責任，減少依賴社會福利的補助，但梅克爾執政期間國內的不平等現象並未增加。

德國轉變之快速，甚至超過了它自己能體會到的。儘管執政的基民黨黨名中有個「基」字——代表基督教價值，但自從二十一世紀以來，政治與教會的連結已急遽減少（伊斯蘭是例外）。現今社會上每三對夫妻就有一對離異，成人與小孩共居的形式如今不再侷限於核心家庭，更出現在各種多元的組合情況中。同性戀的少數族群意識抬頭，並要求享有與異性戀族群同等的權利。政治的導向更多元了，許多議題或倡議是由政黨、工會、教會等組織成員來發起的，這些變革帶來了重大的結果：彼此的連結（約束）變薄弱了。

曾幾何時，網路與社群媒體改變了生活型態，例如人民的思考和政治參與，以出乎意料的方式讓社會加速改變及兩極化。長年以來，擔任政治人物與大眾之間媒介的記者，如今失去了重要性。職業場域急速的改變，城、鄉居民的生活圈已與以往不同，打破原來的規律和節奏。

最根本的價值觀正在改變：大多數的人揮別二十世紀進步繁榮的樂觀主義，這點在社會大眾對於核能和氣候變遷的觀點上尤其明顯。核電廠被視為風險過高，且是不負責任的，因此引發許多抗爭。遏止地球暖化的行動，也引發人們對於經濟成長和富裕生活的重新思考。

梅克爾執政時期，德國人口從八千兩百四十萬成長到八千三百二十萬，人民接受正規教育程度高於任何一個世代：現在約有三分之一的年輕人擁有高等教育學歷，而在他們的父母世代只有五分之一。女性因為享有較高學歷，以及有更多機會可以讀大學，因此在社會上取得更多優勢。政府在教育、研究與發展的支出佔了近百分之十的國民生產毛額。

通貨膨脹也一度暫時停止：二〇〇五至二〇二〇年間通膨大都低於百分之二（只有一年曾經超過）。不過，國家負債卻急遽增加，金融危機時期曾接近國民生產毛額的百分之八十，經過償還後一度降到百分之五十五，到了新冠疫情時期又再次跨越百分之七十的門檻。但若與歐洲其他鄰國相比，這依然是令人驚訝的中等數值。

整體而言梅克爾的成果輝煌，她上任之初沒人相信德國能有這樣的光景。二〇〇五年間總統霍斯特．科勒宣布將於九月舉辦大選時，曾以「黯淡無光」來描繪當時德國的現況：又老、又窮、又慢、又沒工作、規定又太多。然而幾年之後卻完全脫胎換骨，一片榮景。

梅克爾夠聰明，她知道眼前的繁榮景象與其說可歸功於她的施政成功或是聯邦政府的作為，不如說是因為全球化趨勢、歐元相對疲軟以及歐洲央行在貨幣政策上的運作所造成。十六年來她可以成功的擔任德國總理，基本上是外在因素的協助，因為其他歐元區域國家都深陷於金融風暴危機，為了維持共同貨幣能持續存在，不得不讓歐元行情貶值。二〇〇八年夏天一歐元還可兌換超過一點五美元，二〇一六年十二月只剩一點零五美元。但這對於德國經濟發展而言不見得是壞消息：歐元越是貶值，對於德國的出口展望越有利。二〇一〇年代歐盟整體的衰弱，更加突顯德國的強大。

中國自從邁入廿一世紀之後高速崛起，這為德國的經濟發展帶來好運，中國透過國家堅定的投資和消費政策快速走過了全球金融風暴危機，而源源不斷的中國訂單則填滿德國汽車業、機械及設備製造業的訂貨簿，加上極低的利息，經濟發展更是如虎添翼。德國到了二〇一九年就擺脫了金融風暴時期累積的負債，仰賴的不是堅強的國家預算紀律，而是當時財政部長、基民黨大老沃夫岡・蕭伯樂和奧拉夫・蕭茲（Olaf Scholz）等人多年來不斷進行債務協商的結果，金主可以把自己的錢借給國家，幫忙國家還債。有了這樣的債務服務，聯邦財政部長在二〇二〇年時為了債務而準備的儲備金，只需要大約近百億歐元即可，相較於二〇〇八年，則需要四百多億。

此外，梅克爾也受惠於經濟復甦，這點在她上任之前就可看出。德國已經還完了統一後大部分的債務，當時紅綠（社民黨與綠黨）聯合政府實施了史無前例的經濟和社會政策：減稅、減輕企業負擔、改革就業市場。這個結果後來由梅克爾順利收割，而不是推出政策的社民黨。她的前任總理、社民黨的施若德則堅持認為，這個成果應該歸功他才對：「當今的政府對國家的繁榮沒有太大貢獻。」[6] 然而穩定的經濟發展成果，確實是對梅克爾有利。

十六年的政治生涯只有好運嗎？若不是因為在她執政期間出現了一些危機，當然可以如此做總結。在她統治期間，政府的行政部門幾乎算是獨大，人民和司法制度只能在事後挑戰行政部門措施是否合法。在某些時刻梅克爾成功的化解了危機，有些時候則不幸做出錯誤的決策。儘管如此，她仍獲得了一個聲譽：有總理，會搞定（Die Kanzlerin kann Krise.）。她的歐盟政策與全球氣候政策處理得很漂亮，但管控移民政策卻不太行。至於處理新冠疫情，如今還未能有定論。但如果只關注財政和歐元危機、福島事件、移民問題和疫情危機等外部事件，那麼就很容易忽略了總理其他的實力：多年來仍當家。

是誰在擔心枯燥單調的政治風景

梅克爾最成功的利器就是按部就班，或說枯燥無聊。記者們及政治觀察員經常抱怨她不可思議的乏味作風，若不是偶爾出現一些危機，或者固定出現一次大選，柏林的政治風景簡直比沙漠還單調。基民／基社結盟時簽下的各種規章都要逐條遵守，不能多也不能少，府裡面會有會計專家一項一項檢查。同時梅克爾則將自己的注意力放在外交政策上，內政就交由部長們去處理，她在背後監控即可。在這麼無聊的政治風景之中，只有基社黨的霍斯特·澤霍費爾可以提供一些娛樂爆點，但曾擔任巴伐利亞邦總理、內政部長的澤霍費爾的娛樂價值也隨著時間而減少了。

在梅克爾的執政下不會有驚喜，沒人會嚇一跳，一切都是例行的，沒有想像的空間。但對選民來說，這卻是頗令人安心的情況。許多令人膽顫心寒的詞彙如「歐洲病夫」、7年金和健保危機、大量輟學、大批失業、科技進步停滯幾十年等，已從選民的意識中消失了。人們現在討論的是社會族群的分裂、弱勢團體的處境等，卻很少有大膽的介入或改善措施。或許一開始會找出問題在哪裡，然後小心翼翼地處理一下，但在基民／基社的聯盟之下，往往後面就沒了。

德國首次組成的政黨大聯盟出現在一九六六至六九年間，當時不需要任何正式的盟約，基民黨的總理庫爾特．喬治．基辛格（Kurt-Georg Kiesinger）、社民黨的外交部長威利．布蘭特與財政部長弗朗茨．喬瑟夫．施特勞斯及社民黨的經濟部長卡爾．席勒上任後不久，僅以少數幾頁的施政報告說明將如何治理國家。執政期間雖然曾針對政黨結盟條件而談判，但結果大多是黨想怎麼幹就怎麼幹：結盟的約定寫在紙上是一回事，參考就好，主政的是總理。

梅克爾作法不同，聯盟協定就是一種契約，有契約就得遵守，每次簽約紙本越來越厚、內容更詳細，兩黨協商也更久了，目的是盡可能消除驚訝，盡量做到穩定可測。梅克爾首次任期的總理辦公室主任湯瑪斯．德．梅齊埃有一個很著名的能力，就是製作完整的彩色簡報圖表：哪些事項已完成，哪些正在處理中，哪裡還需要協調或必須由政黨協商會議介入，都詳細記錄在圖表內。

比起混亂的中央政府，人民比較喜歡這個做法。假如執政黨已經有好一陣子民調滿意度都很高，目前政府沒有重大改革計畫，短期間內也沒有預計要針對國家前途發表感人肺腑的演說，那麼此刻只有政治觀察家才會緊張，於是他們會忙不迭提出警告：是時候主動進行該完成的事務了。年金改革已經拖了好多年……經濟、社會的數位化方案怎麼沒進度……企業稅制改革原地踏步害得企業不敢投資研發……中央與地方針對教育的分權要積極推動，以符合學生最大利益……或者氣候保護議題等等。

不過，什麼都沒發生。這些事項都沒列入兩黨聯盟的合約內容。

或許批評者說的有道理，但他們都沒想到，兩黨結盟的合約裡面，並沒有針對例外事項進行具體的規範。如果黨主席、部長或總理在非必要的情況下貿然提出兩黨協商之外的事項，可能會導致聯合政府不穩，因此很少有人會這麼做。這種情況對於梅克爾政府的穩定很有利，但政治觀察家卻覺得太無趣了。

梅克爾有過經驗，她深知人民喜愛維持現狀，厭惡改革。她在二〇〇五年當選時，舉國上下因為施若德的「二〇一〇大議程」系列改革而陷入不確定狀態，以致人民決定反對施若德政府繼續執政。當年她的政黨意外驚險地勝選，在國會只有些微的領先，她將此歸功於基民黨所規劃的經濟與社會改革奏效。顯然人民對於改革的看法是：改革並不會帶來新的承諾，改革反而會威脅現在的生活。二〇〇五年十一月卅日她在首度上任的宣言裡向全國高呼：「讓我們勇於追求更多自由。」[8]引用的正是威利．布蘭特首次就任總理時的宣言，對於布蘭特而言，當他說出「我們並非站在民主之道的終點，我們現在才正要起步！」[9]這番話時，德國才正要展開民主的冒險之路，但對梅克爾來說這卻已經是終點了：她決心停止劇烈改革，逐漸走向社會中間路線，社會不想改變現狀，只想安靜度日。現在，德國社會終於得到安靜的日子了。

假如梅克爾曾經懷抱改革幻想，那麼在她執政一開始所面對的健保改革方案，就改變了她的想法。當時她不僅親自介入，甚至把健保改革這件事當成最優先事項。二〇〇六年夏、秋之交，她與來自基社黨的衛福部長烏拉・施密特（Ulla Schmidt）不眠不休地討論、協商，又與基社黨主席庫特・貝克（Kurt Beck）親自推算可能的保險費用及家戶補助津貼，在晨曦中親自撰寫協調記錄，召開勞工團體高層會議。她的所作所為不像是一位總理，反倒「像是某個部門的主管事務官」，一位當時的地方首長多年後以嘲諷的口吻說道。改革健保這件事，她沒有達到成功目的絕不干休。

結果她面臨了內憂外患。首先，她的政黨聯盟夥伴社民黨有意給她難堪。再者，自家的黨員巴伐利亞邦總理埃德蒙德・斯托貝和巴登—符騰堡邦總理根特・歐廷格指摘梅克爾與各政黨協商一年之後端出的健保改革折衷方案內容不佳，想藉此報復這位成功的女總理——她竟然坐進了總理府七樓辦公室，這原本不該是她的位子。這些黨內大老不願服從她，認為這個大聯合政府不久就會結束，總理也會完蛋。第三則是基社黨團主席佩特・施特魯克要求總理拿出「我已下令……」的魄力來推動改革，完全不考慮這風格根本不適合她：梅克爾才上任一年，地位未穩，若貿然採用強硬手段，將會帶來極糟的後果。

即使是總理家晚餐桌上端出的馬鈴薯扁豆濃湯也無法撫慰她的心靈。二〇〇七年三月，聯邦議會與聯邦參議院費了九牛二虎之力，終於通過一項所謂的改革案，其實一點也稱不上所謂的改革，造成這個議題後續不斷在聯合政黨盟約當中多次討論和修正。梅克爾「極端的失望」，當時在總理府內的一位親信這麼形容。她不輕易承認個人的失敗，但這次她不得不接受一個事實：健保改革已告失敗。

經過這次經驗她變堅強了。晚上她仍會把工作帶回家，仔細閱讀並牢記所有細節，舉凡退休年齡延長至六十七歲、國軍改革方案、育兒津貼、歐元緊急救援方案都是如此，但她已不再介入內政日常事務，也不再親自處理例行的施政事務。因為她已瞭解：總理的介入只會讓事務性問題自動變成權力問題。如果人們要把總理的失敗加油添醋說成是她正進行某種條件交換，如果有些政客想利用總理的失敗來增加自己競選的利益，那麼政策本來的目的很快就會失焦。日後她只有在例外情況下才會冒險自己跳下來主導政策。

一般情況下梅克爾透過各部會掌握政務的進展，經常與內閣閣員交換自己的見解，這種方式以前從未出現。那些在前總理施若德時期進入政府、現在仍在職的前朝部長們相當錯愕但歡喜地表示：近期在府內出現了充分討論的情況，過去每週三大多只是公證宣讀形式的與總理開會，現在這種情況不再，取而代之的是「進行實質的討論」。這點也讓一些梅克爾傳記的作者感到驚訝。[10]

這位女總理願意對政治圈內的各聯盟政黨採取開放態度，這樣的形式風格迥異於先前那些經過精心佈局選戰才當上總理的人。現在聯邦國會裡面共有五個政黨，當中還包括長久以來被視為「不適合加入聯合政府」的左派黨，各政黨陣營之間的角力可想而知。紅與綠（社民黨與綠黨）兩陣營對抗黑與黃（基民／基社與自民黨），而全球金融危機過後另一股勢力「德國另類選項黨」也加入聯盟。對於老牌的基民黨來說，這意味著：為了讓政府可以運轉，必須讓各政黨互相包容；基民黨身為主要的中堅政黨，在這樣變革的過程中變得更圓融了，而帶領者正是梅克爾。

這種按部就班但是極有效率的領導風格，結果是單調乏味的。「梅克爾最大的功勞在於她長久以來堅持一貫的枯燥無味的步驟，不過許多聰明的評論者就受不了這種情況。」《時代週報》如此稱讚她。[11]但在另一方面，哲學家兼著名的梅克爾評論家彼得．斯洛特戴克（Peter Sloterdijk）認為，如此的領導風格會造成一種安定的假象：「梅克爾女士的執政風格讓人普遍以為柏林政府將會堅強領導……但政府在這種枯燥無趣的時刻中反而誤導人們『目前什麼都別擔心，因為民眾不想要看見劇烈的變革』。結果就反映在政府看似怠惰的施政上。」[12]

歐洲啊，歐洲

內政上無法滿足總理的，她從國外獲得：尊重、建議和交流。她運氣不錯，就在國際性危機呼之欲出前，她還有一段時間可以熟悉總理任內工作。二〇〇七上半年德國接下歐盟理事會輪值主席的職務，同時也是G8峰會的主辦國，地點選在德國北方波羅的海濱度假名城海利根達姆（Heiligendamm），這顯示了主辦國在國際社會的重要影響力和聲譽。

其實梅克爾早就學到，若能擔任稱職的國際事務主席，就可為自己塑造具有影響力的形象。一九九五年她接任環境部長，適逢柏林氣候變遷大會，當時梅克爾全力投入，加上卓越的談判技巧和協商意願，成功主導柏林的氣候變遷大會，也為未來歷史性的京都氣候保護議定書打下成功的基礎。

那次的經驗對她影響很大，因此她非常縝密地為自己在歐盟理事會輪值主席的角色做準備。她和柯爾不一樣，柯爾打從骨子裡就懷抱大歐洲願景，她是後來慢慢才形成這種眼界。她也和施若德不同，後者在一九九八年剛勝選就大聲抱怨「歐洲花掉的錢，有一半是德國負責買單的」，[13]而她則謙虛低調。處理歐洲政務與處理德國內政議題相當不一樣，完全取決於主事者個人，如果具備足夠親和力，營造出融洽的談判氣氛，就會有進展，否則就會出現障礙。關於這一點，梅克爾將會在二〇一五年再度第一手親身體驗。

剛當總理的頭幾年，是梅克爾頗為風光的年代。假如這期間她在內政有許多事務推動不順，那麼她出了國境，就以兩種方式彌補內政的缺憾：在布魯塞爾擔任歐盟理事會輪值主席，同時也是G8領袖高峰會議的成功東道主。她很快就成為歐洲各國與美國總統小布希、敵對的俄國領導者普丁之間的直接聯繫橋樑。這個結果並非完全因為她的能力，而是情勢正好有利於她。英國首相東尼．布萊爾（Tony Blair）於二〇〇七年六月下台，交棒給財務大臣戈登．布朗（Gordon Brown），同時法國總統賈克．席哈克（Jacques Chirac）卸任，由尼古拉．薩科吉（Nicolas Sarkozy）接任。相對於英、法兩國的新夥伴，梅克爾在二〇〇七年春天算是穩當老道的玩家，因為她已有一年多的任職經驗。小布希與梅克爾本來就有點交情，隨著梅克爾的上任燃起美國人的希望，讓歐洲與美國之間的關係能夠重新步入正軌。早在梅克爾仍是反對黨政治人物時，就因為德國是否要參與美國在伊拉克的反恐戰爭一事公開支持小布希，而與時任總理施若德唱反調。這件事情小布希還記得，施若德更記恨在心。

處理與普丁的關係又完全不同，她必須要保持距離。她前任的施若德與俄國走得太近，讓美國、布魯塞爾、東歐的布達佩斯與華沙、巴爾幹半島與烏克蘭等國都十分憂心，質疑德國的做法。後來德國政府變天，這些國家略感安心，因為新任的女總理就像東歐人一樣曾親身經歷過俄羅斯的極權統治。

梅克爾外交上的成就，是國內政敵所不樂見的：剛上任就有蜜月期。她經常出差，經常發言，仔細聆聽，即使是前任總理柯爾和施若德不感興趣的一些歐洲小國家她也不忽略。

早在二〇〇五年秋天，歐盟就陷入了組織上的危機，一個憲政危機。原定計畫會員國的政治結盟要更深化，簽訂《歐盟憲法協議》，讓歐盟走上獨一無二的歐洲國家化的道路。這點本來在二〇〇三年各國就達成共識了，但整個構想很快就幻滅，法國人和荷蘭人應該透過公投來通過這項協議，但公投沒有過半，整個過程面臨失敗。

這簡直是一項重大的恥辱，歐盟的行政能力也遭到質疑。加入歐盟的成員國越多，要達成彼此的共識就更艱難。歐洲議會抱怨自己的權限不夠，但更多的批評接踵而至：整體歐盟的赤字越來越高，各國元首定期舉辦的高峰會議過程並不透明。這一切的問題，都必須仰賴歐盟新憲法來解決，如今它卻沒有通過。

此時恐怕需要針對「歐盟的改革」來進行改革了。身為自然科學家的梅克爾相信，如果實驗不成功，那就從頭把實驗再做一次。她的安全與外交政策顧問克里斯多夫・赫斯根（Christoph Heusgen）經驗豐富，曾在巴黎和布魯塞爾工作，也是前外交部長克勞斯・金克爾（Klaus Kinkel）手下的資深官員，處理歐盟的混亂與紛擾是他的專業。未來幾個月間他將仔細研究所有參與國家的內政局勢，為即將接任歐盟理事會主席的梅克爾策畫出一套戰略，研發出一個「矩陣」。14

德國成為歐盟理事會主席國的準備工作進行得很順利，幾個月後已告完成：一個新的協議《歐盟基本權利憲章》出現了，取代舊約當中誇張的內容。歐盟旗幟、歐盟盟歌也定案了，歐盟各成員國內部的權力不容侵犯，歐盟將採取多數決，歐洲議會的權能也提高了。歐盟變得更加透明化、更有約束力，這是梅克爾任內最重要的成果之一。

一如前總理柯爾，梅克爾為了推動歐洲憲法的進展也花費了許多錢。英國人後來行使退出權，荷蘭人獲得一些優惠，而法國人允諾繼續推展共同農業政策（法國農人從中獲利不少）。梅克爾在這些事上的策略是深深耕耘，務實進行，費用由德國買單，因此為她贏得了誠信經紀人的美譽，歐洲相信她是真誠地維護全歐洲的利益。

當歐洲首都圈裡一些個別元首的光環漸漸變暗，越發顯出她的鋒芒。在法國當政的是爭議人物薩科吉，他早先擔任內政部長時就因為揚言要把弱勢青少年從巴黎郊區的公共住宅「清理出去」，引發全國暴動。他剛當選總統之後就告訴全國國民要努力工作，然後自己立刻飛到地中海畔，搭上一位有錢朋友的豪華遊艇展開度假。美國總統歐巴馬在回憶錄中提到，與薩科吉對話「時而逗趣，時而令人感到抓狂，就像跟一隻矮腳雞在一起」。15（按：嘲諷薩科吉個子小又愛慕虛榮）

義大利這些年來由犀利的傳媒大亨西爾維奧．貝魯斯柯尼（Silvio Berlusconi）掌權，即便他沒當總理的時候，也可以把歐洲各國弄到神經崩潰。波蘭的雙胞胎兄弟列赫（Lech Kaczyński）和雅洛斯瓦夫．卡欽斯基（Jaros aw Kaczyński）一位是總統，另一位是總理，兩人都對德國政府態度強硬，梅克爾在二〇〇七年三月造訪波蘭時，為了維持氣氛和諧，甚至得帶著先生約阿希姆．紹爾同行，安排私人週末行程到波蘭總統夫婦的避暑山莊，由紹爾向總統先生釋出善意，營造出類似家庭之間的談話氛圍。其實紹爾平常絕不出席類似的國政行程。

簡單來說，在那些年間歐洲是由一群爭議性很高的政治人物在治理，和他們這些人比起來，梅克爾就像是個誤闖桑拿俱樂部的財務官員。她習慣週末回去老家整理花園，喜歡吃國民美食柯尼斯堡肉丸和馬鈴薯濃湯，放長假就去義大利北方的南提洛爾地區爬山，而且每年都穿同一件格子上衣。她的樸實無華以及低調謙遜讓人印象深刻，也讓人感到有趣。她與西德的戰後歷史沒有連結，卻可以順暢「擔起在歐洲的領袖角色」，這也是她與柯爾不同之處，柯爾對於歐洲事務的處理，只有與法國合作才能推動。

金融風暴下沉著的舵手

梅克爾在任期初期所累積下來的一切資產，在接下來的這些年間統統都需要用上。在她第一次任期結束之際爆發了全球金融海嘯，這件事改變了歐洲的一切，也為歐盟的存在帶來危機，特別是當時包含十五個國家在內的歐元區陷入分崩離析的邊緣，股市暴跌後緊接著是歐元危機。

二〇〇八年九月十五日雷曼兄弟投資銀行宣告破產，各銀行接連公開交代自己參與這場金融賭局的程度有多深，金融機構彼此間不再互相信賴，貨幣面臨不再流通的危機，全球股市停擺。如今可以明顯看出，過去幾年的財政制度與真實的經濟差距多大，許多從未聽過的金融商品首先讓銀行、接著是全球經濟、然後幾乎讓各國本身陷入無法自拔的深淵。

在如此混亂的情況下，並非每個人仍能保持鎮定。一位在這幾個月常隨行採訪的記者瑪格麗特・黑克爾（Margaret Heckel）描述總理為了避免讓人民感受政府陷入恐慌，她是如何淡定地進行早已既定的行程。**保持鎮定是總理的首要責任，而梅克爾在這點上表現出極為堅強的神經**。期間她還蒞臨威斯巴登市的老人聯合會，參加斯普林格媒體集團的企業家大會並受到來賓的推崇，甚至撥空到法國參加當地小型博物館為紀念前總統戴高樂的活動。[16]而且她每天勤奮工作、不斷打電話瞭解事情發展進度，直到凌晨還沒休息。

現在看來總理在前三年（那是枯燥無聊的三年）與歐洲各國的元首、財經及銀行負責人所有的會談都值得了，經濟危機之前她常與她信任的德意志銀行總裁約瑟夫・阿克曼（Josef Ackermann）會面，金融危機爆發後是阿克曼出面協調，協助拯救即將倒閉的金融機構。

但不久之後，他差點親手毀掉了由他一手推動、政府出資金額高達五千億歐元的德國金融界紓困計畫。二〇〇八年十月中旬，他在德意志銀行高階主管年度大會上傲慢地說：「我如果拿了國家的錢（來紓困德意志銀行），會感到羞恥。」[17]這番話令得全德國拿了國家錢的銀行們都感到有點丟臉，因此整個救援計畫陷入了尷尬的場面。而在柏林的總理府，則以強烈措辭表示他的言論「完全無法理解，無法接受，令人難堪」。

之後他還吹噓，他邀請總理參加他的六十歲生日晚宴，但總理已有行程不克前往，因此總理在辦公室表示當天的晚宴由她買單。這件事使他與總理的良好關係瞬間降到冰點——**只要某人誇耀與總理有近距離私人關係，就得承受當總理的拒絕往來戶，這點她相當堅持的**。其實這筆聲稱是給銀行經理人的香檳佳餚費用，項目相當清楚：當晚菜單有小牛肉，一公斤要價十六點七九歐元，還有蘆筍十五點一一歐元。[18]

對政治人物而言，一個危機會在許多層面同時發生。政治人物既然受人民委託，必須出面解決問題。此時面臨的問題就是金融危機，所以政治人物必須設法讓自己提出的政策，能在自家黨派、國會裡得到多數的贊同，接著還可能需要把整個方案提高到歐盟的層面去表決。政治人物必須獲得大眾的肯定，才能再度當選，延續政治生命。但每個不同的時區都有自己的辦事邏輯，都有不同的實體條件限制，所以從長遠的眼光來說，拯救一家特定的銀行，可能最後會發現是一件蠢事。例如操勞費心拯救了像德國商業銀行（Commerzbank）這樣奄奄一息的金融機構，為的是在短期內就獲得利益：重大的危機解除了，政治人物有做事，然後一家本土德國企業免於倒閉。於是選民們也會用選票來回報。

要做出如上述的決定，梅克爾的能力是優於其他人的。第一個原因是，她在剛上任那幾年的「無聊時光」大量閱讀了相關檔案，所以大概明白如果發生什麼樣的事，政府可以怎麼處理。

況且她可以等，直到事情真正嚴重的時刻，這是她的強項，這點她優於那些沒有耐心的政治圈同僚。第二是她很聰明機智，學習快速，大學時她在物理實驗科常得面對一大堆無用的電子開關電路板，她必須想辦法解決。執政之後她當然知道政治和電力不一樣，政策一開始不成功並沒這麼糟糕。她知道在局勢還沒發展到終點之前，什麼都可以更改。

聯邦政府因為她的振興方案，逐漸為經濟帶來了活絡，時程上雖然比他國政府晚，但政府推出的舊車回收獎勵金計畫引起的消費效果卻是大過其他的振興計畫。接著梅克爾用超過兩年半的時間靜觀希臘是否可以留在歐元區，如此讓歐洲和這個地中海國家陷入了漫長而糟糕的僵局，等待、拖延，然後是更多的等待。當然到最後她成功了，「在歐洲問題上她是對的」，許多在二〇一二到二〇一五年間力主把希臘踢出歐元區的人士後來都改變立場，認同她的看法。

希臘問題可能引發歐元崩潰，這點對德國非常不利，但直到二〇一二年夏天到了，她仍然未做出決定。希臘、義大利和西班牙等欠債國家的政治人物緊逼著她，他們在當年六月布魯塞爾搶救歐元高峰會上警告，如果歐盟再不接手處理他們國家的債務，歐元制度不久就會崩潰，然而梅克爾與年輕的聯邦銀行總長延斯・魏德曼（Jens Weidmann）卻不為所動。魏德曼直到幾個月前還在總理府擔任經濟部門的主管，是梅克爾的親信之一，他們倆人意見一致，合作無間。

歐債問題持續發燒，梅克爾甚至說「只要我還活著」就不會有歐洲共同債務的存在，[19]這位向來不會輕易下斷言的女士，這次竟然把所有謹慎的態度擺在一邊。她所說的話真的可以說服自己嗎？

這句話其實是某天晚上她與聯合政府裡面的自由民主黨員會面時所說的，而她身邊的親信則另有解讀：總理在歐洲、在自家黨派及聯合政府內都承受極大的壓力，所以她必須給聯合政府內的同僚及基民／基社聯邦議會黨團一個明白的信號。如此看來她的這番話無異就是戰術上的一個承諾，而非心底真正的信念。畢竟，這個承諾後來維持了幾乎八年之久。

關於歐債問題，她遲早得做決定的。二〇一二年八月底她訪問中國，與她隨行的有五位部長、許多大企業執行長與老牌家族企業代表，在中國受到相當大陣仗的歡迎。德國政府長久以來已經為德國空中巴士飛機、軌道事業、汽車、機械和設備等領域，建立了穩定的向中國出口管道。中國的支票簿是推動德國經濟發展最重要的動力。

中國總理溫家寶與梅克爾見面時提到，對於歐洲沒有任何事比「信任和信賴」還重要，[20]梅克爾一聽立刻就明白了。中國的外匯儲備當中持有數千億歐元，要是因為中國因為缺乏「信任和信賴」而拋出歐元，歐元會立刻崩盤；中國對歐洲失去耐心，會連帶使得全球同時對歐洲失去耐心，結果會造成歐元區的歐債諸國利息再度提高。屆時或許不只希臘和塞浦路斯，連面積更大的義大利也會完蛋。

歐洲人經過數月集會討論仍解決不了的事，溫家寶在幾分鐘內就讓梅克爾下定決心：她必須保留歐元，為了保住歐元將「不惜任何代價」。這句話是歐洲央行總裁在數週前所說的話，如今梅克爾也出面為這句話背書。

梅克爾此舉使得國內局勢大亂。正當九月間德國聯邦憲法法庭做出釋憲解釋，判定政府到目前為止的拯救歐債方案協議都是合法的時候，梅克爾站出來認同歐洲央行的「保留歐元」政策。這樣等於否定了財政部長蕭伯樂和央行總裁魏德曼「要對希臘等國嚴苛」路線，這樣也使她槓上了擁有極大政治權力的巴伐利亞邦總理霍斯特・澤霍費爾，並與自家政黨在聯邦議會的黨團翻臉。

到了二〇一五年，希臘人不願在國內推動嚴苛的財政撙節政策，卻又希望歐盟拿錢來金援，財政部長蕭伯樂以及歐元區所有財長皆認為，希臘若不想守規矩，那就應該退出歐元區。梅克爾感到傷神且沮喪，她不想見到危機一再爆發。

就在蕭伯樂準備動手一勞永逸解決希臘債務事件的同時，梅克爾又改變了立場。這時她覺得，對於希臘問題採取堅決的態度施壓，是很重要的，希臘和其他欠債的國家必須知道，前面已經沒路可走了。就在二〇一五年七月十二到十三日決定性的徹夜談判當中，其他人都已筋疲力竭絕望地準備放棄之際，她卻堅決地繼續對談。

後來梅克爾獲勝了，希臘總理阿萊克西斯・齊普拉斯（Alexis Tsipras）終於點頭同意了歐盟提出的方案，然而他也在數週之後下台，梅克爾在布魯塞爾與他相擁，讓他下台了。從現在起歐洲不能沒有她，梅克爾成為歐洲賽局中決定性的棋子。

讓希臘得以留在歐元區的成果使她付出了很高的代價。為了要國會接受她的歐元搶救政策，她用強硬的態度脅迫國會說現在已經「別無選擇」，歐盟國家必須提出求毫不留情的債務整頓計畫。這些作為，在在提升了德國在歐洲、在全球政治舞台上的重要性，從一個和善的調解者變成鐵石心腸的總理（鐵娘子），梅克爾無論是內在和外在都變得更強硬了。同時，她對不屬於她親信者的不信任感也更加強烈了。

二〇一五年這個夏天明顯的看出，梅克爾因為處理歐元危機受到了多麼大的磨耗，她似乎感覺到她在全德國、整個政府以及整個自家政黨內都失去了認同感，到期中選舉的時候她的心靈彷彿被掏空、無比疲憊且體力耗盡。人們都可以看出她在第三次總理任期內是如何的努力打拼。每週二在聯邦議會黨團的例行會議都令她感到恐懼，唯恐因為自己的歐元政策而必須面對無窮無盡的公開敵意。反對者在國會走廊上一面嘀咕，一面用「梅克爾下台！Mmw！（Merkel-muss-weg）」的手勢向她打招呼，他們故意大聲自言自語：二〇一七年梅克爾是否應該再次出馬競選？接著大聲說出自己費力思考的答案：「不應該！」

與梅克爾共組聯合政府的社民黨也變得更複雜了。社民黨員非常震驚的察覺，他們參與梅克爾的聯合政府，竟然使得自己受到嚴重內傷，現在連綠黨的民調都穩定超越了社民黨。而國家政策如果推動的好，成果就由基民／基社聯盟黨和黨主席梅克爾收割；如果政務推行不力，則歸咎於社民黨。

梅克爾變得如此強勢，也使得國外不再感到愉快，她與新任的法國總理歐蘭德（Fran çois Hollande）相處不甚和睦。在南歐，人們因為梅克爾處理歐元危機的強硬態度而恨惡她；在北歐，人們卻批評她的歐債處理太軟弱。據一位當時參加談判的涉外人士說，總理府內常聽到這樣的討論：德國為何不能像荷蘭人一樣，只要保持堅決態度就好。

然而在歐債危機當中至少可以清楚看出，德國已成為歐洲的標竿，德法陣線在笨拙的歐蘭德領導下，比起薩科吉時代更無法發揮功能，如今德國已沒有強大的鄰國可以一起分擔了。現在只要德國不同意，整個歐債拯救方案將會垮掉。當時歐洲央行總裁馬里奧．德拉吉（Ma rio Draghi）對於央行所採取的每一個步驟，都會事前向梅克爾報備，他甚至不必先打電話給其他人諮商。

也難怪梅克爾更不受歡迎了，她首次顯得神經緊張，雖然她自認為是歐洲人，行事也如同歐洲人，但是到處都讓她感覺到背後有人放冷槍。她退回到總理府，凡事只找她逐漸縮小的同溫層親信商量。危機剛開始時還有許多來自府外的建言者，現在他們早已離開她了。內部的親信例如魏德曼和政府發言人烏爾里希・威爾穆（Ulrich Wilhelm）也已不在身邊。威爾穆跑到慕尼黑擔任巴伐利亞廣播電台總監，魏德曼則進入聯邦銀行。

總理府大臣羅納德・波法拉（Ronald Pofalla）不久也追隨他們的腳步。在這屆任期裡他的離去，對梅克爾是一個重大損失。有波法拉在，可以省卻她許多麻煩的事情，他有如避雷針一般替她擋掉來自部長們和國會的麻煩。他也常出現在深夜的聚會，一起喝杯紅酒，討論過去的這一天，並為明天做準備。

但是現在他覺得夠了，並非因為他不能再和總理共事，完全是因為府內事情太多、工作時間太長、太傷神了。在梅克爾身邊做事的人，必須忍受她以對自己的要求來強烈要求部屬，與她做到同樣的標準，投入同樣多的時間。波法拉的第二次婚姻也在這期間宣告失敗。

他只想要有一個穩定的伴侶關係，因此在二〇一三年離開總理府的時候，他是這麼告訴總理的。總理可以理解他，只是每當團隊又有人離開時，隱約總是會傳來不理解的批評聲浪。《萊茵郵報》指出，波法拉曾指責梅克爾，她不應該要求部屬付出「超越自身能力」的精神來為國服務。但這就是她自己的做事方法：過度燃燒，為國服務。[21]

儘管完成保住歐元區這個重大的成果，卻使得寂寞圍繞著她。

全球化的總理

德國因為它的海岸、山群而如此的美麗。總理嚮往一種田園風情的生活，因此繼二〇〇七年在波羅的海濱度假名城海利根達姆舉行G8高峰會，與各國領袖坐在海灘篷椅上留下了著名的一張照片後，下一次的全球高峰會就選在巴伐利亞山區舉辦。各國領袖入住的埃爾盟宮殿酒店（Schloss Elmau）位於一個美麗的山谷，四週圍繞著高山牧場，上面是兩座堆疊的高山：韋特施特因山脈（Wettersteingebirge）及埃斯特爾山脈（Estergebirge），又稱作「旺克山」（Wank）或「羊頭山」（Schafkopf）。脖子上繫著牛鈴的牛群漫步在山上，山區的射手列隊而來，吹奏傳統進行曲。這就是二〇一五年八月初G7國際高峰會在德國舉行的場面。

高峰會舉辦的同時，恰好全世界都不平靜：歐元區不穩定、俄國總統普丁因為與烏克蘭的衝突而沒有受邀、IS恐怖份子攻擊法國諷刺性雜誌《查理週刊》總部讓恐慌在歐洲達到最高點、歐美簽訂貿易協定TTIP的談判也沒有進展。

然而，從埃爾盟宮殿酒店為原點，所展現出的圖像是一幅全新的、有親和力、高度成功的德國圖像，其中可見德國與世界站在同一高度，卻不具威脅性或主導性。梅克爾和美國總統歐巴馬如同身處輕歌劇的場景一樣，參加上午的酒會，與一般民眾坐在一起品嚐扭結麵包，喝小麥啤酒，當地居民穿著傳統服飾，載著有山羊鬍鬚裝飾的帽子，初夏般暖和的氣候下，現場有人吹奏阿爾卑斯山號角。總理與歐巴馬的關係雖是工作交情，但兩人見面時已經是左臉親一下，右臉再親一下，梅克爾還以英文稱呼歐巴馬是「我的好朋友（my great friend）」。

這種融洽的關係，在歐巴馬二〇〇九年剛上任時並無法預料。一開始梅克爾很怕生，她懷疑自己是否能理解、是否知道如何跟這麼年輕、帥氣且公眾演說能力超級出色的男士打交道。歐巴馬強烈的個人魅力，曾讓他在德國碰了軟釘子：二〇〇八年這位美國總統競選人想要在柏林布蘭登堡大門前舉辦演說，但德國總理梅克爾不同意。她與歐巴馬的交情一開始非常冷淡。歐巴馬回憶道：「她的團隊事後透露，她一開始對我很懷疑，正因為我身為演說家的能力。我對此並沒有感到生氣，我認為她身為德國總理，對於煽動性的言論感到懷疑，應該是一種好的態度。」[22]但對於此次高峰會的內容，兩人的期待就是天差地別了：歐巴馬要求德國和歐洲拿出鉅款來振興經濟，梅克爾就像德國南方巴伐利亞施瓦本地區的婦人似的，想要快點把這個站在門口的小夥子打發走。兩人都沒有預料到，歐巴馬任內和德國將建立起非常緊密的友好關係，遠超過其他國家。

在埃爾盟宮殿酒店高峰會的美麗照片，對於改善德、美雙邊關係有相當大的貢獻，正如同二〇〇七年在海利根達姆高峰會的照片鞏固了梅克爾與小布希之間的友誼。兩次高峰會到最後也確實出現了類似的成果：各國元首與德國總理在氣候議題上達成了共識，為當年底舉辦的巴黎氣候峰會訂出具體目標，亦即本世紀結束前讓地球的溫度上升控制在攝氏兩度以下。

這已是第二次梅克爾利用G7或G8高峰會議東道主的身分來推展氣候保護工作，而且兩次都成功。二〇〇七年她在海利根達姆說服小布希同意共同約定減少溫室氣體排放量，而這次的埃爾盟宮殿酒店則是達成了「將地球溫度上升限制在攝氏兩度」這個目的。這個成果不算大——考量歐洲整體社會發展的趨勢來看，歐洲人希望看到更多具體的全球環境政策，而非空口說白話。然而這已是一大進步了。梅克爾也同意，世界各國要走上有約束力的氣候協定，是一大難事，但她願意「讓它成為可行」，這句話她在一九九一年已經告訴過媒體，當時她也承認可以落實的事情有時候真的很少。

金融風暴讓她瞭解，一位德國總理所能施展的政治空間是如何受到限制。國際盟邦的期待，歐洲穩定的責任，德國境內與歐洲整體錯綜混亂的情勢……這些都讓她不可能「事先提出預防措施」，她只能在事後盡力掌控，並接受凡走過必留下痕跡的道理。她當時要脅聯邦議會議員同意她的搶救歐元政策，因為已經「別無選擇了」，這並不代表她隱瞞了其他可能的方案，而是經過全盤考量來自各方的壓力之後，只有她提出的方案是可行的。為了搶救歐元，她承受了南歐各國對她的仇恨，忍受了來自華盛頓和北京的沉默警告。最後，她挺過了。

推動氣候保護政策的情況更糟，因為典型的梅克爾式解方已經達到能力極限了。假如重要的夥伴彼此看法不同，那要如何解決這個全球性的問題呢？如果要採取有效的對策，意味著對自己國內造成不利，那又該如何尋求多數選民的同意呢？如果你無法確實掌握一個危機的實況，那又該如何治理呢？一般的政治人物會說大話，會用各種大內宣大外宣來讚嘆自己的政策，這些方式在總理剛執政的前幾年也放手做過，如今她已荒廢了對大眾演說、直接訴諸民意的能力。這將使得她不僅是在處理全球氣候變遷危機的時候，更是在處理新冠疫情的時候嚐到惡果。

世界冠軍梅克爾

另一方面，梅克爾正在另一個完全不可能的領域中取得亮眼成績：在足球場上。這是個有如夏季童話的故事——二〇〇六年在德國舉行的世界盃足球賽上，總理不僅在看台上歡呼雀躍，令所有人都驚訝她竟能扮演出這個新角色，她也邀請國家足球隊總教練尤爾根・克林斯曼（Jürgen Klinsmann）到總理辦公室拜訪，讓教練親自解釋德國隊會不會贏球。最後很遺憾，德國隊在半準決賽當中落敗。但梅克爾此舉已幫助德國在世界上塑造出一個清新、年輕與友好的形象。這個故事表達了：德國正如新的德國足球隊，正如球隊總教練克林斯曼，也正如德國新總理梅克爾一樣，擁有高效率、和藹可親、幽默、愛國又謙虛等特質！

梅克爾從柯爾身上學到了教訓。一九九〇年世界杯足球賽在羅馬舉辦，德國隊榮獲冠軍，衣衫混亂的球員們回到更衣室聚在一起，興高采烈地談論奪冠的歡樂。而總理柯爾穿著整齊的西裝，手裡拿杯可樂，在一旁冷眼看著這一幅歡欣鼓舞的畫面。他的表情跟動作完全沒有一絲一毫熱血澎湃的喜悅。

梅克爾則完全不同，她沈浸在比賽中，像數以百萬的德國人一樣歡呼，當德國隊輸掉比賽，她又如同數以百萬的德國人一樣傷心。她不像柯爾那樣像是在素人電影裡面插一個角色的模樣，她是在鏡頭聚焦的中心，就定位站在中間。

二〇〇六年德國主辦世界盃足球賽之後，全球都看得很清楚（甚至比二〇一四年德國獲得冠軍之後還要清楚）：這個統一的國家，比歐洲其他國家都要壯大，但卻絕對不是耀武揚威的；它經歷過經濟危機，然後變得更堅強，但它沒有以強暴脅迫來對待任何國家。它是自信的，但又能為別人的成功感到高興。當它輸了，它就很有風度地認輸。

國家隊將成為新德國的代表形象。從現在開始，那個經常出現在國家隊照片裡的女總理也因此獲益。施若德時代的苦日子和糗事都過去了，從現在開始，足球賽事熱門金曲中的歌詞「人生多豐富」將成為德國的座右銘——不光是在體育中，也在現實生活中。

總理跟克林斯曼有很多共同點，兩人擁有類似的經歷：都是以局外人的身份爬上自己領域的最高峰，儘管取得了耀眼成功，仍然對自己的環境感到陌生。兩人都是美國文化控。兩人都培養了一種謙遜的「貧窮美學」，[23]而且完全不同於他們前任的浮誇及炫耀風格。

兩人都知道圖像的力量，並善用圖像的力量來幫助自己在工作上更上一層樓。即使是樸實無華的總理，現在也知道要好好擦亮她的公眾形象。總理府的形象總監們工作謹慎小心而堅定，一位專業化妝師進駐府內七樓，每天都忙著做化妝和髮型。

女總理的固定造型——彩色西裝外套、黑色長褲也開始進化。時裝設計師評價她擁有「時尚的智慧……很有型」。[24]總理不管到哪裡演講，都規定講台的前方不可以是透明的，也不可以高於一點一〇公尺。攝影師會得到明確的指示，說明總理希望如何拍照。想要進入總理會議或公務旅行中隨行拍照的記者最好要遵守規則：不從側面拍，不從下往上拍，走路時不拍，吃飯的時候更不可以拍。[25]

結果非常好，在這麼綿密的規定下，總理照片展現了她最好的一面：她的微笑、到位的髮型。先前常有人批評梅克爾的外表、穿搭、髮型，現在這些嘲諷都沉寂了。她說：「時髦的作法是……要非常非常謹慎的。」在追求尖端時尚方面，她仍然還是反對派的領導人。[26]

認識到圖片的力量和可以看圖說的故事，長期以來一直是總理成功的秘訣之一。有時她短暫地放棄了對圖像的控制，就會出現有趣的變化。二〇一五年九月，她訪問柏林的一個難民之家，隨扈按照往例喊著不許拍照，但總理說「沒關係」，於是來自敘利亞的年輕難民莫達曼尼（Anas Modamani）拍下了二〇一五年最著名的「與總理自拍」：照片中的他看起來神情嚴肅，但身穿土耳其藍西裝外套的總理則微笑著豎起大拇指。[27] 這次她沒有控制照片，也無法控制這個照片的敘事。

二〇一一年，歐巴馬於白宮玫瑰花園頒贈梅克爾自由勳章，典禮上出現了早已離開國家隊總教練一職的克林斯曼。她喜歡他。克林斯曼的繼任者約阿希姆．勒夫（Joachim Löw）也經常在總理府的七樓吃午餐。通常勒夫最喜歡的菜是德國的一種兒童餐：乳酪肉排配煎馬鈴薯。他們談論的主題則是各自的「團隊」：勒夫的足球團隊，還有梅克爾的政治團隊。

二〇〇六年，總理成功地使德國足球隊的崛起轉化成為她的政績。**她最大的成就是為德國在世界上找到了一個自信而又低調的位置**，這個位置在二〇一四年的巴西世界盃足球賽中達到了頂峰，德國成為世界足球冠軍，梅克爾也成為世界上最有影響力的女性。此後，魔力開始下降。二〇二一年，國家足球總教練阿希姆．勒夫和總理梅克爾都將離開他們的職務。

PART

6

當梅克爾犯錯 Fehler

要從任何一位任期長達十六年的總理執政成績單中找出錯誤，連小孩都辨得到。整體來看，梅克爾任內的缺失包含英國脫歐過程的外交失誤、能源政策的錯誤評估、對抗疫情失敗、未能建立退休金制度和保健制度的長遠計畫等。其實，梅克爾所犯的這些錯誤和失誤，和歷任總理以及各國領導人相比，並沒有什麼不同。每個人或多或少都會犯錯，大多數人的失誤甚至比她更多。此外，若是硬是要在德國人覺得可口的雞蛋裡挑骨頭，也未免太小家子氣。

因此，本章將只評述對梅克爾個人及整個時代來說有負面象徵意義、對未來可能造成不良後果的事件，而不包含她日常執政的閃失。她的重大疏失，都與執行力有關聯，或許也和她個人的看法有關，而就是這樣才讓她誤入歧途。

「錯誤」和「被誤導」是兩件不同的事。犯錯的人明明可以做得更好，但被誤導的人則是從基本觀念開始就錯了。例如在中世紀，許多人確信地球是平的，所以很害怕若搭船到世界的盡頭，就會從平面的邊緣掉下去。這是因為他們被誤導了，不能因此責怪他們沒有發現美洲。

被誤導的人造成的後果可能和犯錯相同，不過畢竟起因是他缺乏必要的知識。但若有人明明可以做得更好卻依舊犯錯，那就應當要為事件後果承擔比較大的責任。這裡要談的正是這類的錯誤，而非「被誤導」的事件。

就如同梅克爾很少說：「在我任內我將……」一樣，她也幾乎不說「我犯了一個錯」。她在總理任期最後出現唯一的破例，立刻引發媒體的轟動，這個在二〇二一年復活節前夕承認個人錯誤的舉動（見第八章），甚至被認為是歷史性的。就像所有老練的政治人物，梅克爾多年來總是將失敗的責任推得離自己越遠越好。內政的部份本來就是交由各部會首長負責，如果他們犯錯，自己就得勇敢面對，這樣就可以讓整個行政團隊和總理本人免於受到直接的責難。例如二〇二〇年到二〇二一年之交，聯邦經濟部長彼得·阿特麥爾遲遲沒有發放紓困金，他就必須以負責部會的主管身分成為眾矢之的。而年初號召施打疫苗的進展非常緩慢，這倒是要算在梅克爾身上，畢竟在歐洲的疫苗採購和封城措施都是被列為「最高層級處理」——儘管這並不符合現實，因為除了總理府，衛福部長、各邦邦總理，以及尤其是歐盟總部，對於疫苗政策與封城措施都有發話權。

在疫情時期更突顯出政治責任如何歸屬的問題。在柏林執政的是一個聯合政府，所以究竟是因為屬於基民黨的經濟部長彼得・阿特麥爾採購了不完善的軟體，導致十一月的紓困方案失敗？還是屬於社民黨的財政部長奧拉夫・蕭茲才應該負責，因為他沒有事先準備好所需的金額？這種「切割保護」的原理也廣泛適用在各邦：基社黨的巴伐利亞邦總理馬庫斯・索德爾該為他在二〇二〇年末到二〇二一年初執行的封城政策負起法律責任嗎？屬於左派黨的圖林根邦總理波多・拉梅洛要承擔多少責難才算合理，只因他坦承偶爾在冗長的會議中沒有專心開會，而偷偷玩 iPad 上的小遊戲？綠黨的巴登—符騰堡領導人溫弗里德・克瑞特許曼（Winfried Kretschmann）又在邦議會選舉前不顧疫情而開放隸屬他選區的學校這件事上，扮演了什麼樣的角色？現任的基民黨主席阿明・拉謝特在開放髮廊、可能增加染疫風險的事上又參與了多少？而實際上，不是長久以來早就由羅伯特・柯赫研究所的所長洛塔爾・威勒（Dr Lothar H. Wieler）掌控著政治了嗎？

就如同許多法律的形成一樣，執政的各黨派需要取得共識，國會要行使同意權，聯邦參議院會被徵詢意見，還需要各種協商委員會提供協助。而最後，都不可避免地一定會證實「施特魯克式法則」為真——這是依據前社民黨黨團主席及前國防部長彼得・施特魯克所命名的，意思是「從聯邦議會完成的法律，永遠和初提案時天差地遠。」[1]

一項政治決策背後往往有許多人的意見摻雜在內，因此若有人第一個跳出來說自己錯了，那可是會讓自己陷入危險的：他將成為整個政策背後其他人的代罪羔羊。一個人的坦承錯誤，會減輕所有其他參與者的罪過。如同基社黨專管內政的漢斯－彼得・弗里德里希（Hans-Peter Friedrich）在二〇一三年聯合組閣的談判會議上警告社民黨，不要把他們的政治新星賽巴斯汀・艾達提（Sebastian Edathy）放在重要的職位上，因為他涉及下載兒童色情圖片，而且調查單位已經通知內政部了。但最終是弗里德里希因為「洩漏偵查秘密」而辭職。其實當時社民黨許多政治人物也曾透露過這個資訊，甚至還有人悄悄跑到聯邦刑事調查局探聽偵辦結果。但只因為弗里德里希自己首先承認錯誤，因此丟了官位。

打死不認錯，成為保有權力和威望的工具。梅克爾更是箇中好手，她一再又一再地以物理學家的身分，透過科學的說詞來解釋現狀。依照她的說法，實驗的本質是中性的，為的是要驗證一個假設，如果實驗的結果和預期不符，這不是錯誤，而是一個有用的結果，科學家會再次做實驗，直到假設或者被驗證，或者被徹底摒棄。在執政上，梅克爾也是用這種原則：如果一個方法無法達到期待的結果，那就使用另一個方法，「即使政治並不是做實驗，它還是跟科學實驗有相同之處：在政治上需要多次的嘗試，直到達到政治的目標……失敗的嘗試也是生活的一部份。」梅克爾如此闡述她對政治工作的理解。[2]

問題在於，政治和科學不同，政治尋求的不是知識，而是結果。如果結果不符合預期，那這位政治人物就遇到麻煩了，不論他的初衷是多麼睿智。此外，他也可能因為不停地試驗而迷失了原本的目標。

「事情從終點往前思考」，這是總理最大的優點之一。但她無法把事情真正帶領到終點，卻是她明顯的弱點。就像在廢核和取消徵兵的政策，就像在處理希臘的問題以及難民的危機，她透過短暫的作為帶來片刻的安寧，但只有在極少數的情況下能夠真正解決問題。

內政與極右主義

關於梅克爾和國會、和她所屬的基民黨、和德國各黨派之間的關係已有許多人討論過了，而她和國家及政府各部門之間的關係卻很少有人評論。她似乎刻意與警察、情報組織和聯邦國防軍保持距離，但就是在這幾個領域上，出現梅克爾執政時期最嚴重的錯誤。

德國取消徵兵制之後，梅克爾就忽略了國防軍，這也同時造成了德國與美國關係的危機，這個危機在川普擔任總統時期達到最高峰。梅克爾也避免和國家情報局、聯邦調查局和聯邦憲法保衛局有所往來，並且在最需要這三個單位的時候，也就是發生難民危機時，選擇與他們對立。

她對發生在自己國家的極右派攻擊視若無睹，也因此在發生了卡塞爾區首長瓦爾特．呂布克（Walter Lübcke）被新納粹極端份子殺害、哈雷市攻擊猶太教堂事件、哈瑙市種族歧視槍殺等案之後，她必須承擔各方對她漠視國內安全的指責。在這種情形下，身為國家領導人的她無法將責任推給國防部長或內政部長，由他們來承擔錯誤，因為最初的決定權落在總理府，而且顯而易見的，梅克爾本該費心處理的，不過她卻沒那麼做。

若有人看過一個國家可以如何快速瓦解，或一堵看似屹立不搖的城牆如何倒塌，就會相信穩定性只是一種假象。梅克爾也是用這個說法來解釋為何她面對國家各部會的態度和她的多數西德同事不同。她認為沒有什麼是理所當然、完全定案的。

她和國家安全部門保持距離，有時甚至帶著令人屏息的天真，「朋友間互相監視，是不可以的。」[3]她在人生早年決定不和東德的情報組織往來，這種態度一直延伸到統一後自由民主的德國，她也盡量和情報組織保持距離，因而錯失了重要資訊。另外，當她應該要採取動作的時候，還是堅持保持被動的姿態。

兩德統一後，無論是在黨內或執政的政治生涯中梅克爾都體驗到，政治上跟這些不透明的組織來往是沒什麼好處的。她先是讓沃夫岡．蕭伯樂跟這些情治首長保持關係，畢竟蕭伯樂很瞭解他們，甚至有些人是他在內政部長任內提拔和任命的。

和冷戰時期不同，當時這些秘密工作者最重要的任務是邊境安全事宜和東歐的間諜問題，而進入二十一世紀之後，他們最主要的工作則是面對伊斯蘭的恐怖攻擊。要如何衡量他們工作的成效，只要看恐怖攻擊有沒有發生在盟國或自己的國家，以及這些攻擊是否可以事先預防。儘管如此，總理本人幾乎無視情報單位需要新的組織與新式管理，相反的，她盡量不讓這些事靠近自己。

前總理施密特和柯爾也不喜歡德國的情報單位。他們寧可相信，如果出事的話美國這位堅定盟友會及時通知德國政府。施密特甚至炫耀說，在他任內從沒看過任何一篇情報局的公文，「我在聯邦政府服務十三年，只有一次花十分鐘接見過聯邦情報局局長，那還是因為我認識他。」他這樣告訴媒體。[4]

德國的這些情治單位覺得自己備受冷落，而事實上他們也真的一直被冷落。他們甚至將每星期二去總理府報告工作內容的日子稱為「拜拜日」，只是不知道是誰或什麼事要被拉上祭壇。有時他們也會因為拜拜日的午間工作會議上提供的餐點太糟，而忍不住抱怨。[5]

梅克爾與情治機構的互動，基本上都是例行儀式。二〇一四年梅克爾訪視位於科隆的聯邦憲法保衛局，總理的講稿上簡短寫著「感謝大家的努力」，以及「最後再次真誠的感謝」。[6]不過跟歷任相比，她對這個機構的評價已經是非常正面的了。梅克爾是第一個來訪視這個全國最高情治機構的國家領導人，而這個機構在一九五〇年就已經成立了。

自從二〇〇一年九月十一日紐約世貿大樓受到恐怖攻擊之後就可以看出，國家的情治單位有多麼重要，而他們會犯下何等可怕的錯誤。參與九一一事件的其中一個主嫌，竟然曾大喇喇地住在漢堡好長一段時間！而犯下二〇一六年柏林聖誕市集卡車衝撞事件的恐怖份子阿米爾，雖然警方早就知曉此人，卻誤判他為非重點人物！還有，大多數關於危險分子的資訊，都是友邦國家情報組織提供的。這些事情在在讓人質疑德國情報組織的效率，但就算如此也沒有促成德國情治機關的工作革新。

而德國境內極右派恐怖組織「國家社會主義地下組織」的嫌犯之所以會被查獲，是因為這兩人在二〇一一年搶劫銀行後擔心被發現而畏罪自殺。從一九八八年以來，他們就因仇外情緒殺了十個人，還犯下四十八起殺人未遂罪。二〇一九年六月十二日卡塞爾區首長瓦爾特・呂布克被一個右派份子槍殺，而安全單位早先已經把兇嫌從監控的名單上除名了。呂布克曾在二〇一五年公開支持難民。同年十月，有人企圖闖入哈雷市的猶太教堂殺了兩個人。二〇二〇年二月，一個右派傾向的男性在黑森邦的哈瑙市開槍掃射，殺了九名具有移民背景的人民，又殺了自己的母親，最後才自殺。這些恐怖份子的情資，情治機關事前完全沒有掌握，就算有，也早已遺失了。

總理對極右派主義是極為痛恨的，且不要忘記，她把德國和以色列的友誼定調為德國「國家的理智」。[7]只不過總理並沒有實際作為，她只是眼睜睜看著極右派的潮流越來越猛烈，排外的事件越來越頻繁。就是因為她曾親身經歷過一個國家如何快速瓦解，大家因此期待她能更有警覺性、更有堅定的作為。即使後來極右派的德國另類選項黨獲選進入國會，都無法促使她從觀戰的場邊進到場中央親自下手處理。這種面對極右派主義的無助表現，必須說是她的錯誤之一。

外交上的安全和北約的夥伴關係

梅克爾對於德意志聯邦國防軍的漠視態度，則是另有原因。當她還是反對黨黨魁時，面對與西方國家的軍事聯盟，態度還很清楚。她在二〇〇三年二月間曾以「施若德不代表所有德國人」（Schröder Doesn't Speak for All Germans）為題投書《華盛頓郵報》，以非常嚴厲的口吻批評總理施若德以及執政的紅綠聯盟不肯參與多國部隊，偕同美國一起進軍伊拉克。[8]

才過了沒多久，梅克爾就不得不改變想法。不只是因為後來證實出兵的理由並不充分——伊拉克並未藏有大規模毀滅武器，也是因為她在二〇〇二年的選舉中認識到，德國國內的主流民意是反對德國參與多國部隊進軍伊拉克的。她驚訝地發現，她竟是生活在一個充滿和平主義的國家，對人民來說，國家內部的安寧遠比歐美雙邊關係的鞏固來得重要。「要和平，不要武器」（西德）和「要犁頭，不要刀劍」（東德）這樣的思想，並不只存在於環保份子及反戰人士當中。

一九九九年的科索沃戰爭以及二〇〇一年參與阿富汗進兵這兩次事件中，總理施若德必須在聯邦國會裡透過信任投票，才能取得用兵同意權。在這個當下，德國的社會就已經分裂。那是二次大戰後德國第一次參與國際軍事行動，也是第一次離開國防政治的舒適圈。

不管是保守派的父母、祖父母還是平時與政治絕緣的女性們，都不希望看到年輕男子上戰場。這個問題必須好好思考。事實就是，早年那些堅定支持冷戰的人，隨著年歲現在已經成為愛好和平的父親們。這個態度影響了德國全國上下。雖然大家很樂意看到德國漸漸越來越有自信，在國際上擁有領導、協調和典範的地位，但德國人民卻不想付出軍事上的代價。

二〇〇二年間德國第三度被要求派遣部隊時，施若德和他的外交部長、綠黨的約施卡·費歇爾拒絕了，而梅克爾卻選擇站在美國總統的那一方，並承諾若是基民黨執政，將會參與伊拉克的出兵。緊接著的選舉中施若德的紅綠聯盟以史無前例的速度衝高票數與支持度，主因固然是東德水患期間總理穿著塑膠雨鞋在易北河岸勘災，另外當然也是因為人民明顯表達對出兵伊拉克的否定態度。

於是這位基民黨黨魁學到了教訓，她轉換立場，選擇和鴿派同一陣線。當上總理以後繼續延續這種做法，原則上盡量避免軍事行動。媒體稱她這時的態度是「被壓抑的實用主義」。9

德國雖然在阿富汗有駐軍，卻沒有支持法國於二〇一一年初在聯合國安理會爭取出兵利比亞的提案。當時隸屬於自由民主黨的德國外交部長基多・威斯特威勒（Guido Westerwelle）以非常任理事國的身分棄權。這下引發軒然大波，因為美國、英國、法國皆贊成。當時總理府和外交部評估，美國應該不會贊成這個提案。威斯特威勒對內則解釋，他棄權是為了內政上的必須，因為如果德國參與投票，通過後就必須跟著派遣部隊。而梅克爾組成的黑黃聯盟還不敢冒然將這個海外派兵的決定送進聯邦國會審議。

而且當法國在二〇一五年九月派遣轟炸機前往敘利亞時，德國聯邦國防軍雖派了一艘護衛艦保護法國航空母艦戴高樂號，但並未實際參與戰爭。德軍與法軍之間所約定的工作就是德軍負責監視、加油、防守。這個友善的歐洲霸權在梅克爾執政的時間雖出過十二次海外任務，但除了最初的阿富汗戰爭外，軍隊皆未與盟友參與對抗恐怖份子的戰爭。

在梅克爾執政下的國防軍是一支帶著重型機具的救難部隊。他們拯救難民、建造水井、修建校舍。他們保衛醫治伊波拉病毒的醫院，防衛運送救援物資的水路，為注射疫苗的行動擔起守護的責任。不管是在伊拉克和非洲馬利、在波茲坦市和萬納埃克爾市，還是在非洲之角和漢堡市霍恩區的德軍救援任務都顯示，他們是非常樂於提供幫助的。不過德軍並沒有準備好要出動戰鬥兵力，一是因為不會得到人民的支持，再來也是因為缺少船艦、飛機、直升機和武器，尤其是缺少合適的戰鬥人員。

梅克爾初任總理時，德國還有徵兵制，不過這只是寫在法律裡面的，每個年輕男子應該服九個月的兵役。到了公元兩千年之後，服兵役就不再真的是義務了。只有不到一半的役男被徵召入伍，毫無徵兵制的公平性可言。加上徵兵制既昂貴又消耗人力，此外又為了因應自民黨在執政聯盟合約要求的將兵役縮短至六個月，造成實際被徵召入伍的役男其實什麼任務都完成不了。

當時的國防部長卡爾—特奧多爾・楚・古滕貝格認為，如果聯邦國防軍再繼續刪減經費，就無法支應徵兵制的費用。原本部長並沒有要免除徵兵制的計畫，這是在二〇一〇年六月預算協商時突然提出的想法。楚・古滕貝格本來想用「廢除募兵」當威脅，希望擋下來刪減八十多億歐元國防預算的計畫。畢竟傳統上來看，基民黨和基社黨是讓這些叛逆年輕男子走上正途的徵兵制度守護者，這兩黨才不會輕易犧牲這個「轉大人」的儀式。況且，如果沒有了替代役男，那麼養老院、醫院、殘障照護機構、學生宿舍門房和充滿煙味的青少年俱樂部也就會出現服務人力短缺的情況。國防部長對這點堅信不移。

「柯爾做到這裡，就會讓事情收尾。而梅克爾做到這裡，才正要開始。」一位參與內閣協商的人士如此敘述。總理梅克爾宣布「沒有思想禁忌」，因此古滕貝格這位梅克爾第二任期內閣的新星，這下就可以放手全力以赴。整件事完全照著梅克爾式的自我模式在發展，也等於直接挑戰了走保守路線的基民／基社聯盟。因為現在整個社會都在討論這些義務役士兵派駐國外可能遇上的危險。同年四月在阿富汗發生的兩次交火行動中，有七名德國士兵喪生，促成了大改革的機會。這時出現了一個人，可以推動兵役制度的改革，又不造成基民／基社聯盟分裂，另外他也要把這個事實讓大眾知道：若要聯邦國防軍承擔德國在國際上越來越重大的責任，就必須仰賴一支志願的專業人力。

由弗蘭克－余爾根．魏斯（Frank-Jürgen Weise）以最高行政整頓者身分（他之後擔任聯邦移民暨難民辦公室主任）所領導的「聯邦國防軍結構委員會」，終於在數個月之後達成期待的結果：社會普遍支持取消徵兵。只有像魏斯這樣一位優秀的領導者及後備役軍官所提出的軍事專業建議才能得到信任。唯有加上另一位基社黨員兼德軍精銳部隊「高山輕裝步兵」退役軍人楚．古滕貝格的推動，才能讓這個想法真正在政治中實現。半年後，甚至連堅持徵兵制的基社黨都轉而支持廢除徵兵的計畫。

對國內年輕男子、他們的父母親、女朋友還有祖父母來說，沒有什麼禮物比廢除徵兵這個政策更好了。但這個政策有個後果。徵兵制的取消讓德國一般人的生活裡漸漸沒有了聯邦國防軍這個議題，而德國社會原本對於出兵海外抱持質疑態度，現在也變得較為無所謂，只有當德國士兵在國外喪命時，才會感受到短暫的哀傷和同情。平時聯邦國防軍在做什麼、他們有什麼裝備、部隊如何遵循憲法等等話題，在軍營之外已經沒有人在乎，在軍營以內似乎也不受到重視。聯邦國防軍再也感受不到以往那種讓他們倍感壓力的公眾監督與批判。當大家不再對這個主題感到興趣，總理當然也就把它晾在一旁，不再繼續關注了。

當德國整個政治注意力都集中在處理歐元危機上的時候，沒有人發現，聯邦國防軍正慢慢走向混亂。等到二〇一〇年十一月有位年輕的女性候補軍官從航海訓練船「高其福克號」的帆具掉下來喪命，社會才再度開始關切軍人的任務、訓練和工作，但也只限於高其福克號；而這艘船，一定程度象徵著聯邦國防軍的命運：除了少數時間之外，高其福克號在船塢裡停泊了超過十年，且整個維修過程既昂貴又醜聞罩頂。

整體聯邦國防軍的總改革，遠比老帆船高其福克號的修復及除鏽維修工作更久。楚．古滕貝格這個年輕的部長沒有提出長遠的決策依據，總理也沒有緊迫盯人，她讓這件事慢慢地拖——儘管若是國防改革成功的話，對國內的安全政策有非常決定性的意義；也儘管黨內保守派的勢力漸漸開始抨擊基民／基社聯盟的廢除徵兵政策。

其實總理府對聯邦國防軍的狀況是知情的。二〇一〇到二〇一一年初的時候發現，國防軍內部沒有方向，四分五裂又缺乏效率，而且「不受控制的改革工作侵蝕掉不少資源……這樣是不會成功的」。魏斯主導的「聯邦國防軍結構委員會」下了這個結論。[10]

直到楚．古滕貝格因為博士論文涉及抄襲而黯然下台，由湯瑪斯．德．梅齊埃接下國防部長的職位，整個改革才有了明確方向。若能將這個「無法帶領的軍隊，連我都不行」（梅齊埃的說法）[11]改革成一支專業軍隊，起碼理論上就可以完成盟友間的國際互助軍事義務。而幾年之後，聯邦政府指派的軍事專家經過了規律的評估之後不得不承認，軍隊的效率和戰力並沒有因此提升，規劃的結構不符合預算，武器和軍事裝備跟不上任務需求。歷年來的國防部長梅齊埃、馮．德萊恩以及克朗普－凱倫鮑爾都很努力，卻都沒有得到成功。

大家很快就認清：沒有總理的主動支持，沒有來自財政部的額外金援，是無法改變任何事的。但兩者都不具備。德國政治的最高層並不想要把軍隊帶進二十一世紀，也不想把聯邦國防軍從越來越自以為是的同溫層中帶出來。德國比較願意將冷戰後獲得的和平用在社會事務上。

當總理在二〇一四年九月於威爾斯舉行的北約高峰會上同意其他防衛盟友，承諾將聯邦國防軍預算提高到國內生產總值的百分之二時，她無須擔心有人真的會相信她這麼做。這個約定在梅克爾看來只是對俄國進行恫嚇，因為當時俄國正佔領著克里米亞。「十年內」就可以達到目的了，梅克爾自言自語。前將軍（也是總理幕僚）埃里希·瓦德（Erich Vad）把德國的手段比為「在夜間的地鐵裡協助一位被騷擾的乘客，同時卻又跟鬧事者保證不會叫警察」。12

例如運輸用的直升機。這是派遣軍隊到海外的必需品，沒有它根本不行。但不意外的，德國的大型運輸直昇機只剩三分之一維持妥善，這批CH-53型直升機是一九七二年購置的，當時的總理叫做威利·布蘭特，而現在的國防部長克朗普－凱倫鮑爾那時還在薩爾邦的皮特林根鎮讀小學呢。新的直升機採購案在二〇二〇年莫名其妙地失敗了，接著停止招標，再來財政部長拒絕撥給國防部長足夠款項。沒有人知道未來德軍要如何載運士兵、彈藥和武器。

在二〇一四年的時候，德國的國防預算佔國內生產總值的百分之一點三，而現在總理有了雙重的困難。一是國內並不贊成擴大國防預算，二是如果真要在二〇二四年提高到總產值的百分之二，那金額就會因為整個經濟快速成長而變成兩倍，也就是從三百億提升為六百億歐元。她對她自己、對聯邦國防軍、對愛好和平的國家都不願意這麼做。

當護衛艦奧格斯堡號在二〇一五年得到指示，要保護前往敘利亞參戰的法國航空母艦戴高樂號時，船上甚至沒有搭載必要的直升機。直升機被留在母港威廉港，機庫才有足夠的空間可以完成人道任務，將難民從海中救起，免得落入人口販子之手。船上的武器要依靠後送，船上搭載了許多為難民和他們的孩子準備的露營床、被子和玩偶。後來這些人道設備的流向，就沒有相關報導了。

出人意料的是，梅克爾竟然是透過民粹主義傾向的美國總統川普，才認識到自己的責任。川普以德國國防預算過低為理由，和歐盟爭執鋼鐵和汽車稅率、美軍從德國撤軍、美國減少參與北約事務等等。他威脅德國欠北約「數十億美金」，[13]這倒是讓德國軍事預算終於有了起色。

但也僅僅如此而已。光是從二〇二〇年德軍 **KSK** 特戰指揮部進行的「竊佔武器免責繳回」計畫就可看出，聯邦國防軍的內部問題並沒有解決。特戰指揮部下令，凡是偷竊軍品的人可以在期限內匿名繳回，無須承擔責任，結果憑空冒出了數以萬計的子彈等軍品，繳回的數量遠遠大於申報遺失的數量。而陸軍特種部隊僅僅一千多人，可見這個近年來醜聞不斷的部隊問題之大。

德軍在國內的任務──儘管在憲法上尚有疑慮──頗受歡迎。每當水災、天災或新冠疫情爆發時，軍人們帶著鏟子、沙包和親切的言語趕赴現場。疫情期間，核生化部隊製造出消毒液提供給護理之家使用，高山特戰部隊陪著年長者一起玩桌遊，海軍幫忙威廉港的退休人員寫購物清單。裝甲兵也停止了出操演習，在疫情第一線的衛生局負責接聽電話。

在基民黨執政的十六年裡，不管是怎麼樣的政黨執政組合，都不可能贊同派遣聯邦國防軍到海外參戰。梅克爾還是反對黨領袖時，雖然承諾會在軍事上和美國等盟邦同一陣線，但事實上德國國防在梅克爾執政下的地位，比在施若德時期更不堪一擊。等到梅克爾結束總理任期時，國防軍的狀態將又回到了二〇〇五年的原點，她將會把改革聯邦國防軍這個議題，原封不動地傳給下任。紐約時報曾在二〇一六年十一月川普當選美國總統時，稱讚梅克爾是「自由世界的最後一位保護者」，[14]不過梅克爾只有在她身為反對黨黨魁時才會頭戴鋼盔。從她任職總理的第一天起，就把這頂鋼盔放到書桌抽屜最隱密的角落——旁邊放著的是代表情報單位的著名寬帽。

年金改革

梅克爾式的拖延原則，在一件日積月累的問題上特別明顯：年金。國家每年補助約一千億歐元，而且有越來越增加的趨勢。有鑑於人口結構逐漸老化，情勢在梅克爾執政之初就很明顯，必須針對年金問題拿出對策。這個不討喜的工作由她當時的副總理兼勞動部長、社民黨的明特費林承擔下來，逐漸將支領年金的年齡上修到六十七歲。選民當然不會因此感謝政府。

對總理來說，幸運的是到二〇二〇年疫情爆發之前為止，經濟成長狀況非常好，還可以負擔這些社會支出。梅克爾的時代對退休者來說是黃金年代，因為經濟景氣，創造了幾十萬個工作，這些工作都需繳交社會保險，因此比政治人物預期更大量的金錢流入了退休金帳戶。政府可以大肆揮霍。

年金可以讓勞工大眾在經濟危機當中依舊有收入，讓他們薪資降低時獲得保障，也讓母親們為家庭的付出而得到報酬，工作特別辛苦的勞工可以提早退休，更可保障低收入者無須另外尋求幫助。這些都是年金設立的原意。聯邦政府所提出的新條款則是：保險金額不應超過薪資的百分之二十，年金給付則不應該低於百分之四十八。在二〇二二年，聯邦預算就必須每年為這個社會福利額外撥出五億歐元。

每個人都知道，最晚在二〇二〇年代中期年金制度就需要整個大翻修。但是政府拿出的對策是，正如它在類似的情況一樣，什麼都沒有。它組成了一個委員會，在二〇二〇年三月提交出一個完全不意外的結案報告：「在現行法規下，每個人需要繳交的金額會增加，可以領取的金額會減少，而在二〇二五年起算的十年間，這個趨勢會發展得更快。」[15] 但立法會期已經過了，況且這個還不需要馬上解決的問題也還沒「成熟」。下一個政治世代要面對這個問題，每個世代都有自己的任務難題。而現任總理在年金政策留下的這個遺產，不可以稱之為遺產，而是一個舊的債務。

移民危機

二〇一五年的移民危機，對梅克爾執政的時期來說有一個特別的意義，有些人認為這是決定性的意義。許多政治盟友及敵人都非常確信，梅克爾在這件事上展現出從未有過的政治意志，證明了在必要時，她願意站在和大眾民意相反的一方。

自從二〇一五年夏天開始，約有一百萬移民進入德國，在這裡可以獲得史無前例的幫助。歷史上從來沒有一次是像這樣，公民社會是如此帶著熱心與耐心來接受國家已超載的事實。移民危機之前，梅克爾從未贏得如此多的贊同，同時又贏得那麼強烈的反對。

除了最開始，亦即當年九月初決定允許住在布達佩斯火車站、生活條件極其惡劣的難民進入德國外，整件事的發展並沒有太多政治意圖。新聞工作者羅賓・亞歷山大（Robin Alexander）在《被驅逐者》一書當中描繪了二〇一五年八月、九月的政治局勢。九月十二到十三日這個具有決定性的夜裡，也就是德國邊界即將關閉的夜晚，亞歷山大特別注意到一件事：政府害怕做決定。梅克爾的反對者長期指責她「把邊境大門洞開」，她的支持者則是為此讚美她。兩者都錯了。

最終德國國界沒有真正關閉。並不是因為有人反對才這樣，「而是單純因為在這個決定性的時刻，沒有人願意為關閉國界負責。」亞歷山大寫道。[16]

有些照片令人心痛，開啟了這些火車站難民前往德國的道路：一輛掛著匈牙利車牌的雞肉香腸貨車，在二〇一五年八月廿五日被發現孤零零地停在奧地利高速公路的路肩上，車上的冷凍貨櫃裡是七十一位痛苦窒息而死的難民；三歲的敘利亞孩子艾蘭．庫迪，於九月二日被發現淹死在土耳其度假勝地博德魯姆的海灘。

另一邊是充滿著希望和伸出援手的圖像。德國「例外」收容布達佩斯火車站難民的事件，讓梅克爾聯想起一九八九年無數東德人離鄉背井來到布拉格的西德駐捷克大使館，渴望能獲得協助進入民主西德。就像當年西德決定開門讓滯留布拉格的東德難民進入西德，直接導致了十一月九日柏林圍牆倒塌，二〇一五年也是從火車站難民事件，展開了讓統一後的德國團結一心的革命性過程。當這些載著難民的列車開往德國時，動人的景象讓觀察家認為這將會是歷史上一段充滿希望的佳話，從此過著幸福快樂的日子。

他們完全低估了這些感人照片可能帶來的效果。這些從布達佩斯出發、抵達慕尼黑的照片，透過手機、訊息程式、各種社群媒體即時分享出去。「德國邊界開放了，凡想來的都不會被拒絕」的訊息立刻在難民、人口販子及還沒有做決定要不要離鄉的人們當中快速流傳，讓越來越多人想要仿效。

這次的大規模移民不只對移民輸出國，同時也對目的地國家造成內部不穩的威脅。總理沒有做任何反制的動作。

因為她相信，經驗已經告訴她，所有的危機都有自己的運行模式。最開始的時候群眾會群情激動，會擔心，會要求政府拿出作為，來點激勵人心的動人演說。在這個階段裡是充滿恐懼的。聯邦政府會給人信任感，穩定社會及經濟的情勢，保證國內財力足以應付。幾個星期後，鬱悶感和習慣性會漸漸產生。最初的害怕沒有了，但危機仍在。此時對總理本人和聯邦政府的質疑會越來越多——這種模式在金融危機時如此，在移民問題、疫情期間也一直都是這種運行模式。政府官員受到民意譴責，因為他們竟然讓混亂發生，只是在觀望著危機的發展，既沒有辦法也沒有政治理想。

但最終，起碼梅克爾自己的經驗是如此，一切都會好轉的。德國會因為良好的危機處理能力獲得稱讚，人民不再憤怒了，經濟成長，生活水準提升，一切回到危機前的狀態，換句話說：德國就是做得到。一切就像魔術。在自己的國家內沒有急需迫切的重建工作，沒有邱吉爾式的「血水、汗水、淚水」的演說，沒有戲劇性的轉折。總理會確保這些。

在移民危機的事情上不太一樣。歡迎的氣氛漸漸消散，而不滿的氣氛卻縈繞不去。過了好幾年之後，梅克爾依舊無法在移民問題上將歐洲或是自己國內帶到與她同一個陣線。她讓自己所屬的基民黨和巴伐利亞邦的姊妹黨基社黨幾乎完全分裂；她和自己的內政部長、前巴伐利亞邦總理霍斯特・澤霍費爾弄到形同陌路；她拿越來越專制、只因為得到大筆金錢才願意收容難民、刻意貶低歐洲盟友的土耳其總理艾爾多安（Recep Tayyip Erdoğan）一點兒辦法也沒有。而二〇一五和二〇一六年發生在德國的事，也深深影響了英國做出脫歐的決定。「最簡單的事實是：無論我們贊成留在歐盟這方提出什麼理由，移民入境的數量確實太多，也拖太久了。」[17]

同一時間在不同層面都發生太多事情了，遠遠超過梅克爾心裡相信的危機發展模式。或許她也根本不願意處理。

整個德國社會分裂了。一邊是「閃閃發亮、光明的德國」，另一邊是「黑暗的德國，尤其是發生難民居所被攻擊或甚至仇外舉動攻擊人身的事件時」。前任聯邦總統約阿希姆・高克這樣形容。[18]在二〇一五年十二月卅一日除夕夜，大家發現，在「黑暗的德國」裡不是只有仇外者、種族主義者和極右派，也有暴力傾向的外國人。在科隆中央火車站有數百名年輕的移民騷擾參加跨年慶祝的女性，這個事件在幾天以後才被揭發出來。氣氛有了一百八十度轉變。不是只有總理，而是媒體也被指責刻意不報導外籍罪犯的消息，媒體避免報導質疑的聲浪，只是一味配合政府呈現早已是太超過的歡迎移民氣氛。現在，國內治安成為最重要的議題。

其實這時只需要警察、聯邦憲法保衛局、聯邦情報局跟政府一起以最高效率處理，就可再次贏得人民的信任。但就像其他的危機一樣，德國雖然為了危機發生儲備了大量的公務機關和人員，但大事真正發生時才知道一切的超前部署都是假的：金融危機時證實了這些銀行監察人一點兒用都沒有；在移民危機中移民暨難民辦公室不得不投降承認無能；在疫情時期各地衛生局不堪負荷。每次危機，都是靠著之後的遺忘來解決，等到危機解除，這些行政機關就會舉辦大型研討會，討論自身如何現代化，等討論完之後也沒有人，沒有內政部長也沒有總理，會把結論普遍貫徹實施下去。

在移民危機裡，總理先前因為出於害怕而對情治機關保持距離的態度，終於造成了情治機關的反撲。聯邦刑事警察署、聯邦警察、憲法保衛局以及聯邦情報局的首長們半公開、甚至公開毫不掩飾地表達他們的擔憂，認為難民潮會對德國國內安全形成重大威脅。後來他們強烈指責總理到一個地步，讓外人看來他們的工作似乎不是要保護國家，而是要搞垮政府。

總理和這些情報單位首長有多快形同陌路，可以在當時憲法保衛局長漢斯─喬治・馬森（Hans-Georg Maaßen）身上最清楚看出來。二〇一五年九月，馬森尚未看出難民潮中可能會混入危險的閒雜人。不過幾個星期以後，他公開對大眾提出警告，依照憲法保衛局的情資，伊斯蘭恐部份子嘗試在難民集中地招兵買馬。在這個時間點，這位憲法保衛局長已經和總理徹底翻臉，他沒有任何顧慮了。後來果然證實恐怖份子確實利用難民身分進入德國、法國、丹麥和奧地利並展開恐怖行動，他又說，他從一開始就擔心這種事會發生。

二〇一六年八月，一個德國人在開姆尼茨城市節活動中被一位來自敘利亞的難民刺死，不只在開姆尼茨這座曾是「卡爾馬克思城」的地方引發眾怒，許多業餘拍下的影片中可以看到極右派人士和一般民眾在大庭廣眾下隨意攻擊移民。聯邦政府和邦政府都認為這是「獵巫」。[19] 但這時馬森又沒有任何作為了，他甚至質疑影片的真實性。後來他被迫辭職，下台的過程只能用轟轟烈烈四個字來形容，差點搞成梅克爾政府的危機。下台後他終於可以大聲說出他對難民政策的質疑，並以同樣的高分貝把這一切悲劇的錯誤推給總理。

馬森不過是一連串「總理太晚才認知到該開除的人」當中的代表人物罷了。二〇一五年的秋天，總理還覺得和自己國家裡的人民是站在同一陣線的，沒有人能像她代表這個「光明的德國」，國內和國際上皆對她讚譽有加。許多從來不會投票給基民黨的人，現在都成了總理的粉絲。而她的內閣也跟著附和總理的立場：國防部長烏蘇拉．馮．德萊恩大力讚美難民曾受過良好教育，社民黨政治人物西格瑪．嘉布瑞爾（Sigmar Gabriel）則別著「歡迎難民」的徽章入鏡拍照。

有幾個星期的時間，梅克爾充滿了希望。大多數的聯邦公民熱切地提供幫助，為這些戰爭難民提供語言課、儲物間、住所和社會文化課。這是繼二〇〇六年在德國舉辦世界盃足球賽後，再次在德國人民心中燃起謙虛的驕傲：德國人並不糟，相反地，德國人是最棒的！他們已經記取了歷史教訓，再次以最正面的態度，為自己的表現感到讚嘆。

對總理的崇拜和讚揚排山倒海而來，這是梅克爾本人在她最狂野的夢中也無法想像的。她，一個不追求虛榮、不擅長演說的施瓦本地區家庭主婦，成為德國的理想形象。甚至在梅克爾因為難民事件而辭去基民黨魁時，平時極為嚴苛的《時代週報》記者珍娜・亨塞爾（Jana Hensel）還大力讚揚：「我非常確定，有一天我們會確認，她是對的。她對難民問題的名言『我們做得到』是她對我們能夠說出最大的讚美。她將她的高度和尊榮，作為給我們德國人的任務。我們會做到，即使她已不在那個位子上。」[20]

收容布達佩斯火車站難民的五年後，位於希臘莫里亞難民集中營的帳篷失火，整個集中營被燒毀，全球都能看見現場苦難又絕望的照片。但這次不再有人關心這些難民的需要了。即使德國擔任二〇二〇年歐洲理事會輪值主席國時做了不少事，包含跟英國的貿易協定、金額高達七千五百億歐元的疫情紓困計畫、歐盟提供給各會員國具有約束力的預算等，但在難民議題上毫無進展，東歐人對梅克爾在難民議題中所扮演的角色還是非常不滿。他們在這個看似友善又無害的強國裡看到了歷史上曾出現的倨傲態度，認為德國霸凌他們剛成型不久的民主。這些國家在梅克爾執政十六年後已經無法忍受這種把他們也框住的歐洲價值。他們頂多是因為德國的出資，才願意繼續跟歐洲連結在一起。

這是總理一個人的錯誤嗎？當然不是。即使沒有她的參與，難民問題的衝突還是會發生，英國脫歐議題討論很久了，美國突然選出一個像川普的總統也是事先無法預見的。而且東歐國家也覺得不只是德國，連法國和英國也虧待他們。但總理在二〇一五年九月上半先是做出決定，再來是不決定的作為，則是一個錯誤——即使很多人不這麼認為。

總理府裡進行民調瞭解民意的預算年年在提高，因此通常梅克爾都能很早嗅出風向的改變。而出人意外的是，在難民危機中總理反而因為這種想要幫助別人的好意態度而無視於現實現況，這可是件大事。這種事從來沒發生過。有幾個星期的時間，她似乎失去了平時讓她敏銳感受到浪潮改變的本能。有幾個星期的時間看起來她似乎超越現實在執政。

疫情爆發前，在二〇一五、一六年間來到德國的移民有三分之一已有工作或正在接受職業訓練。幾乎沒有人會想到，這些來自敘利亞、伊拉克或阿富汗的移民，會在短期內又大量回到自己的祖國，因為移居的目的只是希望取得身份。一個基民黨幾十年來阻擋的移居條款，原本制定的本意是要引入經濟移民。原本的激情已經冷卻，移居條款的本意，德國做到了嗎？

這一次德國做到了。但移民專家說，這只是時間的問題，遲早會再度有幾十萬人移居前來歐洲。那時梅克爾已經不是總理了。她不肯為上述的現象施行預防措施，她認為，每個政治世代要解決自己世代的問題。這可以說是現實主義，也可以說是拒絕改革。

廢核和能源轉型

梅克爾很看重科技的進步，當然還有氣候保護。如果能夠有什麼東西能將這兩個連結在一起，就再好不過了：核能。它可以安全地製造電力，而且不會產生二氧化碳，這個特性使核能成為柯爾執政下保守的能源及氣候政策之新寵兒。核能發電廠不是問題，而是解答。基民黨／基社黨就是帶著這種看法與大學生、另類思考者、左派自發主義者對立——準確的說，就是與大多數自己的下一代立場相反。這種世代衝突讓執政黨成為箭靶，也因此在一九九八年失去政權。

當梅克爾於二〇〇五年當上總理時，整個情勢有了基本上的改變。之前由社民黨和綠黨所組成的「紅綠內閣」決定廢核，他們認為應該要由再生能源強勢取代核能。為了這個目的，政府啟動了一個大型的資助計畫。梅克爾上台後承諾會取消廢核的決定，但也會保留並擴展再生能源的補助。在梅克爾執政下的能源政策堪稱「令人震驚」。最後先是核能重啟，不久之後是再次永久的廢核，建造最貴的能源系統，而且並沒有減少任何的溫室效應。「雖然為再生能源做了很多事，但矛盾的是，為氣候保護卻很少，」經濟學家尤斯圖斯・霍卡普（Justus Haucap）感嘆。[21]

梅克爾一小步一小步的能源政策，到最後變成一個迷宮，充滿了命令、禁止條款、補助和支持計畫、稅收、關稅、汙染標章、例外和條件，這個複雜度讓印度新德里龐雜的公車網絡看起來像是寫給小孩子看的解說。若有人能夠熟知這一切，可望獲得不少好處。政府每年為能源政策所做的補助超過了三百億歐元的資金——由納稅人支付，而納稅人根本搞不懂政府的能源政策。

核能是西德時期具有象徵性的政治議題。68世代因為反對核能，而有機會進入政治、議會和政府。「我是人，我拒核」這個標語，是綠黨的內建基因。而舊的社民黨長久以來樂於擁抱核能技術進步。對基民黨／基社黨來說，核能是一九七〇年代石油危機後，能夠為國內提供安全且源源不絕的能源之基礎。

然而，一九八六年四月發生在車諾比的核能事故改變了一切。在東德，大多數隸屬教會的環保團體悄悄地討論事故的後果。「從那時候開始，很多人就持續投入這個議題。」綠黨主席凱特琳・艾卡特（Katrin Göring-Eckardt）回憶。[22]畢竟，德東地區有兩座核電廠也是蘇聯式的建築構造，它們是東德經濟的驕傲，就如同列寧說的，「共產主義是蘇聯的力量加上電氣化。」

東德執政黨和國安單位日夜逮捕、搜索和監視環保團體，但這些團體並沒有因此消失，相反的，他們是日後和平革命的動力。而兩座東德的核電廠在統一前因為重大管路缺陷而拆除。

在統一前的西德，車諾比核災也深深影響到一般人民對核電的看法。對核能的看法是一種社會標記，就像二十一世紀人們對氣候變遷的想法可以顯示出他們屬於社會上某個族群：保守派、已婚、可能住在鄉村或中型城市的人贊成核電；政治上的左派、沒有婚姻關係只是共同居住、住在西德的大城市或柏林的人可能反對核電。一九九四到九八年間，梅克爾身為基民黨的環保部長，理所當然站在贊同方。她深深相信核能是「可以被控制的」。[23]自從一九九四年以來，她一直贊成核燃料儲存箱運往戈爾萊本地區存放，還因此學習到影響她未來政治生涯的最慘痛經驗：千萬不要相信跟妳說「一切都沒問題」的商界領袖，他們會讓你賠上官位。

當時下薩克森邦邦議會和邦總理施若德支持廢核，並利用阻擋核廢料運送這件事，把核能問題提高到聯邦的政治層級。梅克爾握有權力，她的黨和能源企業都站在她這一方，但已長期得不到人民的贊同。一九九八年間社會大眾獲悉，核燃料儲存箱不像企業所宣稱的安全無虞，而是在箱外也會有輻射，讓梅克爾相當崩潰。她向來是以物理學家的膽量反駁所有的質疑：「不管在哪個廚房烤蛋糕，都有可能會散落一些烘培粉。」[24]但她現在只好停止核廢料的運送。她的政治生涯岌岌可危。最終只因為她可以證明，她已經提前將「箱外也有輻射」這個訊息公諸於民，才得以留任部長職位。

此事之後，梅克爾和企業的關係就毀了，她覺得被騙，而且在關鍵時間還被出賣。「我覺得我被蒙蔽了。」梅克爾在二〇〇四年與媒體的訪談中如此敘述。她也認為，這些企業和產業公會玩弄了她的政黨，「部分企業只要碰到基民黨執政的聯邦政府，就很不配合——也正好在生態議題上。」[25]而當時的聯邦德國企業協會（BDI）主席漢斯—奧拉夫・亨克爾（Hans-Olaf Henkel）在一九九八年跟社民黨一起慶祝勝選之夜時說，「我永遠和勝利者在一起」[26]，這件事使得身為基督教民主黨的梅克爾永遠不會忘記。

雖然在梅克爾擔任總理期間，身邊不乏來自企業界的顧問：德意志銀行總裁約瑟夫・阿克曼、媒體界女強人弗麗德・斯普林格和麗姿・孟恩、麥肯錫的尤爾根・克魯格（Jürgen Kluge）、全球企業管理系統領導商 SAP 執行長孔翰寧（Henning Kagermann）、家族企業大亨尼古拉・萊賓格—卡穆勒（Nicola Leibinger-Kammüller）等人都常被邀請至總理府商討事情。而梅克爾起碼在有一段時間裡，還跟一些女性顧問保持不錯的私人友誼。

自從核廢料運輸箱的事件後，梅克爾知道，在必要時刻不能信任這些生意人。「別讓我再跟企業界打交道，」據說梅克爾在後來的執政時期，與企業界針對企業稅改革的爭執過後，曾嘆氣地說。那時企業家們無法達成共識，並將罪過都推給總理府。梅克爾與企業兩方漸行漸遠，直到梅克爾的任期結束，裂痕都沒有修補，也讓這些企業家和經理人在公開場合支持梅克爾在黨內的競爭對手弗雷德里希．梅爾茨。

「總理喜歡我。」前福斯汽車執行長馬丁．文德恩（Martin Winterkorn）據說曾說過這句話。[27]實際上是這樣的：金融危機之後，聯邦政府為了紓困汽車產業，推出一項巨大的舊車報廢獎勵金制度，以刺激購車消費。而且梅克爾身為汽車大國的總理，一而再再而三在歐盟爭取不要過度嚴格限制汽車廢氣排放標準。

但是付出的愛並沒有得到回報。福斯汽車帶著極大的惡意竄改汽車的廢氣排放數據，此事在二〇一五年九月被揭發以後，福斯需要支付數十億的罰款，執行長要坐牢，而顧客嘗試以集體訴訟的方式，爭取一部份的賠償。

其實經歷了核廢料運輸箱事件，梅克爾不會過度期望了。但她身為基民黨黨魁還是非常訝異地發現，以前企業界的盟友在一九九八年基民黨敗選之後，是如何諂媚地與新的「紅綠內閣」政府打交道，輕鬆完成了廢核運輸的安排。這讓前環保部長、捍衛核能的梅克爾顯得被孤立。

對外，那些核電公司執行長嚴厲地質疑紅綠內閣的政策。對內，他們倒是可以與現存的法規好好共存。他們可以繼續經營核電廠到二〇二二年，反正已經沒有人想要建新的核電廠了——電費太便宜，不值得投資，人民也不會接受，有輻射性的垃圾還不知道可以存放在哪裡。此外，對於再生能源的補助看起來是這麼地美好，讓最強硬的大型電廠經營者都無法繼續無視這個好處。

只有梅克爾心裡還無法擺脫這件事。基民黨已經決定了，如果他們再次執政，鐵定會停止廢核。而在與社民黨共同執政的期間，梅克爾得到了一個寬限期：在她的第一任期不碰觸這個議題。等到二〇〇九年終於出現了與自由民主黨共同執政的「夢幻聯盟」時，這個題目立刻列在政黨結盟協議的優先討論事項。

同時間，德國的能源政策一團混亂。基民黨和自民黨為這整個瘋狂的歷史多加了一個篇章；二〇一〇年秋天重啟核能，延長了核能發電廠的執照。面對外界，他們把這個決策定調為氣候保護的一個過渡科技。「因為再生能源尚未完全開發，我們目前還不能放棄核能。」當時巴伐利亞邦邦總理霍斯特．澤霍費爾是如此對人民解釋能源轉換的。28

過去一切辛苦都白費了。人民不能理解這種說法。執政黨派的支持度在民調中明顯降低，而反核能的綠黨，則是上升了兩位數。

二〇一〇年三月十一日，日本發生大地震，巨大的海嘯淹沒了整個沿岸，福島的核電廠也受到波及，造成了核燃料熔毀。至少有十萬人被迫離開家園，整個修復工作一直持續到今日。而在當天早上還是支持核能的梅克爾，在晚上發表談話：「在日本發生的事件，對全世界來說是個重大轉折。如果一個像日本如此具備高度安全措施的國家，都無法即時避免因為地震和海嘯所造成的核能後果，那像德國這樣的國家也不能小看這件事。」29

不到兩天的時間，就完成了再次廢核的計畫。即刻停機。專家委員會於未來幾週成立，秋天之前完成立法。不能違背主流民意，最好趕快完成這件事。梅克爾就像平常一樣強硬。

但是在巴登－符騰堡，傳統上基民黨執政的大本營，該邦選民一樣也出奇地強硬。該年三月的選舉上，人民早就不滿年輕高傲的邦總理，不滿他對核能的熱愛，不滿他在斯圖加特市建造大型火車站，現在這些憤怒匯聚到了一塊。基民黨無法對應，擔憂終於成真，在這個傳統挺黑（按，黑色為基民黨的代表色）的邦出現了史上第一位綠黨邦總理。這是國家政治結構的土石流。這也是綠黨第一次明顯具備挑戰成為國家級執政黨的能力，不再只代表中間選民的力量。

但梅克爾陣營卻好像一副一切從未發生的樣子。明明應該要繼續檢討並重新制定能源政策，卻什麼也沒做。雖然在多年後制定並執行了新的、有意義的二氧化碳稅，但並沒有因此取消舊有的獎勵工具，只是略加更改，參與者的資格限制或放寬，或是調整資助金額。

目前德國全國電力有超過三分之二依靠風力和太陽能。但獎助的辦法卻停留在古早年代，彷彿還得說服下萊茵地區固執的農夫在自己的土地上裝設風葉，在牛圈的屋頂架設太陽能板一樣。電力消費者每年支出三百三十億歐元去獎助再生能源，讓這些再生能源的經營者越來越富有。此外，還要為沒有日照或風吹的日子，支付儲存能源的費用。而將電力從風大的北德送往產業密集的南德所衍生的運輸費用，也是由納稅人買單。另外從二〇二一年一月開始，累進的二氧化碳稅還附加了溫室氣體排放費用。

國家需要一個政府，一個能將過去二十年間由資助、負債、直接補助和投資所形成的混亂作個了結的政府。一個單一專注在氣體排放費用、引擎科技、工廠排放和暖氣限制值等事項的政府。梅克爾執政下的政府不是如此。

梅克爾的錯誤並不是因為在福島核電廠事件後廢除了核能，而是她沒有確實完成能源轉換政策。例如只因為二〇二〇年必須執行高達數十億歐元的減少碳排放政策，因此在二〇二〇年夏天就以每輛九千歐元的購買補助將電動車大量推向市場。

PART 7

令人失望的事 Enttäuschungen

二〇二一年一月的某個星期五晚上，柏林會展中心下轄Hub27展覽館內的一個會議廳裡，即將卸任基民黨主席的安妮格雷特・克朗普－凱倫鮑爾（以下簡稱ＡＫＫ）強忍著眼淚，站在空無一人的會議廳正中央，只有高科技攝影機冷冰冰的鏡頭對著她。受到新冠疫情影響取消實體黨員大會，黨代表和黨員們坐在家中電腦屏幕前線上觀看。ＡＫＫ對著鏡頭發表告別演說，感性的致詞深深打動了與會者。她用沙啞的聲音說：「無法實踐大家的期待和個人的自我要求，讓我深感沉痛，今日此時亦然」。[1]

ＡＫＫ很失望，因為身為基民黨主席、預定總理候選人的她，必須讓位。

AKK，以及「成為梅克爾」的藝術

稍後鏡頭連線到聯邦總理府裡的梅克爾，出現了一貫的畫面：歐洲旗、德國國旗、桌子、水杯。她回顧總理任期內的政績，接著大概勾勒出全黨未來的任務。理性、有條不紊、不拖泥帶水，沒有一個字提到即將離去的AKK，也沒有對黨內同事的個人評論。如果以圖像來區分這兩個女人，她們這時的表現就再清晰不過了：一位感動得熱淚盈眶，為告別燃起了溫暖的營火，她要感謝黨的地方很多，然而她無法勝任領導的工作；另一位，黨要感謝她的地方很多，她卻恪守分寸，像一名受邀前來致謝詞的國賓。一位梅克爾從政多年的夥伴說：「從那個星期五晚上她的表現看得出來，基民黨對她的意義不大。」這番話再次證實了從梅克爾從政初期開始，大家就一直抱持的懷疑：**她是才華橫溢的權力管理者，但純粹依循理性，她對基民黨、黨員和從政同儕沒有歸屬感**。一名女性從政夥伴在她任期結束時評論：「她對黨瞭若指掌，但無法抓住人心」。

二〇一八年在一大群很像梅克爾的保守黨候選人當中，AKK脫穎而出獲選成為梅克爾的接班人，因為在支持她的黨代表們眼中，她還有一個獨特之處：雖然她跟梅克爾很像，但是她有感情。身為新的黨主席，跟她的前任梅克爾以前一樣，她也安排了一系列「聆聽之旅」，她也像當年梅克爾一樣在基層培養支持度。她組織了一次關於難民政策的「工作討論會」，並在移民危機發生五年之後的二〇二〇年初，化解了跟基社黨當年的不快。她仿效前任的作法，又不完全跟前任一樣，同時心裡暗自希望（即使她公開否認）梅克爾會讓出聯邦總理府的位子。但是安格拉．梅克爾並沒有這樣做。

把黨主席和聯邦總理府、把感性和權力加以分開，一向都不是個好主意，在基民黨尤其如此。當事情棘手時，還是聯邦總理說了算。最後正如大家所預期的，離職的不是聯邦總理，而是黨主席。

新手無以為繼，老將大權在握。二〇二〇年二月AKK卸下黨主席職位之前不久，基民黨在圖林根邦的選舉中對上了偏激極右派德國另類選項黨，不幸慘敗，此時AKK獨自現身柏林展覽廳，對這場挫敗的解釋是：「（敗選原因）關係到黨的精神。」[2] 基民黨人已經有好多年不曾聽到他們的黨主席女士使用像這類的字眼了。黨的精神？

事實上，AKK完全弄錯了方向。

德國東部愛爾福特市（Erfurt，圖林根邦首府）的基民黨極右派議員違紀和德國另類選項黨合作，選出了自由民主黨候選人為總理，這件事無關基民黨的「精神」，卻跟戰術、權力、威信和不信任大有關係。AKK當然注意到，選黨主席時她只獲得了黨代表票的半數；她也知道，如果有人細問，大多數基層民意會投給來自紹爾蘭邦的弗里德里希．梅爾茨，但是AKK還是衝到圖林根邦去監督選務，意圖撥亂反正。她沒有認清一個事實：她捍衛的是她尚未擁有、也永遠不會擁有的黨主席權威。圖林根邦的黨內議員都在看她的笑話。梅克爾總理這時插手了，當時遠在南非訪問的她用簡明有力的幾句話就擺平了這件事：「事情發展到這個地步是不可原諒的，此結果必須導正。至少基民黨的黨員要遵守黨紀，不得加入這次自民黨邦總理所領導的政府。」[3]

這無關乎黨的「精神」，重點是權力。AKK搞亂了層級，如果她從這樁禍事中吸取教訓，多堅持幾個星期——比如像自民黨領袖克里斯蒂安．林德納的作法，他的政黨在圖林根邦也一樣大敗——AKK真的有可能成為基民黨女性從政者當中最具有梅克爾風範的，但她顯然有太多不足，像是對權力的直覺、分析的智慧、耐性、毅力。最重要的是，她沒有分辨對事不對人的能力，不管遇到什麼事情和屈辱，她都視為是針對她個人。這一點跟梅克爾總理、或是她的黨主席職位的接班人阿明．拉謝特都完全不同。

政治上的失誤固然嚴重，但心灰意冷更糟。梅克爾和AKK兩位女性從政者內心都受了無法修復的傷害。她們對彼此的失望是顯而易見的。

時至今日，基民黨、基社黨和社民黨這些大政黨不僅視自己為贏取權力、行使權力的政治團體，而且還是有共同理念和價值觀的共同體。將近一百六十年來社民黨仍在宣揚「更美好的世界、公平正義社會」的願景。在另一端，對基民黨來說，黨的宗旨是自由、安全、市場經濟及「連結西方世界」。由此可看出兩黨間的根本區別：社民黨的DNA是可更動且有相容能力的。不過最近社會民主黨流年不利，在政黨競爭中已不再一枝獨秀，相較之下其他黨更懂得彰顯自己的優點。基民黨的精神似乎已經沾滿塵土，更在一九九〇年前後、不知何時結凍了自己的精神——儘管基民黨在此期間曾兩度修正黨的基本路線，並正在籌備第三次。

冷戰結束、極端的全球化時代和快速的科技變革，對保守派而言都是這世間的新煩惱。他們無法在不折損自身價值觀的情況下順應時代精神。他們的理念精髓何在？歷史學家和基民黨黨員安德烈亞斯·呂德（Andreas Rödder）說：「對保守主義而言，沒有永恆的真理……我們今天認為正確的事，明天可能視為錯誤，這種認知能保護保守派不淪為嚴苛的教條主義。」[4]但保守的基民黨幾乎分不清什麼時候是今天、什麼時候是明天，因為變化來得太快，讓人應接不暇。弗里德里希·梅爾茨和他的追隨者渴望塑造「主流文化」，試圖在瞬息萬變的當代拋出時間之錨，這樣人們至少可以停一停腳步，思索一下黨的「精神」何在。

信念蕩然無存

梅克爾的做法不同：她不問為什麼黨要存在，她只問黨的存在有什麼好處。對她來說，黨既不是政治信仰的團體，也不是讓一切安全無虞的保障，而是一個以理性執政的中介機構。在她的理解中，基民黨不需要「精神」，黨需要權力才能執政，基民黨需要掌握聯邦總理府。

為此，她接受讓AKK（她差點就成為梅克爾的接班人）、讓黨和選民深感失望的後果。**除了保有權勢，她不允許黨有其他目標**。音樂家華格納的崇拜者安格拉．梅克爾對當今政壇不抱有一絲浪漫，管理基民黨不能感情用事，唯有理性處理。一個政黨越有信念、形象和所謂的堅定立場，它就越快失去在政黨結盟中達成必要妥協的能力，這麼一來，遇到危機無法迅速解決的風險就越大。

這就是梅克爾在基民黨的傳統精神無法延續時，無情地將其擱置一旁的原因。當傳統精神變成妨礙的時候，就會被清除一空，它剩餘的部分就像聳立在萊茵河谷兩岸的城堡廢墟。若有人想緬懷往昔，隨時都可以盡情欣賞！

例如，在二十一世紀的民主社會中，無法禁止同性戀享有跟異性戀一樣的權利。由於憲法法庭已多次對此作出裁決，基民黨必須更正自身「一男一女組成婚姻和家庭」的傳統觀點。而基民黨之所以願意放棄這個固有立場，原因之一也是黨的領導人認為，把政治能量投入一場註定失敗的戰鬥是沒有意義的。

黨裡的傳統派夢想在二〇一七年聯邦競選時，能夠靠攻擊「兩性平權婚姻」從德國另類選項黨那裡挖回他們流失的選票，梅克爾卻冷冷的回應：基民黨要顧及的中間選票，數量遠遠超過反對「平權婚姻」的保守人士。為了不想有人看不清這一點，她親手終結了這個爭論。

二〇一七大選年初夏，她應《布麗姬特》(Brigitte) 女性雜誌社之邀，在柏林的馬克西姆－高爾基（Maxim-Gorki）劇院、也是德國最新穎的劇院之一，分享她的工作、政治、及家庭與工作如何兼顧。這本不是什麼特別的訪談，但結果卻變得很不尋常。分享一個小時後，一名基民黨選民提問，他想知道，為什麼他不能像異性戀伴侶那樣跟他的伴侶結婚。現場可清楚地看見和聽到梅克爾總理內心的掙扎，她不斷重複糾結的語句，直到她的想法逐漸定形，最後終於含含糊糊的吐出「讓良心決定」的說法。5

遵照聯邦總理的提議，婚姻平權議案提交聯邦議會投票表決，並取消「基民黨團議員不准跑票」的約定，最後平權婚姻法順利通過。因為除了基民黨／基社黨的大部分議員，絕大多數國會議員都贊成所有的伴侶都享有同等的權利。

事實上，這不折不扣反映了黨的傳統精神與黨魁之間無法解決的衝突。基民黨保守派深切的失望是可以想像的：**他們眼中黨的核心精神是價值永存和歷久不衰的，但對大眾民意來說，這種想法不僅無聊、甚至是危險的廢棄物，無論如何都必須盡快清除**。而國家最重要的兩個仲裁主體──聯邦總理和憲法法院──也跟大眾的想法一樣。

如此一來，保守派的許多堅持漸漸消逝，而聯邦總理和黨主席又無力提出其他的理念當成黨的核心思想，甚至根本沒這個意圖。基民黨的年輕世代、中產階級政治家卡斯滕．林內曼（Carsten Linneman）和兩黨青年聯盟主席蒂爾曼．庫班（Tilman Kuban）在二〇二一年二月提出「積極貢獻、個人責任和個人自由」為黨的新指標。[6] 梅克爾想必有一種苦澀的似曾相識之感。這正是她二〇〇三年在萊比錫黨代表大會上提出的建議。當時她獲得多數贊同票，可是那之後，無論在黨內還是在國內再沒有後續發展，她也沒有為此奮鬥，而是當作她個人的一場經驗，這事就不了了之了。

意志和想像的世界

二〇〇四年大腦科學家沃夫．辛爾在柏林舉辦的梅克爾五十歲生日宴會上受邀發表主題演講，當時梅克爾還只是在野黨的黨主席，當年的她還會對革新和未來的憧憬侃侃而談。辛爾是科學家，他不僅懷疑人類有自由意志，且懷疑人類的創造力：「我們必須視自己為演化的一部分，而這演化的過程是人類無法操控的。我們必須明白錯誤是必然的，不可能有高人一等的智慧，我們必須停止主導未來的空想，必須認清自己的侷限。」7

當然囉，這位神經學家談的不是政治，而是他的研究：人腦細胞和蝸牛腦細胞之間的差異。但今天黨內有些人會希望，若是當年他們有注意聆聽科學家的話就好了。因為正當生日宴會上絕大部份來賓在演講中睡得不醒人事的同時，安格拉．梅克爾為她後來的執政風格找到了科學依據。當時她仍然以政務官的身份在施若德執政的政府裡工作，之後她會找到新的定位、並視政治為一種自然演化的過程。

身為在野黨，高談執政理念還無可厚非，但身為執政黨，如果想跟自家人在情緒上取暖，付出的代價可能是耗損內力，並為政治敵手加分。這也是梅克爾自二〇〇五年就任總理以來不做任何定論、不過分高調、不假辭色的原因。基民黨的責任比其他政黨更重，它畢竟是執政黨。放任自己的情緒、探索自己的心靈，梅克爾堅信這些她都不能做，因為她必須履行職責。能切實運作、處理眼前的實務，遠比黨的理念更重要，這一點很難強求黨員理解，一般公民就更不用說了。因為它意味著，放棄政治理念可視為一種美德，而非罪惡。

正如辛爾所闡述的。兩德統一時，梅克爾就認識了這位科學家，當時她去他在法蘭克福的馬克斯．普朗克研究實驗室拜訪他，雙方都留下了深刻的印象，後來幾年他們常見面。她習慣跟自然科學學者相處，她的一名顧問回憶說：「她是一位在生活中實踐科學的自然科學學者。」她跟辛爾談論人類大腦研究、自然科學和政治，幾年後辛爾在接受《明鏡週刊》採訪時表示：「我想我們當時討論過，政治是否可取法自然。」[8] 梅克爾總理認為可以，而黨裡大多數的同儕都持相反意見。

安格拉．梅克爾和她的黨之間有一種對外光鮮、對內疏離的關係。柯爾對她的政治才幹及面對挫折的抗壓性獨具慧眼，繼而任命她為部長、副黨魁。直到一九九八年基民黨在大選失利後，她的東德背景才在政治運作時凸顯出來。隨著選舉到來和接下來的基民黨政治獻金醜聞，柯爾的執政體系必須快速交接，她是唯一可以賦予整合全黨重任的人選，同時，她的崛起象徵著統一後的德國割捨了西德基民黨保守的價值觀和傳統。

黨內許多人至今對此仍然無法釋懷，最終梅克爾成了黨內精神創傷的不散陰魂，換句比較友善的說法是：她永遠是自家派對上的受邀客人。

她從不談論自己的感受，許多人認為，多年來她一直不允許自己這麼做，但隨著總理任期接近尾聲，還是越來越能感受到，失望也在折磨著她。近年來少數幾次的情緒性失控顯示這種挫敗感有多深，二〇一五年九月十五日有人指責她那張有名的「與總理自拍」照片加速了難民潮的來到，她回應：「如果我們必須為了在『危難時刻展現友善的面孔』而致歉，那麼這不是我的國家。」[9]梅克爾以她特有的手腕來規避指控並藏身事後，她表示：並不是她和難民的自拍照片，而是在慕尼黑火車站朝難民伸出援手的德國公民的照片，讓世人知道德國「接受難民」的立場。她讓國家跟她一起擔起責任：「……我們露出友善的面孔。」[10]每個人都可以感覺到，難民潮開始後幾天，不僅邊境、移民局和急難收容所進入了緊急狀態，在德國內部、聯邦總理和她的國家之間也進入了緊急狀態，導致兩敗俱傷。

或許這同時也是她個人的緊急狀態。二〇一五年七月她在羅斯托克市（Rostock）和女學生們談話。來自巴勒斯坦的女孩黎姆．沙惟（Reem Sahwil）告訴總理自己所承受的壓力，她和她的家人無法規畫未來，必須時時刻刻面對遭到驅逐出境的恐懼：「我想上大學，眼睜睜看著別人可以享受生命，自己卻不行，實在很不好過。」[11]這時梅克爾總理說了一句話——稍晚她不但用行動收回了這句話，且在歷史上寫下新頁——她向黎姆解釋從政者兩難的立場：她個人恨不得立刻核准她的個案，但所有的從政者都知道，在黎巴嫩、在非洲，有「成千上萬」的難民正期盼能逃到歐洲：「這超出了我們的能力範圍。」

話說到此，本沒什麼特別，但女孩開始哭泣，梅克爾心疼的說：「我們不想讓你們陷入這種處境，為難妳了。」她放下政治人物的矜持，走近女孩，安慰她——這個動作讓她成為國人挖苦的對象，不僅是梅克爾，黎姆也被社群媒體詆毀。早在數十萬難民抵達前，德國社會的兩極發展就已經白熱化。梅克爾被嘲諷，說她跟難民庇護法一樣冷酷、不通人情，黎姆則被臭罵，說她該識相點離開德國。幾天後黎姆對《週日畫報》（Bild am Sonntag）表示：「若是梅克爾總理沒有實話實說，我會更難過。」[12]

《紐約時報》認為這件事「扭轉了一切」。[13]比較務實的觀察家則說，黎姆造成了一些改變。無論如何，六星期後安格拉．梅克爾在記者會上說：「我們面對難民問題的原則必須是：我們做得到（wir schaffen das.）。」[14]這話一出口，就成了接續數年不斷傳誦的名言，對某些人來說，這是一個承諾，對另一些人來說，這是苦澀的失望。

過去梅克爾曾出色地化解了眾多危機，讓自己一再當選連任，難民危機發生後有人開始質疑梅克爾總理的執政能力——同樣的情形在新冠肺炎危機期間也發生多次。她沒有立刻決定要採行哪一種政策，像是關閉邊界或是開放邊界，而是先要求關閉邊界，再表示開放邊界是一種可能性。

哈比人失去了故鄉

許多人覺得梅克爾在二〇一五年的這幾個星期內躍昇為頭頂光環的時代性人物，成為諾貝爾和平獎的候選人，這是一種甦醒。出現在大家眼前的安格拉．梅克爾有血有肉，她終於說出她真正的信念，終於正面對決全球的氣候變遷和貧困危機，牧師的女兒終於表明了自己是一個真正的基督徒，終於不再猶豫、直接行動、終於、終於、終於……她終於賦予她的總理生涯意義。

也有許多人既失望又憤怒，他們在這些日子裡被逐出「夏爾」（Auenland）。心理學家史蒂芬．格林瓦德（Stephan Grünewald）用托爾金小說《魔戒》中的這個比喻來描寫德國發生移民和難民危機之前的氛圍。[15]在托爾金的書中，「夏爾」的居民哈比人愛好和平、安逸的生活和美食，不管發生什麼事都不以為意，他們過著恬靜悠哉的生活，只有當敵人從山後冒出來，將他們手中的啤酒杯打翻時，他們才會察覺來自外部的威脅和挑戰，然後才火冒三丈。

格林瓦德認為，梅克爾掌政期間德國形成一個像「夏爾」的地方，令人不悅的現實只能有限度地進入這個國家。「夏爾」的居民不歡迎改革，他們不理睬「更積極的心態和加強個人責任」等呼籲，這是梅克爾政治生涯中的一大遺憾。梅克爾不斷用一個令人不安的信息提醒她的哈比人：「我們歐盟的人口佔世界人口的百分之七，這數字當然不多……我們的生產量佔世界國民生產總值約百分之二十五，但我們也有將近百分之二十五的世界社會福利支出，這說明了我們所面臨的挑戰。」[16]

梅克爾曾經非常認真地提出這些讓人印象深刻的數字，多年來，這些數字已經在柏林政府論述中淪為所有政黨陣營的萬用武器。它們可以用於贊成和反對開放邊界、贊成和反對勇氣可嘉的族群融合政策（移民）、贊成和反對自由貿易或歐洲的共同經濟政策。梅克爾最初把這些數字整理出來，是為了鼓勵德國人創新、追求新知、勤奮工作和投資，但她的用心最後徒勞無功，因為她執政十六年來已經讓她的選民戒除了對政治問題的感知力。二〇〇五年選舉之夜，她向黨員所承諾的「明確政策」，至始至終並未兌現。[17]

在向國民解說社會財富和收入與再分配之間的關係時，* 她像是坐在遊樂場鬼屋列車上的友善幽靈，在鬼屋裡把人嚇得魂飛魄散，再帶他們火速衝去棉花糖攤買棉花糖壓壓驚，再也不要重蹈二〇〇三年萊比錫黨代表大會的覆轍。她的女性友人之一解釋：「要鼓動社會大眾有所行動時，她從不參與。」相反地，她任自己被主流思想綁架。

不管梅克爾對於人民否認現實的心態有多失望，在與民眾對談、市政廳活動或討論時，她通常會把這份失望非常謹慎地藏起來。她的眼睛會變得很小，眼神十二分不耐，雖然她會說她一點也沒有不耐煩。只是看起來如此。但從她精簡的語句、從她回應的意願都看得出來，她受夠了。

二〇一五年九月三日一個美好的夏末晚上，梅克爾獲頒瑞士伯恩大學的榮譽博士學位，當天有開場、致詞、頒發榮譽博士學位、致謝詞、還有與學生們進行談話等節目。在此同時，無數難民湧進布達佩斯火車站，局勢緊繃到了極點，很明顯的，數小時內勢必要做出決定。一位中年婦女問：「您打算怎麼保護我們的德國文化？」總理瞇起眼睛、輕轉一下眼球，接著說：「充滿恐懼的文化和社會無法主導未來。我們想信奉哪一種宗教都有充分的選擇權與自由。」

---

*譯按：社會財富和收入與再分配（Leistung und Umverteilung）是經濟學上的名詞，這一段文字要表達的是，梅克爾談到資本主義取得的財富資源如何分配到社會上、如何跟社會共享，這是很現實的議題，但對德國人而言是個危險又恐怖的政策，因為大家都擔心自己的利益受損，就像經歷了鬼屋的驚嚇，但梅克爾只是點到為止，她很快就讓大家離開鬼屋去吃棉花糖，忘記驚嚇，大家都要快樂。她不會再犯二〇〇三年萊比錫黨代表大會時，提出無法實施的議案的錯誤。

她提醒在場聽眾，歐洲公民與當前逃往歐洲的許多難民間最基本的區別。[18]不僅如此，接下來是少數梅克爾提出的嚴厲批評之一。她用了許多副句，以避免它們像主句那麼咄咄逼人：「我不覺得因為某人信奉回教而責備他是對的，我們也應該有勇氣承認自己是基督徒，也該守規矩、進進教堂或者讀點聖經。如果您看過德國中學生關於聖經節期『五旬節』的報告，就知道我們對西方基督教的認識並不深，但我們抱怨回教徒熟悉古蘭經，這我覺得有點奇怪。也許這場討論可以引導我們回到自己的根，並對自己多一些認識……我們完全沒有理由傲慢自大。」[19]

她的話顯然不只針對在場的瑞士來賓，同是也傳達了她任職十年來所累積的沮喪。她任期中最艱難的幾個月還沒有到來，但她這時已感受到讓她的國家停滯不前的，正是這種雙重道德標準，如果想解決人口老化的問題，德國必須在未來數年內成為一個接受移民的國家。

「夏爾」——舒適圈策略已經走到盡頭，同樣的情形也出現在新冠疫情大流行期間。雖然梅克爾期待德國公民能夠有彈性且寬容，但她本人並沒有努力說服他們離開既有的舒適圈。相反的，多年來她已經習慣以「保持現狀」為政策目標，而非改革。她沒有讓德國人分享她對科學的追求探索與熱情。她可以巨細靡遺地細數國內所有的政策性問題——氣候、退休金、健保、擴充寬頻、教育、城鄉差距、競爭力……但她不會冒險，不會用具體的政治理念來說服選民改變，競選連任永遠列為第一優先。她甚至沒有好好闡述兩德統一送給她的最大禮物——自由——的真正含意，好讓大家瞭解自由是對未來的期待與許諾，而非德東人民當年因兩德統一體會到的生存威脅。

顧不得會失去執政十六年來選民、支持者和黨員的擁護，只要能達到組成執政黨的目的，她可以接受黨和選民的遞減。基民黨內部的批評者指出，她本身對德國另類選項黨崛起的反應相當從容，因為，若是德國另類選項黨在聯邦議院中壯大，正好可穩定兩黨聯盟作為執政黨的地位——德國另類選項黨和標榜民主的基民黨天差地遠，但諷刺的是另類選項黨卻鞏固了基民黨的政治勢力基礎。只要沒有人願意跟極右派政黨合作，就算基民黨／基社黨的選舉成績不佳也足以執政，因為少了基民黨／基社黨，其他黨的聯盟不可能產生多數席次。這也解釋了，為什麼二〇二〇年圖林根邦的基民黨議員並不覺得與德國另類選項黨合作一次有多嚴重。

正如梅克爾傳記作者格爾德．蘭格斯所描述的，基民黨人受益於這種「以追求權力為最高意志」的理念，但黨卻停止在內涵上自我挑戰以求進步，也不接受外界批評，變得越來越僵化。直到一個額前有一綹藍色鬈髮的小帥哥讓基民黨看清了事情的嚴重性。

二〇一九年五月，五年一度的歐洲議會選舉前幾天，YouTuber 瑞佐（Rezo）發布名為「基民黨的毀滅」（Die Zerstörung der CDU）的視頻。[20] 視頻的內容在清算政黨的毫無作為，譴責政府的現實主義，控訴執政黨為了權力犧牲一切，對未來毫無規劃。在一小時的獨白中，瑞佐診斷出政府在資源貧富不均、氣候和數位化等主題上的無能。短短幾天內，視頻的瀏覽量就超過了五百萬次；兩年後，已經有一千八百萬人點閱。

在這個視頻中，把「氣候大罷課」（Fridays-for-Future）示威活動——有家長共同參與、要求採取更多地球暖化對策——詮釋為執政黨對年輕人的政治背叛。基民黨陷入一種驚嚇過度的呆滯，他們先打算由基民黨的後起之秀菲利普・阿姆索（Philipp Amthor）當主角錄製視頻加以反駁，但黨的領導階層覺得拍視頻太輕率了。最後基民黨用長達一頁的書面聲明表達立場，加以反駁，再度論述，然後列出黨的政績以期功過相抵。

基民黨領導層沒有認清這個視頻事件真正的殺傷力：在梅克爾時代成長的年輕一代當中，很大一部分人厭惡地背離了她，他們厭惡政治運作中的妥協（雖然這是無法避免的），他們要主張他們的權利。而老一輩人則不以為然，認為妥協就是政治的一部分。這是不斷循環的世代衝突，但年輕人並不想鬧革命。

瑞佐不留情的炮轟政府的「政績」、無能的政客、腐敗的機制，在很多方面他都是對的。年輕一代不要求遠大的政策訴求（地球暖化對策例外），不要求願景，也不要求新的方案。他們要求政府好好的、確實的、稱職地和正確的完成他們的份內職責。

年輕一代的訴求很少如此務實，政府卻連這些基本訴求都無法滿足，這不僅讓永遠的執政黨基民黨感到尷尬，而且令人絕望。因為它揭露了梅克爾政府行事上的一大弱點——只點出議題，但不深入議題加以妥善處理。政治界明知有錯、但卻不改正的態度，讓年輕一代尤其覺得深沉的失望，二十一世紀前數十年的「夏爾」桃花源對他們而言遙不可及。

人物與故事

梅克爾總理的反應一如既往：她指出基民黨總部和黨內新領導階層的錯誤，並忽視眼前的事實，那就是，瑞佐的視頻「基民黨的毀滅」其實也可以名為「安格拉．梅克爾政府的毀滅」。

她在內閣的行事法則同出一轍，一名前內閣成員描述梅克爾的領導方式是：身為國家元首，她不親自推動事情的發展，而是為可能進行的改革找出執行的空間，哪些官員能善用這些空間，他們就成功了；誰搞砸了，就必須離職。真的想要有所作為，政府領導人不需要規劃政策或黨大會的決議，她只需要得到授權——這通常已在合組政府之前的政黨聯盟協議中載明，或是為了因應危機而產生，她需要的是適當的時機。

推行政府方案時，還有以下兩個決定性的因素：有沒有人願意赴湯蹈火、全力以赴？有沒有一個民眾既能理解又能認可的「說法」？

聯盟協議勢必令人失望，因為它總是必須妥協。諷刺的是，基民黨／基社黨通常是聯邦議院最大的黨團，卻不得不做出實質上最大的讓步，因為它視自己為永久的執政黨，所以結盟政黨可以要求特殊優待——尤其是結盟政黨心裡都有「四年後被別的黨取代」的心理準備。到今天為止，凡是與基民黨／基社黨姊妹黨結盟的任何政黨，都沒有給自己帶來好處過。史上兩次「基民／基社與社民黨大政黨聯盟」（二〇〇五到〇九、二〇一三到二一年）嚴重削弱了社民黨。而二〇〇九到二〇一三年自民黨參與執政時期，不但造成本身嚴重的傷害，還任自己被敵對政黨打擊，終而在二〇一三年完全撤出聯邦議會，此一重創的影響一直延續到二〇一七年之後：自民黨主席克里斯蒂安．林德納不同意與基民黨和綠黨結盟，因為他怕「執政時出錯」。事實上他真正的意思是，他怕再次慘敗。[21]

政黨之間有協議並不表示大家都清楚知道要推行的政策項目、時間及要推行的強度，協議只描述政府可接受的運作方式，危機發生的考量並不包含在內。

梅克爾總理自認應負責找出重要議題，決定方向，其餘的工作應該由有專業知識的部長們來完成。廢除核電議題就是很好的例子，這個案例具備了爆發性、政策解說（說法）和主導的人士。福島核災難後社會情勢大逆轉，只剩極少數人繼續支持核電。環境部長諾伯特．洛特根是推動廢核的不二人選。不過在幾個月前，他才盡全力保住了德國的核電，條件是現有核電廠的使用期限稍微延長，而基民／基社聯盟內的保守派相信，有核電才能實現氣候目標。當然，福島事件過後，洛特根談到淘汰核電是一種「學習過程」和「革命」時，受盡聯邦議院議員尖酸刻薄的譏諷。[22]但事實上跟基民／基社聯盟或是自民黨的議員比起來，他還可稱無愧於心，至少，他很早就對核電議題表明過反對的立場。

在廢除義務兵役的處理上，不論推動的人和「政策解說」都配合無間，氣宇軒昂的國防部長卡爾—特奧多爾．楚．古滕貝格是政策代言人，二十一世紀聯邦國防軍職業化是產品內容。比較起來，梅克爾曾在萊比錫黨代表大會上承諾過的重大稅法改革，就缺少做事的人和順利的發展。在這個可說是發明公平資本主義、實行「社會市場經濟」的國家，竟然幾乎沒有人對一般經濟政策感興趣。經濟部像燙手山芋在不同的政黨聯盟夥伴間傳遞，自認還有一些前途的從政者都不願意讓企業財團恣意擺佈，政治的主要舞台早已轉移到財政部了。

致力於稅制優質改革的官員快速且毫無戀棧的離開。梅克爾首任總理時的理想財政部長人選保羅．基爾霍夫（Paul Kirchhof）——先前選戰時被施若羅德嘲弄是「從海德堡來的教授」——早已重回學術象牙塔。自民黨領袖吉多．韋斯特韋勒（Guido Westerwelle）還是高唱著減稅的看法，但連自民黨本身在聯邦議院黨團聯盟中都沒有人提倡減稅。而且，更糟糕的是，風向變了，稅改計劃的時機已經過了。德國金融危機結束後，已經很少有人認為政府過度介入，就算有的話，也是不痛不癢。新的強勢人物是財政部長沃爾岡．修伊博勒，早在展開行動之前，他腦中就已經有了「政策解說」——零赤字，這比減稅的「政策解說」有說服力多了。

而梅克爾呢？在她執政的四個任期中，她個人沒有任何足以跟阿德諾執政時期的「連結西方世界」、威利．布蘭特的「東歐政策」（Ostblockpolitik）、柯爾執政時的兩德統一、或是施若德推行的二〇一〇大議程等政策相提並論的政績。只有在發生歐元和金融危機等嚴重危機時，她才以政治領袖之姿現身——但不是提出變革的可能性，而是承諾盡快恢復正常的生活。

危機發生的間隔越來越短，梅克爾以維持現狀為訴求，漸漸在選民中失去了說服力。新冠疫情爆發前，一年旅行三、四次是否算正常？還是因為顧慮氣候變遷問題而不再這樣做，才算正常？在辦公室工作是常態，還是大家居家辦公才是正常？自由業工資、基本薪資、短期工作津貼等等只是應急措施，還是會成為新常態中的重要課題？此類問題不僅在競選期間常常有人提出，未來這些問題更加錯綜複雜，還充滿重重危機。二〇二一年一月梅克爾在基民黨代表大會上全無情緒的致詞當中說：「為了能夠執政，我們必須不斷的有所作為」。[23] 又來了：執政本身就是一種價值和目標。梅克爾深信，面對當前的政治局勢，至少在民主社會裡，只有一種方式可以成功的執政。它不優雅、沒有遠見、常常前後矛盾又不專業。這是她的執政方式，也是基民黨十六年來的執政方式。

PART 8

危機處理模式：新冠疫情 Katastrophen

二〇二一年三月的一個星期三，柏林政治圈的觀察家們清楚地看到：總理似乎快要出大事了。她的座車於清晨抵達總理府，她下車時大家發現，總理不修邊幅，沒有化妝，疲憊不堪。她走路時微微向前彎腰，歪著頭，一副沒辦法保持平衡的樣子。她身上穿的芥末黃西裝外套，使她的臉色看起來更加蒼白。攝影師從側面拍到了這個樣子的總理，照片立刻散播了出去。當天稍晚，梅克爾因政策向德國人民道歉。這是一個非常罕見的事件。

自從她開始擔任總理一職以來，沒人會關注總理的照片是誰拍的、什麼時候照的、如何拍的、從什麼距離和角度拍攝的。不好看的照片已經成為一種罕見的事。現在這些照片又回來了。在這一天，梅克爾不僅輸掉了「復活節假期封城」的戰役——這本來是為了避免新冠肺炎在德國爆發第三波大感染，她甚至失去了對自己形象的控制權。人們在照片上看到的是一個疲憊的老年婦女，看起來日子過得很不幸的樣子。這張照片象徵著她的影響力，以及她在危機中帶領國家的能力，都在快速衰退。

從力挽狂瀾，到身陷泥沼

總理能處理危機嗎？是的，只要她還掌握權力，可以平衡不同的利益團體。在新冠病毒大流行中，她一開始就掌握了成功政策的一切條件，但是最後幾乎什麼都沒有留下——除了那股在絕望中奮力拼搏的勇氣。**這場疫情危機是梅克爾總理任期的最高潮、最谷底和終點站**：任期的高峰出現在二〇二〇年春、夏之交，當時德國沈浸在一股「歐洲最佳防疫典範」的聲譽之中。而二〇二一年三月間，總理生涯出現了最低點，當時一輪致命的部長會議之後發現，原來政府的防疫措施都沒用。而梅克爾的終點則是二〇二一年九月的聯邦國會大選之後，她選擇告別這個職位。

梅克爾處理新冠肺炎的成功或失敗，牽涉的不僅是這位「危機總理」在歷史上的定位而已。過去在梅克爾的領導下，基民黨與她的巴伐利亞姐妹黨基社盟似乎已經穩居萬年執政的地位，但疫情可能造成這兩黨分裂。而在後疫情時代，德國和歐洲是否還能在世界上扮演主導的角色，答案也即將出現。

在她擔任國家領袖的最後十八個月裡，再度突顯出她最好與最壞的性格。首先，她是一個頭腦冷靜的政治人物，她知道該做什麼，也有能力去把它做完。她是一個科學家，她能夠理解什麼叫做指數型成長。比起德國或歐洲的任何政治人物，她擁有更豐富的經驗，並能夠善加利用。她擁有超強的可信度，因為從沒有人懷疑她有自己的政治私欲，大家也知道她沒有贏得下次選舉的野心。她擁有權威形象：德國人都很欣慰，因為能夠從總理這樣的人那裡，獲得「危機中該怎麼辦的指導建議」。[1]

而且她的防疫政策是成功的。在沒有造成醫療系統負擔過重的情況下，克服了第一波疫情危機，感染人數正在下降，而且僅僅用了一次（與歐洲鄰國相比）中等程度的封鎖，就搞定了這一切。二十萬名在世界各地旅行無法搶到回程機票的德國人，被外交部派專機接回國內。企業獲得紓困，低薪的工作者獲得暫時的津貼。超市裡再度有了衛生紙、酵母和糖，日常用的口罩都能以折扣價買到。經濟正在加速發展。世界看好了，德國又再次辦到了！人們交織在自滿與欣慰的情感中，大家都覺得：總理的智慧、總理的謹慎和人民的自律，帶領德國走出了一條歐洲無與倫比的獨特道路。德國真是個防疫資優生。人民以極高的支持率感謝梅克爾。

不幸的是，這種病毒顯然不會說德語。當它越過邊界來到這個所謂防疫資優生模範國家時，它也不理解聯邦制。二〇二〇年夏天之後的幾個月裡，梅克爾成為一個走鐘的防疫指揮官。

到了冬天，感染人數再次飆升，她已不再向各邦總理們提出防疫告誡，聯邦國會的黨團裡面怨聲載道，人們開始自行其道，為所欲為，這個邦自行宣告解禁，那個邦開始試驗不同的措施，聖誕節連續假期間還有人說要搞個例外開放群聚。跨年之後，政府的管制措施變得更加嚴格，可是公民們按照自己認為合適的方式安排事情。大多數人仍然支持強制性戴口罩、保持社交距離與加強環境與個人衛生，然而在此同時，儘管政府一再告誡，在家工作的人數越來越少，人群移動越來越頻繁，家庭又重新開始群聚。

同時這個病毒也正在發生變化：更具傳染性、更危險性的變種病毒開始高速傳播。然而在德國，大家覺得最重要的問題似乎是什麼時候允許公民去美容院。政府仍然無法保護老人和療養院所不受到新冠病毒的侵襲，成千上萬的老年人重症和死亡，兒童、青少年、學生無法正常學習，十一月和十二月的數十億元紓困金停留在官員的嘴巴裡，並沒有迅速確實地支付。許多地方衛生局在向羅伯特・柯赫研究所（Robert Koch-Institut，德國最高層級的疾病控制、預防、研究機構）通報疫情的時候，甚至還在採用傳真的方式。在第二波與第三波感染的初期，聯邦政府已經失去了控制疫情的能力了。

疫情最低潮出現在二〇二一年三月底，當政府已經不知道怎樣回答公民迫切提出的問題。政府決定在即將來臨的復活節連續假期當中，實施封城計畫，但是公民想知道，連續假期封城，這真的能確保安全嗎？誰來確保醫療系統的穩定？雇主與政府是否會支付這段期間的薪資，或者受雇者自己必須請特休假？假期開始之前，全國物流系統是否能在最短時間內將大量的尿布、蔬菜和冷凍披薩送到超市？這些問題都無法得到令人滿意的回答。

三月底，梅克爾的政策髮夾彎，復活節假期不再實施嚴格的封城。擔任總理十六年來，她第一次毫無保留地承認自己犯了一個錯誤：「這個錯誤全是我的。因為我對一切政策都負有最終成敗之責任。為此，我請求所有人民的寬恕。」[2]

新冠肺炎堪稱二戰以來最大的危機之一，在這個危機當中，聯邦德國竟然表現出一副責任太重、無力負荷的敗樣。政府欠缺前後一貫、又有彈性的防疫政策，政府內部的會議無法保密，會議中除了各邦的總理、中央部會的首長和總理本人，沒人知道誰在參加線上會議、誰可以聆聽線上會議、誰的手機甚至可能正在向各大媒體發送現場直播。即使是在最小的圈子裡，悄悄話和初步討論的建議，也可能會即時、實況地洩漏出去。

政治學家阿敏·雪佛爾（Armin Schäfer）和米歇爾·祖恩（Michael Zürn）說：「當代的危機，同時具有高度的『政治性』和奇特的『去政治化』。」[3]危機有很強的政治性，因為當國家受到威脅的時刻，所有的期望都指向了總理；危機看起來似乎被非政治化了，因為平常的民主機制運作中止了，國家改由總理與各邦總理透過非正式的會談來執政。聯邦國會身為共和國的實際立法機構，現在好像是冗餘的單位。聯邦制，本來是德國的優勢，一夕之間被證明是個問題。

諸侯砲打中央

二〇〇九年，德國景氣連續多年大好，各邦需要負責的行政事項漸漸由中央一肩挑起，聯邦政府每年還撥發數十億歐元的資金給各邦。以往德國有一套財政均等化措施，拉近財力較弱的各邦與經濟強大的各邦之間的差距，這套制度現在改由聯邦中央統籌分配營業稅給各邦。各級學校、菁英大學的設備大量依賴聯邦政府的補貼，擴大日間托兒所需的資金也高度仰賴中央政府提供，難民的住宿和照顧以及老年人的基本福利更需要中央政府買單。因此在新冠病毒大流行的初期，德國各邦基本上正在坐享數十億元的財政儲備，而且只需要負責一點點的醫療保健、教育文化、警力安全費用。這場危機證明，在先前那段中央慷慨補助豐厚資金、各邦負擔責任縮小的黃金時期裡，各邦總理早已徹底忘記了該如何進行治理。

大流行爆發幾週後各邦就開始大搶錢，不斷與中央進行關於金錢和責任誰屬的討價還價。這股中央與地方的爭執風波，更因為同時期展開的總理候選人資格賽而顯得更加激烈。二〇二〇年四月，幾個月後將成為梅克爾黨魁接班人的北威邦總理阿明．拉謝特展開了政治生涯的單飛。「對我來說，這一切都太病毒學了。」[4]他在四月十九日接受德意志廣播電台訪問時要求，政治人物應該再次出來擔當責任，親手掌握方向盤，立刻下定決心放寬封城措施。接下來幾週，他堅定站在總理嚴格封城政策的反對面。而擔任巴伐利亞邦總理的馬庫斯．索德爾，不久之後也將出面競逐總理候選人。

阿明．拉謝特反對嚴格封鎖政策的看法，在二〇二〇年夏天看來像是正確的，不過，情況到了秋天發生了變化。

當感染人數在十月間再度爆發時，有些邦的總理還不肯採取迅速嚴厲的對策。總理不斷告誡與懇求，又叫數學家們重新算給大家看，這種高度傳染性疾病的傳播會如何在幾天內加速，但一切都是徒勞無功。各邦總理們看到年老長輩對新冠病毒已經無感，看到兒童教育進度不斷落後，也看到零售商與餐飲業的絕望。「我們沒有做錯。我們只是做的不夠。」巴登符騰堡邦總理溫弗里德．克瑞特許曼（Winfried Kretschmann）在幾週後承認，[5]而他在圖林根邦的同事波多拉．梅洛（Bodo Ramelow）在二〇二一年一月份談到一個「痛苦的錯誤」，並向梅克爾脫帽致敬：「她是對的，而我是錯的。」[6]

新冠病毒的大流行不僅是梅克爾政治生涯的一個重大轉折點，對德國來說，能使用的危機管理策略也即將耗盡。在危機中必須迅速採取行動，但德國的政治制度是一種強迫性的緩慢：每項法律都必須在聯邦議會通過三讀，然後通常再交到聯邦參議會，在法條再次提交回到聯邦議會進行最終審議之前，事情往往就在無窮無盡的各黨團協調當中無疾而終。

這就是為什麼國家元首在關鍵情況下很重要。如同在金融海嘯、歐元危機和移民危機一樣，總理在新冠肺炎流行期間，不斷表示自己必須為國家確立防疫步伐，作出關鍵決定。但這次危機與以往不同：德國的《傳染病保護法》將對抗疫情的主要責任，交給了地方政府。而且這一次有兩位邦總理很不乖：阿明·拉謝特和馬庫斯·索德爾，兩人正在爭奪梅克爾的總理職位。一開始只是隱蔽地拉攏各方勢力，後來激烈而公開的在黨內選舉，又進一步使得新冠疫情的防疫隔離規定被破壞。

直到二〇二〇年十一月，總理和各邦總理們才設法規劃出一個計畫，為早已頻繁的社交活動踩下煞車：聖誕假期延長，傳統的露天聖誕市場不准舉辦，唱聖誕頌歌報佳音的活動取消，幼兒園小朋友的聖誕餅乾也不用烤了，除夕的煙火停止施放。到這個階段，柏林和各邦首府之間的關係已經被嚴重破壞。在十一月二十六日總理發表政府聲明後，基民黨／基社盟國會黨鞭賴夫·布林哈斯（Ralph Brinkhaus）爆炸了。他直言「我不認為中央與地方現行的財務收支劃分方式是好的，」他在國會怒斥道：「各邦和各直轄市得到了超過一半的全國賦稅收入，我期望各邦能在財政上負責，不要老是通過決議，然後就叫聯邦政府去做。」[7]當天的國會議事錄上清楚載明，執政黨基民黨／基社盟、反對黨社民黨、綠黨和自由黨派都認同他的發言。

中央大戰地方，從此開打。邦總理們相當火大。從現在起，這場戰鬥公開在兩個戰場上進行：針對疫情、針對彼此人身攻擊。梅克爾仍然擁有所有政治人物中最令人滿意的支持率，但是她的星光正在殞落。二〇二一年初，家長們依舊反對關閉學校在家上課，老人們拼命預約搶疫苗，大多數公司的帳戶裡仍然沒見到十一月份的紓困金。這也難怪各邦都想要不顧一切重新開放——即使染疫人數已經在重新上升。當梅克爾在三月份的圓桌會議上允許博物館、露天市集和美容院在嚴格的條件下開放時，新的變種病毒也正在迅速地蔓延。

報應很快就來了。醫院裡又擠滿了新冠病患。政府想要在三月底之前，打破第三波大流行的傳播鏈，可是總理與邦總理們的共同會議對此幾乎沒有什麼貢獻。總理按照先前熟悉的「梅克爾模式」試圖扭轉局面：她想「超前部署」，領先於形勢，重新再次掌舵。她為了復活節假期封城事件公開向人民道歉，接受德國公共電視一台權威主持人安妮・威爾專訪，再透過官方管道公開剝奪了邦總理們的權力。

夏日之戰

在所有關於封城、紓困、究責等等事情當中，整個政府從上到下都忘記了如何建立制度的彈性，以避免拉長新冠肺炎的流行時間。甚至梅克爾也沒有針對這點採取行動，雖然她比任何人都更早懷疑這件事會拖很久。「她沒有像許多其他人一樣，只是在希望情況會變好，而是她已經看到了事情的結局。」媒體引用了北威州的內政部長賀伯特・若伊爾（Herbert Reul）的話說。[8]

二〇二一年夏天，總理似乎放手讓疫情惡化。德國政府浪費了「利用感染率較低的季節」來超前部署的機會，所有與疫情相關的部會當中，沒有任何人組成危機小組來為第二波、第三波的大流行制訂策略。政府外包製作了一個新冠疫情預警監測 app，但受限於德國數位資訊保護法，這個應用程式蒐集到的資料幾乎無法使用。而這個應用程式以後該如何使用，從總理府到衛福部到內政部都沒人知道。

學校獲得了大量數位、遠距教學的資金，但幾乎沒有人在追蹤各邦、各校有沒有善用這筆資金，為學生提供必要的設備。衛生部門得到了中央交下來的新軟體，卻沒有人教他們如何使用。經濟部匆匆支付了給企業的第一筆直接紓困金，之後彷彿就沒事幹了。德國並沒有建立一個完整支援架構來因應未來的疫情發展。德國政府確實參股了一家疫苗研發商，但對德國與歐洲是否有足夠的生產設施來生產疫苗，似乎並不感興趣。這就像梅克爾時代經常出現的情況：有許多正確的決定，但是沒有執行的策略。而在她任期結束前的幾個月，她能依靠的忠心良臣也越來越少。這個夏天，好像只能靠希望來治國了。

以前述的新冠病毒預警 app 為例，全國大約有兩千七百萬人在智慧型手機裡安裝了這個應用程式，可以顯示手機持有者與感染者之間的聯繫。但是，被官員誇口為「對抗疫情的關鍵一大步」的這個 app，能發揮的效果竟然如此低落。[9] 主要的使用者是教育程度較高的人，反正他們可以居家上班，大幅降低對外的接觸。另一方面，收銀員、火車售票員非常容易染疫，但這些人安裝該應用程式的比例非常小。而許多大家庭的居住環境受限，在家裡即使是想避開對方也不行，他們也不認為手機裡的 app 有什麼意義。

開發 app 的廠商直到很遲才開始著手為他們的應用程式配備實聯制簽到功能及快篩結果顯示功能。通常支持政府的貝斯塔曼基金會用了九個月時間、耗費大約一億歐元之後，得出一個令人失望的結論：「只有當 app 能真正發揮作用，符合使用者的期待，社會大眾的接受度才會提高。」[10]

疫苗接種策略也是類似的情況。德國研究人員很少有機會能像這次一樣，以令人驚嘆的方式展示他們的能力。BNT疫苗的開發者吳沙忻（Uğur Şahin）和娥姿蕾・圖雷西（Özlem Türeci）這對夫妻檔科學家，因為德國的基礎研究成果、創新產品及國家與民間企業資金結合等諸多因素，成功開發出了疫苗，由輝瑞公司上市。幾個月後，德國也開始研發自己的本土疫苗CureVac。但好消息很快被幻滅所取代：德國和歐盟並不是首批接種疫苗的地區之一。

歐洲國家元首和政府機關早先已經將新冠疫情管理的很大一部分工作，移交給了歐盟執委會。梅克爾非常贊成這一點：歐盟成員國不應相互競爭稀缺的疫苗。二〇二〇年春季各國元首為了口罩、呼吸器的供應而爭吵的畫面，不應該在歐洲內部重演。經濟不好的歐盟成員國應該也有平等的機會，參與新冠疫情的防制工作。因此歐盟決定聯合採購疫苗，並從歐盟布魯塞爾總部協調歐盟的經濟重建方案。

但是在布魯塞爾，新人才剛上任。疫情爆發的前幾個星期，在二〇一九年才上任的歐盟執委會主席烏蘇拉・馮・德萊恩沒有成功地阻止歐盟內部的邊境關閉，導致各國對歐盟政策的不信任感不斷增加。然後，她過早開始幻想疫後大未來的局面，輕率地推進巨大的重建計畫「歐洲綠色協議」，同一個時間裡許多歐洲國家的疫情死難者連適當的靈車都沒有，不得不用軍用卡車從醫院運走。最後，她把疫苗管理留給了她的「歐盟健康與食品安全專員」（相當於歐盟的中央部會部長）詩特菈・凱里亞基德斯（Stella Kyriakides）負責，她雖然為人誠信正直，但對於疫情問題完全沒經驗。詩特拉又把購買疫苗的事務交給態度過於強硬的貿易專家桑德拉·加利納（Sandra Gallina）處理，她的談判價格是最低的，可是在採購合約上的小小字體中，竟然找不到有拘束性的交貨日期。這些問題，只有在世界各國紛紛收到疫苗、而歐洲根本沒有收到藥廠承諾的疫苗（或到貨太晚）時，才終於浮現出來。梅克爾雖然是歐洲元首當中少數深知市場力量的人，但她也知道自己以前手下的這位前家庭部長、勞工部長和國防部長馮·德萊恩在執行方面有明顯弱點，所以一開始並沒有積極勸誡歐盟執委會要留意，別再拖延了。後來總算出言警告，但強度也不足，無法達到威脅作用。

歐洲藥品管理局（EMA）似乎還在沉睡，要等到各國元首將它喚醒之後，它才恍然大悟似的開始為了批准疫苗的緊急授權而日夜工作。這又是一項無能的證明。直到二〇二〇年十二月中旬，歐洲藥品管理局宣布：自己正在日夜加班趕工，「遵循相同的歐盟高標準」，可望把核可施打疫苗的時間提早八天。[11] 天下太平的時候，一個星期的時間不並算長，然而，在新冠病毒大流行病中，就有差了。

總理在雲端：不接地氣的梅克爾

新冠疫情危機證明了，四級聯邦制——歐盟執委會、德國聯邦政府和聯邦國會、各邦或直轄市、地方政府——非常難運作。但總理已沒有能力去找辦法解決這麼複雜的問題了。大部分的人仍然信任她，可是她與其他政壇人物打交道時，手上已經沒有什麼權力工具可以使用了。綠黨主席羅伯特．哈柏克（Robert Habeck）接受德國《明鏡日報》採訪時說：「各邦總理以一種近乎可怕的方式，毀壞了她的威信，因為他們一意孤行，不加協商就自己搞自己的。」[12]

新冠肺炎危機顯示了國家的作用極為重要，這與移民危機的情況一樣。但同時，若沒有民間社會的支持，任何政策都無法發揮作用。政治學者指出，「國家的全能和無能」將會同時發生，[13] 這就創造出一個雙重困境：憲政體制的國家可以發佈法令規章，但國家自己再也無法可靠地執行這些命令規章；國家似乎只能建立一個「關懷制度」，而如果它想積極採取行動，就會有不斷滑向「鎮壓制度」的危險，亦即一個控制和監視的國家。[14] 國家必須依靠公民的自律與合作，讓他們待在家裡，用遠距授課彌補不能去現場教學的不足，或為生病的鄰居去購物。

更糟糕的是，公民社會本身也在分裂——分裂成那些願意協助他人（例如為生病的鄰居購物），和拒絕參與這種支持系統的人。移民危機時擔任聯邦總統的高克曾說到人性的光明和黑暗，這個情況在新冠疫情上也能找到。這種黑暗與光明的對比，在二〇二〇年八月下旬，反對新冠疫情封城措施的抗議者衝上柏林國會大廈的台階、揮舞著帝國旗幟時，達到了頂峰。

是時候重建一個總理直接接觸公民的管道了，但是梅克爾在她的四屆總理任期內，任憑它荒置。她再度舉行了「市政廳議會」和「公民對話」等活動，在這些會議上，她被描繪成平易近人、關切民生的模樣。但她一直沒有好好練習以公開演講直接面對群眾的能力。還是環境部長的時候，梅克爾曾經告訴女性攝影師哈琳德·柯爾珀說，自己永遠不會想要找專家來幫自己練習自信與群眾魅力。「我覺得這樣做，非常可怕，而且我都是從自己的經驗中得到學習。」[15]

她執政的全期都堅持這種態度，一切都要先在總理府規劃清楚，一切都要先把數據調查清楚，甚至連民眾的可能反應都要事前進行詳細研究。她甚至故意讓「梅克爾本人」消失在總理職位背後，她只是讀稿機，她只是發言人。通過這種方式，她可以成為一個投影屏幕，映照出選民和國民的需求。梅克爾的機智和幽默，只會偶爾在她與公民的直接交流中閃現。

在她任職的最後一年，她面臨著一個她再也無力解決的潮流：法律、國家控制和懲罰手段，在疫情之下似乎都發揮不了作用。總理必須親自上火線，親口呼籲公民守規矩。她必須讓他們認同她的政策。家庭會私下群聚嗎？他們如何與父母、祖父母見面？他們有遵守檢疫的要求嗎？這些問題，都必須交由德國八千兩百萬國民來決定，而梅克爾擔任著他們的總理。

她在二〇二〇年三月發表的電視講話，其收視率之高，通常只有歐洲足球錦標決賽才見得到。她為自己「要求在復活節假期強制停工」的政策失敗所做的電視道歉，將在歷史上留名。在德國歷史上，從來沒有一個國家領導人，繞過所有的民主機制直接訴求人民，請求人民寬恕元首個人的過失。可惜梅克爾的道歉語氣仍是一慣如常，好像跟她以往的新年講話沒什麼不同。她沒辦法不一樣。

《明鏡週刊》在梅克爾第一個任期結束時，對她的評價還很溫和，「她不擅長演講，這意味著她沒有充分利用政治機會」。[16] 那個時候的危機「只是」全球金融海嘯。這一次疫情，則是一個人命關天的生死議題，而梅克爾再一次（或是依舊）找不到正確的說話語氣。

她對於她所屬的基民黨，以及國會黨團的運作，都沒什麼興趣。這件事在疫情底下成為威脅基民黨生存的嚴重問題。基民黨的議員們在聯邦衛福部的口罩採購案當中竟然收取回扣中飽私囊，沒有任何罪惡感。這些人是基督教民主黨的議員，他們以前也曾經收受專制的亞塞拜然共和國賄款，而出面支持亞塞拜然。梅克爾依靠自己的廉潔與謙虛，為基民黨的民代樹立了行為榜樣。但她並沒有好好控制黨內的清廉文化。早在一九九九年十二月，她為了黨內貪腐案件而寫了一篇著名的文章給法蘭克福匯報發表，文章當中就說道，黨的未來「只能建立在一個誠信的基礎上」。但她傳奇的「梅克爾式的不輕易信任他人」風格——許多國會議員在這點上曾經證明了自己的廉潔——竟在疫情爆發的前幾個禮拜就破功了。說到底，這是關於治理能力的部分，而非關於黨和其代表的道德操守問題。

至於二〇二一年四月間，為了爭奪總理候選人資格的競爭裡，則主要是基民黨／基社盟議會黨團的成員，對自己和政黨造成了傷害。這些傷害，在未來幾個月的選舉活動中，將是無法癒合的傷口。這種問題要如何處理，德國綠黨已經示範過了，而且在二〇二一年春季獲得了回報：綠黨的民調支持率大幅衝高。在梅克爾總理任期的尾聲，基民黨／基社盟將面臨一個真正的大危機，這個危機在德意志聯邦共和國七十多年的歷史上，也只曾經出現過兩次，亦即基民黨在聯邦國會當中無法組成最強大的黨團。梅克爾也將不得不認真思考這一點。她沒有好好準備，為黨內規劃出她的繼任人選。

然而，她想做的事情，與她的導師柯爾完全不同。柯爾因為不想下台，導致全黨大敗。這是一個特別具有諷刺意味的歷史轉折：梅克爾在她的任期即將結束之際，有著與她前一位總理、長期的導師有類似的遭遇，當年他建立的權力揮灑風格與政治模式，至今已不復存。是時候該走了。

PART 9

梅克爾留下什麼 Vermächtnis

「任何看似如磐石、亙古不變的事，事實上都可以改變。」[1]

二〇一六年一個涼爽潮濕的十一月午後，德國在國際上的聲望達到了高峰之際，美國總統歐巴馬拜訪柏林，這是他卸任前的告別訪問。此行他還有一項最後任務：將代表民主西方的接力棒傳承給梅克爾，並說服她出來競選第四個任期。他說：「如果我在這裡，而且是德國人的話，那我會投票選她；我會支持她。」[2]這聽起來有點浪漫。但我們無法確定她聽了是否會開心。她微笑著，如同她被讚美時經常露出的一副受奉承時的淺斜笑容。

這一個星期以來國際間很不平靜，川普將成為美國總統，俄羅斯總統普丁自夏天以來就一直威脅著要發動烏克蘭戰爭。在土耳其，總統雷傑普．塔伊普．艾爾多安忙著要把軍隊、公務員、民間被控發動七月政變的壞份子抓出來關。英國在脫歐公投幾個月之後陷入了政治混亂。法國正在為二〇一七年五月的總統大選做準備，許多人擔心右翼民族主義陣線的領袖瑪琳．

勒・朋（Marine Le Pen）可能會成功選上。她在第二輪投票選舉中，才被艾曼紐・馬克宏擊敗。

那在柏林呢？在移民危機以及澤霍費爾對於收容移民人數上限事件的衝突之後，總理已經挺過了低谷，經濟運行良好，負債率下降；雖然勞動市場上缺乏專業人才。內部的氣氛一直不熱絡，但也沒有變得更糟。霍斯特・澤霍費爾是個政壇麻煩製造者，但大家已經習以為常。鑑於極右派的德國另類選項黨最近在邦議會選舉中崛起，梅克爾領導的大聯合政府內部和平氣氛顯得有點緊張。

但在國際夥伴看來，德國是一個穩定和可靠的據點，是歐洲的主導力量，是西方的堡壘。對各國來說，他們週遭的世界瘋狂又動盪，而梅克爾卻是理智而沉穩，她釋出合作意願來對抗專制者，以調停和談判來面對那些爭強好鬥的人，她以和解來反擊勒索的意圖，以友好觀望的等候來回應法國迫切的內政危機。面對極端的對手，她會提供對方折衷方案。如果遇上像川普這樣一個和她談不來的人，她就會一同邀請那位與川普共同執政的第一千金參與討論。而當歐巴馬稱讚她時，她仍然保持一貫的微笑。

在所有國家中，這個曾在二十世紀上半葉由於國家民族主義、反猶太主義和軍事擴張而使世界陷入災厄的國家，竟然是這個國家，現在成為全球公認的和平之鴿。俄國攻打烏克蘭，現場的調解者是德國和法國；中東和伊朗局勢動盪，法國和德國的外長立刻穿梭協調；德國公民在土耳其遭到拘禁，前總理施若德應梅克爾的請求前去談判；非洲局勢不平靜，她徵召前聯邦總統霍斯特．科勒出面到非洲為和平服務。

隨著歐元危機、二〇一五年夏天移民潮和川普當選美國總統，這位友善的德國霸主陷入了困境。希臘出現了一系列的嘲諷照片，照片上這位女總理被加上了希特勒小鬍子，還被別上納粹袖章。土耳其在與歐盟的難民協商中付出了沉重的代價，這個國家正帶著痛苦的心情悖離西方。川普要求德國提供更多國防預算，將歐洲列為「有安全風險」的地區，還想制裁歐洲經濟。在以往，德國可以氣定神閒地走出過去陰影，用友善、智慧、有道德的耐心和足夠的金錢去贏得世界威望，到了二十一世紀這樣的年代已經過去了。在二十一世紀充滿情緒的這十年裡，總理正從國際衝突的主持人角色，被強推到戰鬥的舞臺上。

當這個現實中不再存有共識，梅克爾身為總理的光環就會褪去，此時她只剩下唯一一個優勢——這個優勢她使用了相當多次：「時間，成了梅克爾最親密的盟友。」[3]報導歐元危機、梅克爾與法國總統歐蘭德不合等事情而出名的記者斯特凡．科內柳斯（Stefan Kornelius）如此寫道。這個優勢，在所有其他的衝突中亦曾發揮功能。總理比其他人有更多時間，她可以等待，直到其他人被淘汰。她自己仍然還在那個位置上。

她之所以留下來，並不是因為德國選民在一次又一次的選舉中熱情地認同她，相反地，基民黨在梅克爾時代中的四次選舉中，有三次失去了優勢席位，這些損失是慘重的。但總理從比例代表選舉制度中獲益，也從那些她用來打擊對手士氣的小伎倆中受益。她可以倚仗她那盲從政府的政黨和德國選民不願意改變的態度。她擁有其他國家元首缺乏的經驗和概況的掌握、聯絡的管道和執政知識。

政府首長們有一項特權，就是當他們邀請某人前來提供建議時，對方一定會來。這是梅克爾在擔任總理的這些年以來唯一大量使用的職位優勢（當然，她還有另一個優勢：保證能拿到每年在拜魯特舉行的華格納音樂節首演門票）。總理接待過企業家、工會成員、主教、女權主義者、氣候環境運動家、頂尖的科學家、諾貝爾獎得主，也會見了家庭專家、顧問、國家教練。她專注地傾聽他們的意見。如果妳的任期不是只有四年，而是連續十六年，並且毫無間斷地聽取各界專家的看法，再加上妳也擁有強大的記憶力，那就會累積出一些執政治理的通盤知識了。梅克爾大概是世界上最瞭解情況的決策者。

這卻不能保護她免於國內權力的衰退或受到侵蝕。然而，在外交和歐洲政策方面，她可以信任自己的經驗和知識，等待正確的時機。即使是現在，當合作夥伴變得越來越難搞的時候，她依舊是矛盾管理的大師。

新上任的法國總統馬克宏於二〇一七年九月廿六日在巴黎索邦大學以高昂的語氣談論著歐

洲：「歐洲是我們的歷史、我們的認同、我們的基準點。它保護我們，並為我們提供了一個未來。」[4]這些話或許會讓總理憶起她上任的最初幾年，當時她小心翼翼地處理充滿空洞願景的歐洲憲法的瓦礫，免得歐盟分崩離析。歐洲憲法和馬克宏現在所提出的「歐洲倡議」一樣，是一個令人振奮卻毫無希望的計畫。

馬克宏這番話剛剛說完，歐洲就將目光投向柏林。馬克宏獲得了壓倒性的反響，這位年輕總統從第一天起就是如此的熱情充沛和成熟！他與他那笨拙、總是顯得無能的前任總統賀蘭德是多麼的不同！有許多德國人嘆息：我們多麼希望能從梅克爾口中聽到這樣一場演講啊！

梅克爾的回答將決定歐洲經歷金融危機後是否有勇氣重新開始，歐洲是否能有更多的凝聚力，是否能擬定共同的移民、國防和氣候政策，以及歐元聯盟的共同預算。她現在必須決定，促使歐洲統一的德法引擎是否會再次啟動。

總理的作法是：什麼都不做。說幾句友善的話、偶爾接受一次採訪，除此之外：沉默。二○一八年過去了。毫無動靜。觀察者們緊張起來。會不會是總理已經忘記了馬克宏？二○一九年到來：在歐洲大選前馬克宏失去了理智，自行宣佈了「歐洲行動計畫」。[5]在這裡面，他暗藏了給德國的各種禮物，他拋出了誘餌：德國長期以來一直希望有一個共同的歐洲方式來管理數位公司並加以課稅。歐洲冠軍產業計畫，這還是德國經濟部長在一趟前往埃及的無聊旅程中想出來的辦法。一個聯合邊境保衛計畫或許可以解決德國移民政策的問題。關於這些，柏林那邊有稍微點了頭嗎？有實質同意嗎？不幸的是，聯邦政府不上鉤。

二〇二〇年二月，新冠病毒大流行，疫情蔓延至歐洲。二〇二〇年五月十八日梅克爾終於對馬克宏作出回應，不是發表重大談話，而是達成一項協議：德國和法國向歐盟提出一項五千億歐元的經濟重建方案，該筆金額將通過聯合舉債融資。之後，還將為特別受影響的國家增加兩千五百億歐元的額外貸款。

在梅克爾政治生涯最後一場大危機中，她也從「只要我還活著」就堅決反對歐元債券的態度，[6]轉變為一個歐洲債務計畫。這取決於是否有合適的時機，可以擺脫原有的穩定狀態，轉而接受新的現實，將其轉化為政治行動，並爭取到更多的支持。如果是這樣的話，那麼總理也可以為此而承擔風險，風險大到她乾脆忘記了她政治生涯中所做的具體承諾（數量很少）。時間不僅是梅克爾的盟友，有時它也是歐洲的隊友。

當總理於二〇一八年以即將卸任的基民黨黨魁身分告別她的政黨時，她制定了領導準則，她把它們藏在基民黨的「政治無霸凌宣言」（Politik-ohne-Mobbing-Manifest）之中，但可以確定的是，這些原本是她的個人原則，現在則成了黨的總綱領：「我們……永不忘記，基督教民主黨的立場是什麼。我們……與眾不同，但從不排斥他人。我們……或有爭執，但我們從不煽動或貶低他人。我們……一體尊重他人，從不挑起別人之間的紛爭。我們不會在經營自我和反躬自省中迷失自己；我們……是為了國家的人民服務。」[7]

總理眼裡的政治力量，是一種能夠使用安靜沉穩的語調時，所散發出來的力量，也是一種能夠尊重他人舉止的人所散發出來的力量。她要求轉換觀點，設身處地為他人著想、理解他們的動機，這樣往往能夠開啟理解之路。梅克爾願意接受這樣的事實：理解之後，或許會放棄自己原先的想法。

她的這種策略使用在其他地方比較成功，使用在基民黨內卻窒礙難行。基民黨強烈渴望領導人拿出偉大的行動，也強烈不滿梅克爾靈活彈性的世界觀。前議會黨團主席沃爾克．考德爾悲慘的仕途證明了基民黨內同志對她的信任程度多麼低。考德爾充分理解梅克爾的從政之道，他欽佩她，並將這種欽佩轉化為他對聯邦議會議員們不妥協的嚴厲態度。如果他們不想站在梅克爾的立場，他就強迫他們。到最後，他們將他拉下臺，永遠逐出議會。這是外表如此謙和的人，在內心懷藏的黑暗密秘：在黨內，沒有一點脅迫是成不了事的。

即使許多人不同意她的觀點或討厭她，但她實現了柯爾無法實現的、施若德不願意實現的目標：**德國成為歐洲的主導力量**。這股力量，掩藏在梅克爾的招牌菱形手勢之後，如同總理隱藏她自己一樣。因為**這股力量的本質是從旁扶持、協助牽引的，並非霸道統治主宰的**。

梅克爾在上任一個月後即在布魯塞爾針對歐盟預算折衷方案展開協商，當時歐盟因為先前的衝突已處於瓦解的邊緣。可想而知，她早已遍讀檔案，掌握了細節，因此她沒有糾結在當時法國總統席哈克和英國首相、當時歐盟理事會輪值主席布萊爾兩人的自尊心之上，因為她希望能達成協議，夜以繼日不斷協商，黎明即起持續推動。「今天下午，在總理上任不到一個月的時間裡，世界上的『梅克爾時代』來臨了」，[8]英國政治研究學者馬特・歐渥徒（Matthew Qvortrup）如此記載。

梅克爾是二十一世紀最現代的女政治家。她的友人，曾任國際貨幣基金總裁、歐洲中央銀行總裁克莉絲蒂娜・拉加德於二〇一九年在萊比錫大學的一場演講中盛讚她有制衡的能力。她高度欣賞梅克爾的勤奮細心和對資料的熟悉，又誇讚她的精力和決心，而且對她的責任感表示敬意。她說，梅克爾「更多的合作，更少的對抗」特質使梅克爾成為一個「我們都樂意追隨的」領導者。[9]

一般人就算不是克莉絲蒂娜・拉加德那樣成為梅克爾的鐵粉，也能理解拉加德話中的含義。二十世紀的公民對於一個領導者的期望——領袖魅力、戰鬥精神、使命感，以及最後像英雄般落敗——以上這些，在這位熱愛華格納音樂的總理身上正好都看不見，或者說她讓它們萎縮了。**她將這種不足，轉化成自己的優勢**——就像她作為女性的劣勢（個子不高、聲音小、較少的支持聲量）、東德出身、在自己黨內只有少數幾個朋友——然後逐漸浮現一種新的領導特質：**睿智、獨立、目標明確，沒有一絲激動的情緒**。政治學家卡爾—魯道夫・寇特（Karl-Rudolf Korte）觀察了梅克爾在四屆漫長的任期中顯而易見、但不引人注目的執政風格之後，讚嘆道：「這完全沒有一點英雄該有的氣概。」

唯有具備渾然天成的權威感，又不追求虛榮的人，才能用這種低調的方式領導。梅克爾的權威感在四屆任期中逐漸發展成熟，她那驚人的記憶力、專業知識和那找出不同立場間關聯性的敏銳嗅覺，增長了她的這種權威。而感性的部分，她留給其他人完成。

這些在外交政策上不是問題。一般來說，隨時都可找到太多充滿願景、大膽、聰明的或瘋狂的計畫。從這些過剩的想法中耐心梳理出有用的部分，拼湊出可以使用的折衷方案，這就是梅克爾式的政治核心。

拉加德將多邊主義（即許多國家、人物、利益的相互作用）比作沒有指揮的交響樂團。梅克爾忍受著這個樂團的不和諧，頑強地工作下去，她最後帶領所有音樂家達成一致的節奏、和絃和基本旋律。在國際舞臺上，她是極少數願意領導沒有指揮的交響樂團、而且能夠成功的人。

《時代週報》記者兼梅克爾專家伯恩德・烏爾里希（Bernd Ulrich）稱之為爵士樂。

二〇一八年十二月在梅克爾告別黨魁職位的歡送典禮上，基民黨把明星指揮家長野健

（Kent Nagano）的指揮棒當成告別禮物交給她。這表明該黨從未搞懂一點，也許也沒能力搞懂它：基民黨內部從沒有指揮家，在這個沒有指揮的管弦樂團裡，有各種不同的因素在影響著演奏，所以只能偶爾演奏出和諧的樂聲。樂團成員每四年需要簽一份新的勞動契約，這份契約書由選民簽發。這就是為什麼巴伐利亞邦總理馬庫斯・索德爾與他的同事、北萊茵—西伐利亞邦的阿明・拉謝特兩人之間，在二〇二一年四月為了總理候選人資格的爭鬥會如此的狠毒。許多當選的代表現在都在急切地找尋一位能在九月前將他們打造成一支和諧交響樂的指揮家，並且他們更希望馬庫斯・索德爾上任。

與那些政治上與她最接近的國際領袖相比，就能夠展現出梅克爾的現代性。歐巴馬希望改善美國，馬克宏希望歐洲變得更好，兩個人都很聰明，學習力都很強，就像梅克爾一樣。但他們想要的不僅僅是「凝聚人心、看到成果」，正如梅克爾曾經在《明鏡週刊》總結她對總理府工作極其微薄的要求。[10]他們想要創造意義、讓他們的國家再次意識到存在的意義。

兩人都是高教育程度選民心目中的希望之星，兩人都有熱情志願者全心支持他們組成群眾運動。社會大眾對明智政策的渴望、對社會進步的渴望，把他們捧上了國家元首的位置。但是，儘管他們在選戰中使用了社交媒體，就像之前幾乎所有的政治家一樣，他們依舊具有一些傳統的、傳教士精神般的特質。

歐巴馬的使命是在經濟危機後重振美國社會。建立一個國民健康醫療系統，每位美國人都在可見的未來擁有健保。這位有魅力的總統、他聰慧的妻子、兩個教養良好的女兒，誰可以置身事外呢？

可是這位總統卻失敗了。他非但沒有推動自由主義的政策去協調全國各種意見，反而加劇了國家內部分裂。全球化和數位化的受益者居住在美國的東西兩岸，這裡有好學校、優良的醫療服務、頂尖大學和高薪的工作，這些地區的居民被歐巴馬保證最低社會標準的想法所打動。在美國舊工業區和農業地區的人，對事情的看法是截然不同的。這裡很多人生活在貧困之中，但是他們卻堅持自己能夠支付醫療費用——或是乾脆不去看醫生。在中西部和南部各州，人民不禁感到，總統對當地居民的喜好、偏好或文化印記沒有絲毫興趣。結果，歐巴馬的繼任者是川普，他在競選時的承諾是，他所做的事會與前任完全不同。

艾曼紐．馬克宏的總統任期在當選僅幾個月後就陷入了大危機。在對汽油和柴油進行簡單的增稅之後，黃背心運動使國家陷入癱瘓，二〇一八年十一月，近三十萬名穿著黃背心的民眾，在法國各地發起抗議活動，抗議總統和首都巴黎的菁英，因為總統和菁英們無法理解，每公升柴油調漲七分錢，累積下來對一位鄉下居民來說是個負擔。

隨著他的魅力不再，馬克宏將目光投向柏林，複製了梅克爾的方式，但是程度更大。《大辯論》（Le grand debat）聽起來比梅克爾的《公民對談》更浮誇，但原則上是一樣的。馬克宏在全國考察了兩個月，聽取了公民、市長、學校校長及員警們的想法與抱怨，並承諾會擬定一份行動計畫。

最終，歐巴馬和馬克宏都輸給了右翼民粹主義的勢力。他們的魅力和聰明才智反倒過來吞滅自己。從政壇的年輕新星變成了疲憊和失望的政客，他們甚至在任期結束前就夢想著之後將寫出的暢銷書。

歐巴馬和馬克宏的那條路，梅克爾只走過一次——在難民危機之時。她想創造意義，想要為人道的歐洲開闢一條新路徑，至少在那一刻，她覺得自己和國家是同心協力的。但事態發展嚴重地走了樣：因為德國人就是那副德國人的老樣子，因為不是每個難民都是「難民應該有」的樣子，也因為梅克爾就是她的那個樣子：她沒有貫徹執行，沒有在她必須做出決定的時候勇敢承擔風險。二〇一九年時總理在哈佛大學的畢業生前說道，「當你走出去的那一刻，也是冒險開始的時刻。」[11]這句話的意思，恐怕就停留在字面上而已。

她只冒了這一次險。她的崇拜者表示，那是個讓人瞥見這位總理真實個性的瞬間。她克服了自己的不信任，讓她的公共行為和她的私人態度出現了和諧融合的一刻。

在她任期內的其他重大議題中，事實上解決關鍵都在於她是否決定要領先於或是落後於時代潮流。在兵役問題、廢核以及婚姻平等上，她是落後於時代的。她在這些問題的決定上，違背了她黨派核心保守精神，但確保了她對權力的掌控、確保了往政治光譜中間結盟的能力，確保了基民黨的繼續執政。這樣一個在社會問題上模棱兩可的政治領導方式，已經不再是保守。它沒有吸引力，也不能喚起人們的情感。但它是現代的。

在經濟危機和歐元危機之時，她卻反而超越了主流，她是前衛的。她意識到歐元對歐盟凝聚力的重要性，隱約地看出前方有一個關鍵點，若沒克服這個關鍵點，一切都可能無法逆轉地分崩離析。經過再三猶豫之後，她決定動用所有資源將希臘留在歐元區內。她承認歐元是各成員國共同的最大利益，在這一點上，歐元似乎對歐盟具有強大的爆發力。如果她是一位熱情的歐洲人，她會把它巧妙的隱藏起來。她為歐洲提供的不是一個願景，而是她的分析能力；她為歐洲提供的不是一項使命，而是一頂隱身的斗篷。

現代歐洲政策並不需要更多的上層建築。它需要耐心地去平衡東西方、北方和南方之間的巨大利益衝突。梅克爾從黎明時分的高峰會議中達成的協議中獲利。她確信至少有一個夥伴（德國）願意在極度危急的時刻，犧牲自己的原則，以求歐洲所有夥伴能夠同舟共濟。

自從戴高樂的時代以來，法國總統一直遵循著「對法國好的，對歐洲才會好」原則，他們喜歡用傷感又肅穆的演說來掩飾這樣的態度。而東歐國家、奧地利或義大利也是這樣做，只是他們在言辭上少了些許的修飾。這位德國總理在她最後一個任期的尾聲，則正好相反的說道：「對歐洲有利的事，過去或是現在都對德國有利。」[12]在此之前，這句話只是：「如果歐元失敗，歐洲就會失敗。」[13]直到現在，她才公開的將自己置於柯爾的傳統中，同時承認，至少在過去，德國是從統一的歐洲中獲益最大的國家。

德國的痛處是共同舉債。梅克爾在自二戰以來最凶險的危機中，彷彿是順手一般的輕鬆就犧牲了它。

新冠病毒的大流行暴露了梅克爾方法的侷限性。梅克爾身為自然科學家，又是卡爾·波普爾（Karl Popper）批判式理性主義的追隨者，她知道，隨著知識的進步，也會出現無知深淵的增長。這個信念保護了她，免於陷入自以為無所不知的傲慢，但卻擾亂了擁有國家主權的人，即人民。十五年來，她讓人民相信，不必容忍任何他們認為難以忍受的事情。即便是在移民危機中，最後也會出現轉機。現在，他們缺少工具、語言和力量使難以忍受的事情變得可以理解掌握。這個病毒是一個花招百出的對手，不接受談判，不做任何妥協。

新冠疫情最終會以災難還是功績的方式記載在總理的傳記中，猶未可知。此時回顧時已經可以知道，由於梅克爾政府對於新冠疫情管理的優柔寡斷、自相矛盾以及抓不到重點，造成多少人因此死去。如果德國和歐洲能夠捍衛自己在世界經濟上的地位，能讓政治重量級人物間相互合作，人民的評判會更加溫和。如果這場災難的財政負擔更公平，如果對輸家有個社會福利的視角，人們可能最終會互相和解。就像衛福部長顏斯．史潘（基民黨）在大流行病開始時預感到的一樣。

總理本人已經無力影響後世對她新冠疫情危機的評價了。至於未來注定還會出現的危機，總理只留下了一些實際上沒什麼用的指引。因為梅克爾面對的危機是「逐一發生」的，在她十六年任期之中僅有四次：福島核災、全球金融危機、難民和新冠病毒。但是如果未來的危機不像以前那樣是照規矩的一個一個出現，讓梅克爾的繼任者處理，那麼會發生什麼事呢？如果下一次是關鍵基礎設施，像是電力、網路、交通或者是自來水供應被癱瘓，那麼公民和選民們將如何反應呢？

總理的繼任者如果只是簡單的向選民報告「在此敬告存款大眾，你們的存款很安全」或是「你們知道我的為人，可以相信我」，這樣是行不通的。信任和信用必須由自己贏得。

順帶一提，總理那種低調儉樸的生活方式，並不會自動帶來信任和信用。她不像有些政客，剛當選後就被人拍到身著義大利頂級服飾品牌布里奧尼（Brioni）大衣，也不像她那法國同僚薩科吉，剛當選就搭乘億萬富豪的遊艇在地中海四處航行。她不需要在柏林擁有豪宅，也不夢想著從職務和職權中獲取經濟利益。像她這樣的一位女總理，並不因為儉樸的生活而在選民心目中變得可靠和值得信賴。但是，她的生活方式至少不會成為任何人攻擊的目標。在兩極分化和焦慮的社會中，享用金箔牛排或飲用奢華香檳，會被視為是對受壓迫者的藐視。如果不必每天都要先問自己「我可以這樣做嗎？」那麼這樣不但很明智，也節省了不少精力。

這位總理透過她在哈佛大學二〇一九年班畢業生的演講，留下了她的政治遺言。如果她的政治接班人需要建言，可以引用以下的論點：「**比起過往任何時刻，現在的我們更需要多邊合作，而非單邊行動；要全球性思考，而非國家思考；要對外開放，而不是孤立主義**。」[14]

總理的政黨仍然贏得全國大選，獲得合法執政的地位。但是即使此刻的政治人物傾向於思考自己國家的單獨利益，本世紀的所有危機都表明了，只有透過合作才是危機解決之道。越多合作越好。及時做好準備，提早建立對話關係，採取中間立場和尊重他人，都可以協助解決危機。這些都是梅克爾的信念。

過去幾年間，像川普、普丁或是土耳其的艾爾多安這樣的政客讓世界意識到：國際政治上最重要的因素就是「人」，而且政治體系的堅強程度，可能比想像中來得低。歐洲只有和強大的人物共同出場，才能在世界上繼續扮演重要的角色。總理也不得不學習這一點。對她的繼任者來說，這是成功的一個先決條件。歐洲需要那些有能力整合、將歐盟凝聚起來的政治人物。這也意味著必須捨棄過於空泛的大規模計畫。梅克爾警告：「沒有什麼是理所當然的，」就連民主制度也是如此。

她向哈佛畢業生、她自己和未來政治工作者提出關鍵問題：「我這麼做是因為它是正確的事，還是僅是便宜行事？」[15]她或許也可以這麼問：我是否在做必要的事情？而這件必要的事也是便宜行事嗎？

在她的政治生活中，她試圖在時間軸上解決這種反省。她想傳達的訊息是：比起在錯的時間做正確的事，偶爾停下來等待會更好。「我學到，如果我們總是以別人的視角去看這個世界，各種困難的問題都可以找得到答案……還有即便我們面臨所有決策壓力之時，不要總是讓第一股衝動牽著鼻子走，而是在那時候停頓片刻、保持沉默、進行思考並休息一下。」

「休息」是一種委婉的用法，表示一位政府領導人在危機時刻要應付的工作量。有個人曾在一個週日午後，致電給在烏克馬克地區度假屋中的她，他以為總理正享受著寧靜與大自然。但她告訴他，他已是當天聯繫她的第三十五個人了。更別說來自那些親信、黨內好友、部長們和首長們分秒的簡訊交流了。

對執政者來說，這些休息時間不是隨機的放鬆時刻，那是意志的行為。今天再也沒人魯莽地搖撼著總理府的圍欄並大喊：「我要進去。」（按，施若德還沒當上總理前，酒後的行為）想成為總理的人都知道，他們必須要面對的是什麼，因為每個人都看到了權力的代價：沉重的工作量、壓力、永無止盡的批評還有持續的被關注、被迫妥協，以及私生活的破滅。一旦陷入其中，無人能逃。AKK在辭去基民黨黨魁職務後曾經表示，也許她對總理職位的渴望還不夠。近看，權力就失去了它的吸引力。

從二〇〇五年到二〇二一年，世界正以令人驚歎的速度加速發展，而且這股動力預計在未來幾十年內都不會衰弱。各種危機是同時發生的，它們互相制約，相互影響，一處起火點熄滅，可能會導致在完全不同的地方再度引燃。哲學家赫爾曼·呂貝（Hermann Lübbe）稱此現象為「當下的萎縮」（Gegenwartsschrumpfung）。[16] 為了能明智地應對未來的挑戰，無論是哲學家還是總理，都建議合作和學習能力的重要。但是，在一場災難可能快速出現的情況下，一個社會若想要免於恐懼和憤怒，還需要其他東西：抗壓性，以及保持樂觀。

危機之中，國民們要的是安全，他們想要一個可靠的國家。社會學家安德烈亞斯·雷克維茨（Andreas Reckwitz）說，「對機構的可靠性和公平性的信任」是社會在危機中抗壓的先決條件。[17] 總理和她的政府過去對此所做不多。他們忘記了去照顧這些方面。

世代交替，當所有企業與機構再也不知道該如何處理數以百萬計的失業者的時候，他們乾脆停工，並捏造他們的各項統計數據。經濟危機的時候，德國金融監管機關明顯監督失職。二〇一五年的移民危機中，聯邦移民和難民局被人徹底看破手腳。新冠病毒大流行讓人清楚看見部長們和健康衛生機關無力採取行動的嚴酷事實。每一次，這些無能的機構都會由新的管理團隊進行大幅整頓、重新裝備和升級，接著總會有人提出，這究竟是個例還是結構問題。但是，當總理在二〇二一年三月廿五日的新冠疫情聲明會上證實：「我們社會運作上存在嚴重缺陷……我們必須改進……我們必須拿出對策」，這一番話只不過是一字不差地重複了過去每一次危機中所發的聲明。

二〇一四年間政府曾制定了「聯邦政府數位議程計畫」，以前在各機關辦公室走廊上來回推動著的沉重檔案文件推車即將消失，由電子公文取代，公民很快就能以電子方式預約行政部門的每一項服務了。公務員和員工們很快就可以購置新電腦，以便所有人能在統一的平台上工作，然後將出現一個便捷的、能抵擋危機的行政系統，不管是在一般情況還是危機中，都能迅速、可靠而且有效地為公民服務。

事情的結果很不一樣。《明鏡週報》報導，聯邦統計局於二〇一九年五月的一份專家報告中調查了九十六個資料中心和一千多個伺服器機房發現，每個機房都擁有各自的資料架構。一位政府高層於同年九月向雜誌爆料：「聯邦數位計畫就像柏林新機場，只不過還沒爆發」。柏林布蘭登堡威利．布蘭特機場（BER）是柏林的全新機場，於二〇二〇年開始營運，比原本預期的延宕了九年，曾經六次推遲開幕日期，成本比原計劃的預算高出三倍。一年後，官員再度查驗「數位議程」的進度，結果慘不忍睹：缺乏品質管控、幾乎沒有成本效益分析、沒有使用者手冊，也沒有明確的工作劃分。至於已經擬定的時間計劃表，則是完全不切實際。

只有在新冠病毒大流行的情況下，內政部部長霍斯特・澤霍費爾才有時間成立一個有一百名公務員的「數位行政」部門。它是除了體育部以外，院內職權最小的部門，但卻要「以敏捷的方式」管理數位行政部門的三十億歐元專案計畫，[18]其中包括「員警二〇二〇」等子計畫。該專案規劃整合員警的不同資訊系統和電腦程式，原先期限到二〇二〇年。到了二〇二一年春天，主事者考慮該如何再次擺脫這個「不幸」的名稱。這還需要幾年時間。也許這個計畫將無疾而終。

甚至在居民保護中心（亦即聯邦公民保護及災難救助辦公室），事情也沒有順利進行過。當局在二〇二〇年九月上午十一點發佈了第一次國家級的演習警報，這是兩德統一以來的第一次，但一切都出了差錯。警報器不響、所有災難警告App直到下午才發送訊息、演習警報在新聞中被當成「不重要」的消息。系統超載、溝通不明確、無人負責，主管必須下台……等抨擊聲浪不斷在德國，政府機關非但沒有安撫人民的災難感，反而還加重了災難的感覺。二〇二〇年疫情期間，各地的衛生所發出一封又一封超負荷的預警通知。無論是衛福部長或是經濟部長，都沒辦法在一年內，從下轄的兩千多名公務員當中選出人力組建起可行的危機應對小組。

衛福部自己（還有一些聯邦議會的議員）在口罩採購事宜上占便宜，又因為採購試劑、疫苗和盛裝疫苗的小玻璃瓶該由誰主導而吵得不可開交。大部分聯邦首長在安排第一批疫苗接種時程時，效率甚至比不上小型音樂會的籌辦人。直到二〇二一年三月，經濟部長還沒有支付緊急紓困金，這些紓困金早該在去年的十一月發給各企業了。公司老闆們的生存恐懼、憤怒和無助決定了二〇二一年春天時的公眾情緒。《明鏡月報》嘆息道：「人們在一起往往會有很深的分歧。」

在所有國家元首中，以色列難以捉摸的班傑明．納坦雅胡（Benjamin Netanjahu）、英國衝動的強森和美國民粹主義的川普，在疫苗接種這件事上做得比防疫模範生的德國以及號稱為公共利益著想的歐洲還要好。對德國來說，這可是比打了一場敗仗還要嚴重。

「讓我們對可能的事情感到驚訝吧，讓我們對自己可以做的事情感到驚訝吧！」這段出自梅克爾政治遺言末尾的話，將成為聯邦公務機關的每日座右銘。梅克爾的繼任者必須意識到，在這裡，除了他們自己的想法、任務、願景和使命之外，還有應付未來幾十年可能發生的危機的最重要關鍵。他們不能依靠梅克爾時代的幸運情況，以往危機中的「政治失誤」很快就被人民遺忘。但未來的元首必須保持務實，快速學習與適應，即使在人民要求過高的情況下也是如此。作為國家的最高統治者還必須確保其他的部門也要這樣做。

柯爾執政十六年後，德國這個國家癱瘓了。執政黨似乎氣數已盡，且被醜聞纏身，經濟、勞動市場和社會安全都深陷危機，德國成為「歐洲病夫」。後來出現一位年輕的東德女政治家，為西德策劃了一場轉型。梅克爾執政十六年後，即便有新冠疫情大流行，但經濟、勞動市場和社會安全運作良好。德國已經脫胎換骨了。然而，這個國家在每次危機中似乎越來越經不起摧殘，社會連結變得更加越脆弱，兩極化加劇。執政黨已經精疲力盡而且醜聞纏身。這個系統需要再次更新。一個沒有政治目標就無法達成的革新。

註解

Abgang

1 BrigitteTalk2013,zitiertnach:Spiegel,https://www.spiegel.de/politik/ deutschland/ kanzlerin-im-wahlkampf-merkel-beim-brigitte-talk-a- 897824.html, abgerufen am 9. 3. 2021.
2 EvelynRoll,DieKanzlerin,AngelaMerkelsWegzurMacht,Erweiterteund aktualisierte Neuausgabe, 5. Auflage, Berlin 2019, S. 34.
3 AngelaMerkel,DerParteiSchadenzugefügt,FAZ22.12.1999,dokumen-tiert bei https://ghdi.ghi-dc.org/docpage.cfm?docpage_id=4595& language=german, abgerufen am 9. 3. 2021.
4 PressekonferenzAngelaMerkelam22.11.2016,dokumentiertbei https://www. youtube.com/watch?v=yX0osniWglA, abgerufen am9.3. 2021.
5 Angela Merkel am 26. 6. 2017 im Interview der Zeitschrift «Brigitte», dokumentiert bei https://www.youtube.com/watch?v=Nf-2exo0nOs, abgerufen am 9. 3. 2021.
6 Angela Merkel bei der Generaldebatte zum Bundeshaushalt am 9. 12. 2020, dokumentiert bei https://www.youtube.com/watch?v=pV2j- QGqBGg, abgerufen am 9. 3. 2021.
7 Videokonferenz am 17. 12. 2020, dokumentiert bei https://www.bundes kanzlerin.de/bkin-de/mediathek/merkel-biontech-1829810!mediathek? query=,abgerufenam9.3.202A1n.merkungen ·1
8 ZitiertnachGünterBannas,MerkelslangerSchatten,FAZ.net16.8.2017, https://www. faz.net/aktuell/politik/bundestagswahl/parteien-und- kandidaten/angela-merkel-meidet-aussagen-um-ihre-nachfolge-15152896.html, abgerufen am 9. 3. 2021.
9 Roll,DieKanzlerin,S.162.
10 ZurPerson.AngelaMerkelimGesprächmitGünterGaus,28.Oktober1991, https://www. youtube.com/watch?v=YQBslPEZceI, abgerufen am9. 3. 2021.
11 HerlindeKoelbl,SpurenderMacht,DieVerwandlungdesMenschendurch das Amt, Eine Langzeitstudie, München 1999, S. 61.
12 Zitiert nach Giovanni di Lorenzo, Vom Aufstieg und anderen Niederla-gen. Gespräche. Köln 2014, 4. Aufl. 2017, S. 217.

Leben

1 Werner Schulz, Angela Merkel ist eine ehrliche Ostdeutsche, Zeit.de 14. 5. 2013, https://www.zeit.de/politik/deutschland/2013-05/ angela-merkel-ddr-vergangenheit-fdj-werner-schulz, abgerufen am 9.3.2021.
2 Alexander Osang, Das Eiserne Mädchen, Spiegel Reporter 3/2000.
3 Jana Hensel, Parität erscheint mir logisch, Interview mit Angela Merkel, Die Zeit 5/2019.
4 Zitiert nach: Guido Felder, Er gab ihr den Tipp: Geh ins Offene, Theater-intendant Michael Schindhelm über seine gemeinsame Zeit mit Angela Merkel, Blick.ch 7. 10. 2018, https://www.blick.ch/ausland/theaterinten dant-michael-schindhelm-ueber-seine-gemeinsame-zeit-mit-angela- merkel-er-gab-ihr-den-tipp-geh-ins-offene-id7379315.html, abgerufen am9.3.2021.
5 Christian Grimm, Jana Hensel: Für Ostdeutsche hat die Ära Merkel nicht viel gebracht, Augsburger-Allgemeine.de 25. 10. 2019, https://www.augs burger-allgemeine.de/special/mauerfall/Jana-Hensel-Fuer-Ostdeutsche- hat-die-Aera-

Merkel-nicht-viel-gebracht-id55802576.html, abgerufen am 9.3.2021.
6 Zitiert nach Osang, Das Eiserne Mädchen.
7 Campino interviewt Angela Merkel, Zu viel von dem Kirsch-Whisky, Spiegel.de 1. 2. 1994, https://www.spiegel.de/spiegel/spiegelspecial/d-52691500.html, abgerufen am 9. 3. 2021.
8 Koelbl, Spuren der Macht, S. 49.
9 Zur Person. Angela Merkel im Gespräch mit Günter Gaus, 28. Oktober 1991.
10 Zur Person. Angela Merkel im Gespräch mit Günter Gaus, 28. Oktober 1991.
11 Alexander Osang, Der Systemsprenger, Spiegel.de am 1. 10. 2020, https://www.spiegel.de/kultur/berliner-zeitung-verleger-holger- friedrich-und-seine-ddr-geschichte-a-00000000-0002-0001-0000- 000173324622, abgerufen am 10. 3. 2021.
12 Zur Person. Angela Merkel im Gespräch mit Günter Gaus, 28. Oktober 1991.
13 Zitiert nach Gerd Langguth, Angela Merkel, Aufstieg zur Macht, Biografie, Aktualisierte und erweiterte Neuausgabe, München 2007, S.112.
14 Jacqueline Boysen, Angela Merkel, eine Karriere, Berlin 2005, S. 32.
15 ZurPerson.AngelaMerkelimGesprächmitGünterGaus,28.Oktober 1991.
16 Angela Merkel, Mein Weg, Angela Merkel im Gespräch mit Hugo Mül-ler-Vogg, Hamburg 2004, S. 68.
17 Frankfurter Allgemeine Zeitung, Fragebogen, Angela Merkel, 27. 3. 1992, in: Archiv für Christlich-Demokratische Politik der Konrad Adenauer Stiftung, ACDP PA P12952.
18 Zur Person. Angela Merkel im Gespräch mit Günter Gaus, 28. Oktober 1991.
19 Merkel, Mein Weg, S. 55.
20 Georg Scholl, Die Kunst war, morgens noch in den Spiegel schauen zu können, Interview mit Joachim Sauer, Humboldt Kosmos 96/2010, https://service.humboldt-foundation.de/web/kosmos-titelthema-96-3. html, abgerufen am 9. 3. 2021.
21 Merkel, Mein Weg, S. 58.
22 Merkel, Mein Weg, S. 62.
23 Merkel, Mein Weg, S. 62.
24 Michael Schindhelm, Roberts Reise, Stuttgart 2000, S. 286.
25 Hans-Christoph Keller, Aufbruch und Abschied, Wie sich die Hum-boldt-Universität vor 30 Jahren zwischen zwei Systemen neu positionier-te, Interview mit Joachim Sauer, 25. 9. 2020, https://www.youtube.com/watch?v=6wIjdhhvTMg, abgerufen am 15. 3. 2021.
26 Merkel, Mein Weg, S. 59.
27 Boysen, Angela Merkel, S. 54 ff.
28 Zitiert nach Wolfgang Stock, Angela Merkel, eine politische Biographie, München 2000, S. 56 f.
29 Roll, Die Kanzlerin, S. 91.
30 Rede von Bundeskanzlerin Dr. Angela Merkel zum Tag der Deutschen Einheit am 3. 10. 2006 in Kiel, https://www.bundesregierung.de/breg- de/service/bulletin/rede-von-bundeskanzlerin-dr-angela-merkel-797168, abgerufen am 12. 3. 2021.
31 Rede von Bundeskanzlerin Dr. Angela Merkel bei der 368. Graduations- feier der Harvard University am 30. 5. 2019 in Cambridge, USA, https://www.bundesregierung.de/breg-de/aktuelles/rede-von-bundes kanzlerin-merkel-bei-der-368-graduationsfeier-der-harvard-university- am-30-mai-2019-in-cambridge-usa-1633384, abgerufen am 12. 3. 2019.
32 Michael Schindhelm, Roberts Reise, S. 291.
33 Protokoll des 13. Parteitags der Christlich Demokratischen Union Deutschlands, Essen, 10./11. 4. 2000, Bericht der Generalsekretärin, S. 113, https://www.kas.de/c/document_library/get_file?uuid=06d8 881e-126e-6009–3062-ef79043f2a23&groupId=252038, abgerufen am 12.3.2021.
34 Rede der Bundeskanzlerin zum Tag der Deutschen Einheit am 3.10.2006.
35 Felder, Er gab ihr den Tipp ...
36 Zitiert nach Deutsche Geschichte in Dokumenten und Bildern, Band 9, Zwei deutsche Staaten, Internet-Version, https://germanhistorydocs.ghi-dc.org/pdf/deu/

Chapter13Doc8.pdf, abgerufen am 9. 3. 2021.
37 Zur Person. Angela Merkel im Gespräch mit Günter Gaus, 28. Oktober 1991.
38 Merkel, Mein Weg, S. 77.
39 Universitätsgesellschaft Ilmenau (Hg.), 30 Jahre Deutsche Einheit, ein Beitrag von Wissenschaftlern und Absolventen der TU Ilmenau in Politik und Verwaltung beim Aufbau der neuen Länder, Ilmenau 2020, S. 43.
40 Merkel, Mein Weg, S. 77.
41 Steffen Mau, Lütten Klein, Leben in der ostdeutschen Transformations-gesellschaft, Berlin 2019, S. 121.
42 Zur Person. Angela Merkel im Gespräch mit Günter Gaus, 28. Oktober 1991.
43 Mau, Lütten Klein, S. 122.
44 Friedrich Schorlemmer beim Gründungsparteitag des Demokratischen Aufbruchs am 16./17. 12. 1989 in Leipzig, dokumentiert in Themendos- sier «Neue Parteien», Deutsches Rundfunkarchiv, http://1989.dra.de/ themendossiers/politik/neue-parteien, abgerufen am 10. 3. 2021.
45 Merkel, Mein Weg, S. 79.
46 Ebd.
47 Boysen, Angela Merkel, S. 107; Ralph Bollmann, Die Kanzlerin und der Kapitalismus, faz.net 20. 7. 2013, https://www.faz.net/aktuell/wirt schaft/wirtschaftspolitik/angela-merkel-die-kanzlerin-und-der-kapitalis mus-12289017.html, abgerufen am 14. 3. 2021.

Männer

1 Andreas Reckwitz, Die Gesellschaft der Singularitäten, Zum Struktur- wandel der Moderne, Berlin 2017, S. 440.
2 Ivan Krastev, Europadämmerung, Ein Essay, Berlin 2017, S. 20.
3 Andreas Reckwitz, Die Gesellschaft der Singularitäten, S. 383.
4 Fernsehansprache der Bundeskanzlerin am 18. 3. 2020, https://www.bundesregierung.de/breg-de/themen/coronavirus/ansprache-der-kanzlerin-1732108, abgerufen am 16. 3. 2021.
5 Sommerpressekonferenz von Bundeskanzlerin Merkel am 31. 8. 2015, im Wortlaut, https://www.bundesregierung.de/breg-de/aktuelles/presse konferenzen/sommerpressekonferenz-von-bundeskanzlerin-merkel- 848300, abgerufen am 16. 3. 2021.
6 Gerd Langguth, Angela Merkel, S. 391.
7 Ralf Neukirch, Christoph Schult, Der Männerbund, Der Spiegel 27/2003, 29. 6. 2003, https://www.spiegel.de/politik/der-maennerbund-a-2475e027-0002-0001-0000-000027497155?context=issue, abgerufen am10.3.2021.
8 Hans Peter Schütz, Wolfgang Schäuble, Zwei Leben, München 2012, S.11.
9 Schreiben der Frauenunion Hamburg, Karen Koop, vom 1. 12. 1993 an den Vorsitzenden der CDU/CSU-Bundestagsfraktion, Wolfgang Schäub-le, ACDP 08–012–350/8.
10 Der Spiegel, 10. 8. 1992, Im Spagat, Des Kanzlers Zögling wird wider-spenstig: Frauenministerin Merkel kämpft um Profil, in ACDP PA P1 2952.
11 Hannoversche Allgemeine Zeitung vom 29. 7. 1992, Zu Gast in Hanno-ver, Die Aufsteigerin, in ACDP PA P1 2952
12 Wolfgang Schäuble, Mitten im Leben, Taschenbuchausgabe, München 2001, S. 60.
13 Frankfurter Rundschau vom 17. 6. 1997, Interview mit Angela Merkel, zitiert nach: Ökosteuer, Greenpeace-Positionspapier zur Ökosteuer, Kurzfassung, 10/2002, https://www.greenpeace.de/themen/umwelt-gesellschaft/wirtschaft/okosteuer, abgerufen am 12. 3. 2021.
14 Zum Beispiel im Interview mit der Neuen Zürcher Zeitung am 19. 10. 2018, http://www.wolfgang-schaeuble.de/ich-habe-meinen- eigenen-kopf-ich-bin-loyal/, abgerufen am 12. 3. 2021.

15 Schäuble, Mitten im Leben, S. 60.
16 Deutscher Bundestag, 14. Wahrperiode, Drucksache 14/9300, Beschlussempfehlung und Bericht des 1. Untersuchungsausschusses nach Artikel 44 des Grundgesetzes, S. 165, http://dipbt.bundestag.de/dip21/ btd/14/093/1409300, abgerufen am 15. 3. 2021; Wolfgang Schäuble, Mitten im Leben, S. 20 f.
17 Angela Merkel, Der Partei Schaden zugefügt, FAZ 22. 12. 1999, dokumen- tiert in: https://ghdi.ghi-dc.org/docpage.cfm?docpage_id=4595& language=german, abgerufen am 9. 3. 2021.
18 Hans Peter Schütz, Wolfgang Schäuble, S. 158.
19 Angela Merkel im Interview mit Berthold Kohler , Mitschnitt vom FAZ-Kongress «Zwischen den Zeilen» zum siebzigjährigen Jubiläum der Zeitung, faz.net, 25. 9. 2019, https://www.faz.net/aktuell/politik/f-a-z-kongress-bundeskanzlerin-angela-merkel-im-interview-16402441.html, abgerufen am 15. 3. 2021.
20 Schäuble, Mitten im Leben, S. 212.
21 Zitiert nach Vorabmeldung Gruner und Jahr vom 18. 1. 2000, https://www.presseportal.de/pm/6329/104181, abgerufen am 15.3.2021.
22 Zitiert nach: Stefan Willeke, Die Unverwüstlichkeit der Schildkröte, Die Zeit Nr. 21/2015, 21. 5. 2015, https://www.zeit.de/2015/21/wolfgang- schaeuble-finanzminister-portrait/komplettansicht, abgerufen am 16.3.2021.
23 Schreiben von Friedich Merz an Angela Merkel am 12. 10. 2004, im Wortlaut, Spiegel.de, https://www.spiegel.de/politik/deutschland/ merz-ruecktrittsschreiben-im-wortlaut-liebe-angela-a-322748.html, abge- rufen am 16. 3. 2021.
24 Zur Person. Angela Merkel im Gespräch mit Günter Gaus, 28. Oktober 1991, https://www.youtube.com/watch?v=YQBslPEZceI, abgerufen am 9.3.2021.
25 5. Parteitag der CDU Deutschlands vom 21. bis 23. 2. 1994 in Hamburg, Protokoll, https://www.kas.de/c/document_library/get_file?uuid=f868 7b42–7d73–9c7e-e9d5-e2290057f862&groupId=252038, abgerufen am 21.3.2021.
26 Ralf Neukirch, Christoph Schult, Der Männerbund, https://www. spiegel.de/politik/der-maennerbund-a-2475e027-0002-0001-0000- 000027497155?context=issue, abgerufen am 10. 3. 2021.
27 Zitiert nach Langguth, Angela Merkel, S. 237.
28 Zitiert nach «Das soziale Gewissen der CSU streikt», spiegel.de 17. 6. 2003, https://www.spiegel.de/politik/debatte/seehofer-und-die- gesundheitsreform-das-soziale-gewissen-der-csu-streikt-a-253406.html, abgerufen am 20. 3. 2021.
29 Nico Fried, Wolfgang Wittl, Seehofer: Ich lasse mich nicht von einer Kanzlerin entlassen, die nur wegen mir Kanzlerin ist, Sueddeutsche.de 2. 7. 2018, https://www.sueddeutsche.de/politik/seehofer-merkel- krisengipfel-1.4037923, abgerufen am 20. 3. 2021.
30 Franz Walter, Hybrid, unchristlich, CDU/CSU im Abschied von sichselbst, in Süddeutsche Zeitung vom 12. 8. 2004, dokumentiert in ACDP Nachlass Langguth, 01–365/251/2.
31 Gerd Langguth, Machtspiele, Die «leadership» von Kohl, Schröder, Merkel und Köhler, Manuskript, open source 08–apg in Hamburg, 30.6.2008, dokumentiert in ACDP Nachlass Langguth, 01–365/ 257/4.
32 Gerd Langguth, Angela Merkel, Zwischen Führung und Moderati- on, Universität München, 15. 1. 2007, in ACDP Nachlass Langguth 01–365–257/4.
33 Ralph Bollmann, Wenn Schwarz und Grün fein schlemmen gehen, taz 6. 10. 2010, https://taz.de/Wenn-Schwarz-und-Gruen-fein-schlemmen- gehen/!471944/, abgerufen am 20. 3. 2021.
34 Zitiert nach «Der Getriebene», Porträt in Cicero.de, https://www.cicero. de/innenpolitik/der-getriebene/48739, abgerufen am 20. 3. 2021.
35 Lars Geiges, «Muttis Klügster» wärmt die CDU-Seele, Spiegel.de 6. 11. 2010, https://www.spiegel.de/politik/deutschland/roettgens-start- in-nrw-muttis-kluegster-waermt-die-cdu-seele-a-727690.html, abgerufen am20.3.2021.
36 Daniela Vates, Kanzleramtsminister im Portrait, Peter Altmaier ist Angela Merkels Mann für die schwierigen Themen, ksta.de 8. 7. 2015, https:// www.ksta.de/politik/

kanzleramtsminister-im-portraet-peter-altmaier- ist-angela-merkels-mann-fuer-die-schwierigen-themen-22763244, abge- rufen am 20. 3. 2021.

37 Dieter Löffler, Angelika Wohlfrom, Mirjam Moll, Volker Kauder über Angela Merkel, Sind befreundet auf immer, Augsburger-Allgemeine.de 7. 2. 2019, https://www.augsburger-allgemeine.de/politik/Volker-Kau der-ueber-Angela-Merkel-Sind-befreundet-auf-immer-id5341730 6.html, abgerufen am 20. 3. 2021.

38 Christian Lindner, Schattenjahre, Die Rückkehr des politischen Liberalis- mus, Stuttgart 2017, Ausgabe für Kindle, Position 957.

39 Axel Vornbäumen, Der coole Baron, Stern.de 18. 7. 2009, https:// www.stern.de/politik/deutschland/wirtschaftsminister-karl-theodor- zu-guttenberg-der-coole-baron-3810956.html, abgerufen am 20.3.2021.

40 Ulrike Demmer, Markus Feldenkirchen, Dirk Kurbjuweit, René Pfister, Der Bürgerkönig, Der Spiegel 42/2010, 17. 10. 2010, https://www. spiegel.de/politik/der-buergerkoenig-a-d70be129-0002-0001-0000- 000074549664, abgerufen am 20. 3. 2021.

41 Spiegel-Titel Die fabelhaften Guttenbergs, Paarlauf ins Kanzleramt, Ulrike Demmer, Markus Feldenkirchen, Dirk Kurbjuweit, René Pfister, Der Bürgerkönig.

42 Joachim Schucht, CSU und FDP, Das Niveau der Beleidigungen sinkt, in: Die Welt 8. 6. 2010, https://www.welt.de/politik/deutschland/article 7957025/CSU-und-FDP-Das-Niveau-der-Beleidigungen-sinkt.html, abgerufen am 20. 3. 2021.

43 Margaret Heckel, So regiert die Kanzlerin, Eine Reportage, München 2009, S. 239.

44 Zitiert nach Michael Brandt, Armin Himmelrath, Konstantin Zurawski, Versuch eines geordneten Rückzugs, Deutschlandfunk 1. 3. 2011, https://www.deutschlandfunk.de/versuch-eines-geordneten-rueckzugs. 724. de.html?dram:article_id=100119, abgerufen am 20. 3. 2021.

45 Merkel, Mein Weg, S. 98.

46 Zitiert nach Gregor Schöllgen, Gerhard Schröder, Die Biographie, Mün-chen 2015, S. 292 f.

47 Zitiert nach Gregor Schöllgen, Gerhard Schröder, S. 305.

48 Koelbl, Spuren der Macht, S. 57, 58.

49 Koelbl, Spuren der Macht, S. 58.

50 Zitiert nach Schöllgen, Gerhard Schröder, S. 290.

51 Gerhard Schröder, Schlage die Trommel, Dokumentation Arte, gesendet am 14. 7. 2020, https://programm.ard.de/TV/arte/gerhard-schr-der--- schlage-die-trommel-/eid_287243199185795, in der ARD-Mediathek am 20. 3. 2021 nicht mehr abrufbar.

52 Berliner Runde am 18. 9. 2005 im ZDF, https://www.youtube.com/watch?v=pHYbZRFptZM, abgerufen am 20. 3. 2021.

53 Mail Manfred Bissinger an Gerd Langguth, undatierte Abschrift, ACDP Nachlass Langguth, 01–365–236/6.

54 Schöllgen, Gerhard Schröder, S. 858.

Frauen

1 W20-Frauengipfel am 25. 4. 2017, Ausschnitt, https://www.youtube.com/watch?v=huOuFuODHnc, abgerufen am 20. 3. 2021.

2 Jana Hensel, Parität erscheint mir logisch, Die Zeit 5/2019, 24. 1. 2019, https://www.zeit.de/2019/05/angela-merkel-bundeskanzlerin-cdu-femi nismus-lebensleistung/komplettansicht, abgerufen am 20. 3. 2021.

3 Angela Merkel fordert Recht auf Kita-Platz, Frankfurter Allgemeine Zei- tung 27. 7. 1991, ACDP P1 2950.

4 Redaktionsbesuch Angela Merkel, Leipziger Volkszeitung 3. 8. 1992, ACDP PA P1 2952.

5 Merkel, Mein Weg, S. 85.

6 Boysen, Angela Merkel, S. 141 f. Andere Quellen nennen auch Thomas de Maizière, Hans-Christian Maaß. Kohl selbst nennt Günther Krause als

Hinweisgeber, in: Wolfgang Stock, Angela Merkel, S. 87.
7 Ministerinnen, Ein bisschen zuständig, Der Spiegel 8/1991 17. 2. 1991, https://www.spiegel.de/politik/ein-bisschen-zustaendig-a-2e7db86f-0002-0001-0000-000013489095, abgerufen am 20. 3. 2021.
8 Der Tagesspiegel 1. 8. 1992, ACDP PA P1 2952.
9 Die Bunte, 2. 4. 1992, ACDP PA P1 2952.
10 Zur Person. Angela Merkel im Gespräch mit Günter Gaus, 28. Oktober 1991.
11 Georg Paul Hefty, Die normalste Sache der Welt, Frankfurter Allgemeine Zeitung 4. 4. 1992, ACDP PA P1 2952.
12 Joachim Neander, Ein Ausflug an die Macht als Selbstexperiment, Die Welt 23. 10. 1992, ACDP PA P1 2152.
13 Merkel, Mein Weg, S. 91.
14 Werner Bajohr, Ohne Scheu durch vermintes Gelände, Christ und Welt 19. 7. 1991, ACDP PA P1 2950.
15 Angela Merkel am 28. 6. 2017 im Brigitte Interview, https://www.youtube.com/watch?v=Nf-2exo0nOs, abgerufen am 20. 3. 2021.
16 Zur Person. Angela Merkel im Gespräch mit Günter Gaus, 28. Oktober 1991.
17 TV-Duell Bundeskanzler Gerhard Schröder gegen Angela Merkel am 4. 9. 2005, https://www.youtube.com/watch?v=Hybsgj1MIZ4, abgeru-fen am 20. 3. 2021.
18 Zitiert nach: Friedbert Pflüger, Der falsche Mann, das falsche Signal, Die Zeit 41/1993, https://www.zeit.de/1993/41/der-falsche-mann-das-falsche-signal/komplettansicht, abgerufen am 20. 3. 2021.
19 Zitiert nach: Friedemann Weckbach-Mara, Ganz Bonn spottet über das Emanzipationsgesetz von Frau Merkel: Würden Sie diese Frau einstellen?, Bild am Sonntag 16. 2. 1992, ACDP P1 2952.
20 Zitiert nach: Karin Janker, Susanne Klein, Die Union genügt «nicht den Ansprüchen einer Volkspartei», Sueddeutsche.de vom 5. 5. 2018, https:// www.sueddeutsche.de/politik/merkel-zum-frauenanteil-in-der-cdu-die- union-genuegt-nicht-den-anspruechen-einer-volkspartei-1.3968783, abgerufen am 20. 3. 2021.
21 Zitiert nach: Roll, Die Kanzlerin, S. 176.
22 Rede von Bundeskanzlerin Dr. Angela Merkel bei der 368. Graduations-feier der Harvard University am 30. 5. 2019 in Cambridge, USA, https:// www.bundesregierung.de/breg-de/aktuelles/rede-von-bundeskanzlerin- merkel-bei-der-368-graduationsfeier-der-harvard-university-am-30- mai-2019-in-cambridge-usa-1633384, abgerufen am 12. 3. 2019.
23 Merkel, Mein Weg, S. 98.
24 Mariam Lau, die CDU und die Frauen, in: Norbert Lammert (Hg.), Christlich Demokratische Union, Beiträge und Positionen zur Geschichte der CDU, München 2020, S. 397–418, S. 411.
25 Bewerbungsrede Friedrich Merz auf dem 33. Parteitag der CDU am 15. und 16. Januar, https://www.cdu-parteitag.de/reden-berichte, abgerufen am20.3.2021.
26 Christian Rickens, Friedrich Merz' Sprache gibt Einblicke in sein Welt-bild –und das ist eines von gestern, Handelsblatt.de am 17. 1. 2021, https://www.handelsblatt.com/meinung/kommentare/kommentar- friedrich-merz-sprache-gibt-einblicke-in-sein-weltbild-und-das-ist-eines- von-gestern/26825216.html, abgerufen am 20. 3. 2021.
27 Merkel, Mein Weg, S. 88.
28 Interview in der Märkischen Oderzeitung, zitiert nach: Roll, Die Kanzle-rin, S. 284.
29 Roll, Die Kanzlerin, S. 376.
30 Langguth, Angela Merkel, S. 300.

Erfolge

1 Zitiert nach: Hans-Peter Schwarz, Die neueste Zeitgeschichte, in: Viertel- jahrshefte für Zeitgeschichte, 51/2003, Heft 1, S. 5–28, S. 5, https:// www.ifz-muenchen.de/

heftarchiv/2003_1_2_schwarz.pdf, abgerufen am20.3.2021.

2 Zitiert nach: Heinrich August Winkler, Der lange Weg nach Westen, Band 2, Deutsche Geschichte vom «Dritten Reich» bis zur Wiederverei- nigung, 4. durchgesehene Auflage, München 2002, S. 393.

3 Bundeskanzler Helmut Kohl im Juni 1988 zu Journalisten auf dem Flug zum Weltwirtschaftsgipfel nach Toronto, zitiert nach: Nina Grunenberg, Endlich wieder ein Pilot im Flugzeug, Die Zeit 26/1988 24. 6. 1988, https://www.zeit.de/1988/26/endlich-wieder-ein-pilot-im-flugzeug/ komplettansicht, abgerufen am 20. 3. 2021.

4 Zitiert nach: Der Spiegel 37/1998 6. 9. 1998, Richtig gut drauf, https://www.spiegel.de/politik/richtig-gut-drauf-a-35d49bf6-0002-0001-0000-000007971254?context=issue, abgerufen am 20. 3. 2021.

5 Diskussionsveranstaltung zum Erscheinen des Buchs «Dialog über Deutschlands Zukunft» am 2. 7. 2012 im Bundeskanzleramt, https://archiv.bundesregierung.de/archiv-de/mediathek/videos/ diskussionsveranstaltung-im-bundeskanzleramt-816342, abgerufen am 20. 3. 2012.

6 Kai Diekmann, Rolf Kleine, Interview mit Altkanzler Gerhard Schröder, Die heutige Regierung hat mit dem Aufschwung nicht viel zu tun, Bild.de 27. 10. 2010, https://www.bild.de/politik/2010/bild-interview-regierung- aufschwung-14435778.bild.html, abgerufen am 22. 3. 2021.

7 Economist, The sick man of the euro, Special, 5. 6. 1999.

8 Regierungserklärung von Bundeskanzlerin Dr. Angela Merkel vor dem Deutschen Bundestag am 30. November 2005 in Berlin, Bulletin 93–1, https://www.bundesregierung.de/breg-de/service/bulletin/regierungs erklaerung-von-bundeskanzlerin-dr-angela-merkel-795782, abgerufen am 22.3.2021.

9 Regierungserklärung von Bundeskanzler Willy Brandt vor dem Deut-schen Bundestag in Bonn am 28. Oktober 1969, https://www.willy- brandt-biografie.de/wp-content/uploads/2017/08/Regierungs erklaerung_Willy_Brandt_1969.pdf, abgerufen am 22. 3. 2021.

10 Gerd Langguth, Angela Merkel, S. 344.

11 Jochen Wegner, Angela Merkel, der schwarze Schwan, Zeit.de 16. 7. 2014, https://www.zeit.de/politik/deutschland/2014-07/angela-merkel-zum-60-geburtstag/komplettansicht, abgerufen am 22. 3. 2021.

12 Peter Sloterdijk, Der Merkel-Faktor, Neue Zürcher Zeitung (Online-Aus-gabe) 18. 9. 2017, https://www.nzz.ch/feuilleton/der-merkel-faktor-ld. 1316870, abgerufen am 22. 3. 2017.

13 Zitiert nach: Dirk Koch, Sylvia Schreiber, Viele Ideen, aber kein Konzept, Der Spiegel 22/1999 30. 5. 1999, https://www.spiegel.de/politik/ viele-ideen-aber-kein-konzept-a-ca9f5701-0002-0001-0000-000013470362?context=issue, abgerufen am 22. 3. 2021.

14 Stefan Kornelius, Angela Merkel, Die Kanzlerin und ihre Welt, Berlin 2013, S. 218 f.

15 Barack Obama, Ein verheißenes Land, München 2020, Kindle-Ausgabe, Seite 472.

16 Margaret Heckel, So regiert die Kanzlerin, Eine Reportage, München 2009, S. 18 f.

17 Zitiert nach: Finanzkrise, Bundesregierung rügt Ackermann, Zeit-online. de 20. 10. 2008, https://www.zeit.de/online/2008/43/ackermann-kritik, abgerufen am 22. 3. 2021.

18 Abendessen zu Ehren von Herrn Dr. Ackermann am Dienstag 22. April 2008, 19 Uhr, Bundeskanzleramt, 8. OG, dokumentiert bei netzpolitik. org, https://netzpolitik.org/wp-upload/ackermann-abendessen.pdf, abgerufen am 22. 3. 2021.

19 Der Tagesspiegel, Kanzlerin knallhart, tagesspiegel.de, 26. 6. 2012, https://www.tagesspiegel.de/politik/kanzlerin-knallhart-merkel-keine- eurobonds-solange-ich-lebe/6802298.html, abgerufen am 22. 3. 2021.

20 Zitiert nach: China, Gute wirtschaftliche Zusammenarbeit, 31. 8. 2012, Die Bundeskanzlerin, Terminkalender, Bundespresseamt, https://www. bundeskanzlerin.de/bkin-de/angela-merkel/terminkalender/reise berichte/gute-wirtschaftliche-zusammenarbeit-604546, abgerufen am 22.3.2021.

21 Michael Bröcker, Ronald Pofalla, Raufbold, Stratege, Merkel-Vertrauter, rp-online.de 14. 12. 2013, https://www.bundeskanzlerin.de/bkin-de/ angela-merkel/terminkalender/reiseberichte/gute-wirtschaftliche- zusammenarbeit-604546, abgerufen am 22. 3. 2021.
22 Barack Obama, Ein verheißenes Land, S. 471.
23 Karl Rudolf Korte, Neue Berliner Armutsästhetik, in: Internationale Politik 2, Februar 2006, S. 78 f., https://internationalepolitik.de/de/neue-berliner-armutsaesthetik, abgerufen am 22. 3. 2021.
24 Sebastian Graf von Bassewitz, Laurence Chaperon, Angela Merkel, Das Portrait, München 2009.
25 Andreas Kynast, Vorkehrungen bei Merkel-Reisen, Bloß nichts Weißes hinter der Kanzlerin, zdf.de 7. 5. 2019, https://www.zdf.de/nachrichten/ heute/kanzlerin-exklusiv-vorkehrungen-bei-merkel-reisen-10 0.html, abgerufen am 22. 3. 2021.
26 Merkel, Mein Weg, S. 131.
27 Miriam Hollstein, Dancia Bensmail, Ich bin Merkels Selfie-Flüchtling, bild.de 27. 8. 2016, https://www.bild.de/politik/inland/angela-merkel/ ich-bin-merkels-selfie-fluechtling-47531686.bild.html, abgerufen am 22.3.2021.

Fehler

1 Zitiert etwa von Bundespräsident Joachim Gauck am 12. 6. 2013 beim Empfang ehemaliger Mitglieder des Bundestags und des Europäischen Parlaments, bundespraesident.de, https://www.bundespraesident.de/ SharedDocs/Reden/DE/Joachim-Gauck/Reden/2013/06/130612- Empfang-ehemaliger-MdB.html?nn=1891680, abgerufen am 23. 3. 2021.
2 Margaret Heckel, So regiert die Kanzlerin, S. 239.
3 Angela Merkel vor dem EU-Gipfel am 23. 10. 2013, zitiert nach: Mar-lies Uken, Für Merkel geht Abhören unter Freunden gar nicht, zeit.de 24. 10. 2013, https://www.zeit.de/wirtschaft/2013-10/eu-gipfel-daten schutz/komplettansicht, abgerufen am 23. 3. 2021.
4 Giovanni di Lorenzo, Ich bin in Schuld verstrickt, Gespräch mit Altbun- deskanzler Helmut Schmidt, Die Zeit 30. 8. 2007, zitiert nach: zeit.de 30. 8. 2007, https://www.zeit.de/2007/36/Interview-Helmut-Schmidt/ komplettansicht, abgerufen am 23. 3. 2021.
5 Zitiertnach:FlorianFlade,GeordMascolo,KanzleramthältGeheim- dienst-Buch zurück, Tagesschau.de 3. 2. 2020, https://www.tagesschau. de/investigativ/ndr-wdr/bnd-schindler-memoiren-101.html, abgerufen am23.3.2021.
6 Im Wortlaut: Pressestatement von Bundeskanzlerin Merkel im Bundes- amt für Verfassungsschutz am 31. Oktober 2014, https://www.bundes regierung.de/breg-de/aktuelles/pressestatement-von-bundeskanzlerin- merkel-im-bundesamt-fuer-verfassungsschutz-am-31-oktober-2014- 844896, abgerufen am 23. 3. 2021.
7 Rede von Bundeskanzlerin Dr. Angela Merkel vor der Knesset am 18. März 2008 in Jerusalem, https://www.bundesregierung.de/breg-de/ service/bulletin/rede-von-bundeskanzlerin-dr-angela-merkel-796170, abgerufen am 23. 3. 2021.
8 Angela Merkel, Schroeder doesn't speak for all Germans, in: Washington Post 20. 2. 2003, https://www.washingtonpost.com/archive/opinions/ 2003/02/20/schroeder-doesnt-speak-for-all-germans/1e88b69d-ac42- 48e2-a4ab-21f62c413505/, abgerufen am 23. 3. 2021.
9 Stefan Kornelius, Angela Merkel, S. 155.
10 Bericht der Strukturkommission der Bundeswehr, Oktober 2010, Vom Einsatz her denken, Konzentration, Flexibilität, Effizienz, S. 34, https://www.roderich-kiesewetter.de/fileadmin/Service/Dokumente/ 20101026-weise-kommisionsbericht.pdf, abgerufen am 23. 3. 2021.
11 So soll sich Verteidigungsminister Thomas de Maizière im Fraktionsvor- stand der CDU/CSU-Bundestagsfraktion geäußert haben, Sueddeutsche. de 18. 5.

2011, https://www.sueddeutsche.de/politik/bundeswehrreform- rede-in-berlin-de-maiziere-beklagt-gravierende-maengel-bei-armee-1. 1098936, abgerufen am 23. 3. 2021.

12 Erich Vad, Angela Merkel und das Dilemma deutscher Sicherheitspoli-tik–eingeklemmt zwischen Pazifismus und maroder Bundeswehr, in: Philipp Plickert (Hg.), Merkel, eine kritische Bilanz, München 2017, S. 237–248, S. 246.

13 Zitiert nach: sueddeutsche.de 29. 7. 2020, https://www.sueddeutsche. de/politik/verteidigung-trump-deutschland-schuldet-der-nato-aber milliarden-dollar-dpa.urn-newsml-dpa-com-20090101-200729-99- 969677, abgerufen am 23. 3. 2021.

14 Alison Smale, Steven Erlanger, Donald Trump's Election Leaves Angela Merkel as the Liberal West's Last Defender, New York Times 21. 11. 2016.

15 Bericht der Kommission verlässlicher Generationenvertrag, Berlin 2020, Kurzfassung, https://www.bmas.de/SharedDocs/Downloads/DE/ Rente/Kommission-Verlaesslicher-Generationenvertrag/bericht-der- kommission-kurzfassung.pdf ?__blob=publicationFile&v=1, S. 4, abgeru- fen am 23. 3. 2021.

16 Robin Alexander, Die Getriebenen, Merkel und die Flüchtlingspolitik, Report aus dem Innern der Macht, München 2017, Kindle-Ausgabe, Position 305.

17 Zitiert nach: Peter Stäuber, David Cameron, Das waren noch Zeiten, zeit. de 20. 9. 2019, https://www.zeit.de/politik/ausland/2019-09/david- cameron-ex-premierminister-grossbritannien-autobiografie , abgerufen am23.3.2021.

18 Bei einem Besuch des Bundespräsidenten in einer Flüchtlingsunterkunft am 25. 8. 2015 in Berlin, https://www.bundespraesident.de/SharedDocs/ Berichte/DE/Joachim-Gauck/2015/08/150825-Besuch-Fluechtlinge- Wilmersdorf.html, abgerufen am 23. 3. 2021.

19 Deutscher Bundestag, 19. Wahlperiode, Drucksache 19/8570, Antwort der Bundesregierung auf die Große Anfrage der Abgeordneten Martin Erwin Renner, Andreas Bleck, Tino Chrupalla und anderer «Vermeintli- che ‹Hetzjagden› in Chemnitz am 26. 8. 2018», https://dip21.bundestag. de/dip21/btd/19/085/1908570. pdf, abgerufen am 23. 3. 2021.

20 Jana Hensel, Mein Angela-Merkel-Gefühl, Zeit im Osten 45/2018 31. 10. 2018, https://www.zeit.de/2018/45/bundeskanzlerin-angela- merkel-staatsfrau-abschied/komplettansicht, abgerufen am 23. 3. 2021.

21 Justus Haucap, Wettbewerb auf dem Energiemarkt, Standpunkt für die Ludwig-Erhard-Stiftung, 24. 8. 2017, https://www.ludwig-erhard.de/ erhard-aktuell/standpunkt/wettbewerb-auf-dem-energiemarkt/, abgeru- fen am 23. 3. 2021.

22 Katrin Göring-Eckardt, Was die Grünen verändert hat, in: Michael We- dell, Georg Milde (Hg.), Avantgarde oder angepasst, Die Grünen – eine Bestandsaufnahme, Berlin 2020, S. 122–128, S. 125.

23 Zitiert nach: Ralph Bollmann, Die Deutsche Angela Merkel und wir, Stuttgart 2013, S. 72.

24 Bollmann, Die Deutsche, S. 72.

25 Merkel, Mein Weg, S. 99.

26 Sven Afhüppe, Michael Sauga, Gemurre im Schnee, Der Spiegel 5/2006 29. 1. 2006, https://magazin.spiegel.de/EpubDelivery/spiegel/pdf/45624805, abgerufen am 22. 3. 2021.

27 Ralph Bollmann, Georg Meck, Die Entfremdung, faz.net 4. 2. 2018, https://www.faz.net/aktuell/wirtschaft/angela-merkel-und-die-manager-die-entfremdung-15431453.html, abgerufen am 23. 3. 2021.

28 Horst Seehofer am 30. 6. 2010, zitiert nach: sueddeutsche.de 30. 6. 2011, Zitate einer einzigartigen Wende, https://www.sueddeutsche.de/politik/ zitate-zur-atomdebatte-hoch-lebe-die-kernkraft-die-kernkraft-muss-weg- 1.1072431, abgerufen am 23. 3. 2021.

29 Mitschrift Pressekonferenz, Pressestatements von Bundeskanzlerin Angela Merkel und Bundesaußenminister Guido Westerwelle zum Erdbe- ben in Japan am 12. 3. 2011, bundeskanzlerin.de, https://www.bundes kanzlerin.de/bkin-de/aktuelles/pressestatements-von-bundeskanzlerin- angela-merkel-und-bundesminister-guido-

westerwelle-zum-erdbeben-in- japan-am-12-maerz-2011-846942, abgerufen am 23. 3. 2021.

Enttäuschungen

1 Bericht der Parteivorsitzenden Annegret Kramp-Karrenbauer zum 33. Parteitag der CDU Deutschlands am 15. 1. 2021, https://www.cdu- parteitag.de/reden-berichte, abgerufen am 24. 3. 2021.
2 Ebd.
3 Zitiert nach: Florian Harms, Merkels Machtwort zum Thüringen-Tumult, t-online. de 6. 2. 2021, https://www.t-online.de/nachrichten/deutsch land/id_87289464/ thueringen-wahl-angela-merkels-machtwort-im- video-klare-worte.html, abgerufen am 24. 3. 2021.
4 Tatjana Heid, Krise des Konservatismus?, «Ein echter Konservativer weiß, dass alles immer schlechter wird», Interview mit Andreas Rödder, faz.net 4. 5. 2018, https://www.faz.net/aktuell/politik/inland/konserva tiv-was-ist-das-andreas-roedder-im-interview-15570489.html, abgerufen am24.5.2021.
5 Angela Merkel im Brigitte-Interview am 26. 6. 2017, https://www.you tube.com/ watch?v=Nf-2exo0nOs, abgerufen am 24. 3. 2021.
6 Tilman Kuban, Carsten Linnemann, Aufbruch für einen neuen Konser- vatismus, Pressemitteilung, 14. 2. 2021, https://www.junge-union.de/ aktuelles/aufbruch-fuer-einen-modernen-konservatismus/, abgerufen am24.3.2021.
7 Zitiert nach: Matthias Geyer, Merkels Hirn, spiegel.de 25. 7. 2004, https://www. spiegel.de/panorama/merkels-hirn-a-82768727-0002- 0001-0000-000031617109, abgerufen am 24. 3. 2021.
8 Peter Müller, Das Gehirn würfelt nicht, Der Spiegel 29/2014 13. 4. 2014, https:// magazin.spiegel.de/EpubDelivery/spiegel/pdf/128101525, abge- rufen am 24. 3. 2021.
9 Im Wortlaut: Pressekonferenz von Bundeskanzlerin Merkel und dem österreichischen Bundeskanzler Faymann im Bundeskanzleramt, Mit- schrift Pressekonferenz 15. 9. 2015, bundesregierung.de, https://www. bundesregierung. de/breg-de/aktuelles/pressekonferenzen/pressekonfe renz-von-bundeskanzlerin-merkel-und-dem-oesterreichischen-bundes kanzler-faymann-844442, abgerufen am 24. 3. 2021.
10 Ebd.
11 Bundeskanzlerin Angela Merkel, Bürgerdialog «Gut leben in Deutsch-land» am 15. 7. 2015 in Rostock, bundeskanzlerin.de, https://www. bundeskanzlerin.de/bkin-de/mediathek/merkel-im-dialog-mit-jugendli chen-1518450!mediathek?query=, abgerufen am 24. 3. 2021.
12 Chantal Schäfer, Merkels Flüchtlingsmädchen Reem (14), Ich bin die Einzige in meiner Klasse mit einer 1 in Deutsch», Bild am Sonntag 19. 7. 2015, bild.de 19. 5. 2015, https://www.bild.de/politik/inland/ fluechtling/jetzt-erzaehlt-reem-der-welt-ihre-geschichte-41847636.bild. html, abgerufen am 24. 3. 2021.
13 Jesse Coburn, Tearful Moment with Merkel turns Migrant Girl into a Potent Symbol, New York Times 20. 7. 2015, nytimes.com, https://www.nytimes. com/2015/07/21/world/europe/legislation- gives-hope-to-girl-who-shared-plight-with-merkel.html, abgerufen am 24.3.2021.
14 Im Wortlaut: Sommerpressekonferenz von Bundeskanzlerin Merkel, 31. 8. 2015, bundesregierung.de, https://www.bundesregierung.de/breg- de/aktuelles/ pressekonferenzen/sommerpressekonferenz-von-bundes kanzlerin-merkel-848300, abgerufen am 24. 3. 2021.
15 Deutschland – Auenland, Kulturzeit 3Sat 13. 9. 2017, https://www.3sat. de/kultur/ kulturzeit/deutschland-auenland-100.html, abgerufen am 24.3.2021.
16 Zum Beispiel: Rede von Bundeskanzlerin Merkel im Rahmen der OECD-Konferenz in Paris, Mittwoch 19. 2. 2014, bundeskanzlerin.de, https://www.bundeskanzlerin.

de/bkin-de/aktuelles/rede-von-bundes kanzlerin-merkel-im-rahmen-der-oecd-konferenz-478208, abgerufen am 24.3.2021.

17 Phoenix Wahlsendung am 18. 9. 2005, Machtwechsel von Gerhard Schröder zu Angela Merkel 2005, https://www.youtube.com/watch?v= AzuQgnnPRCA, abgerufen am 24. 3. 2021.

18 Universität Bern, Besuch der Bundeskanzlerin Angela Merkel an der Universität Bern am 3. 9. 2015, https://www.youtube.com/watch?v=- 7Y-3vOMKQs, abgerufen am 24. 3. 2021.

19 Ebd.

20 Rezo, Die Zerstörung der CDU, 18. 5. 2019, https://www.youtube.com/watch?v=4Y1lZQsyuSQ, abgerufen am 24. 3. 2021.

21 Christian Lindner, Statement zum Ende der Sondierungsgespräche, liberale.de 20. 11. 2017, https://www.liberale.de/content/besser-nicht-regieren-als-falsch, abgerufen am 24. 3. 2021.

22 Deutscher Bundestag, Stenografischer Bericht, 114. Sitzung, 9. 6. 2011, Plenarprotokoll 17/114, https://dipbt.bundestag.de/dip21/btp/17/17114.pdf, abgerufen am 24. 3. 2021.

23 31. Parteitag der CDU Deutschlands 7.–8. 12. 2018, Bericht der Vorsit-zenden der CDU Deutschlands, Bundeskanzlerin Dr. Angela Merkel, kas. de, https://www.kas.de/documents/291599/291648/31.+Parteitags protokoll_2018_Internet.pdf/62e3c155-8af0-5cb7-8004-900323d2ad 32?t=1560859494371, abgerufen am 24. 3. 2021.

Katastrophen

1 Jens Kersten, Stefan Rixen, Der Verfassungsstaat in der Corona-Krise, München 2020, S. 148.

2 Merkel: Die Osterruhe war ein Fehler, Statement der Bundeskanzlerin am 24. 3. 2021, https://www.bundeskanzlerin.de/bkin-de/mediathek/ videos/merkel-statement-osterruhe-1881092!mediathek?query=, abgeru- fen am 6. 4. 2021.

3 Andreas Schäfer, Michael Zürn, Die demokratische Regression, Die poli- tischen Ursachen des autoritären Populismus, Berlin 2021, S. 133.

4 Zitiert nach: Laschet (CDU): «Mir sagen nicht Virologen, was ich zu entscheiden habe», Armin Laschet im Gespräch mit Stefan Detjen, Inter- view der Woche, Deutschlandfunk 19. 4. 2020, https://www.deutschland funk.de/lockerung-der-coronavirus-massnahmen-laschet-cdu-mir-sagen. 868.de.html?dram:article_id=474970, abgerufen am 6. 4. 2021.

5 Ministerpräsident Winfried Kretschmann am 13. 12. 2021 im Heute Journal, zdf.de, https://www.zdf.de/nachrichten/politik/corona-shut down-kretschmann-100.html, abgerufen am 6. 4. 2021.

6 Bodo Ramelow am 7. 1. 2021 in der Sendung «Markus Lanz», zdf.de, https://www.zdf.de/gesellschaft/markus-lanz/markus-lanz-vom-7- januar-2021-100.html, abgerufen am 6. 4. 2021.

7 Deutscher Bundestag, Aussprache zur Regierungserklärung von Bundeskanzlerin Dr. Angela Merkel am 26. 11. 2021, Ralph Brinkhaus für die CDU/CSU-Fraktion, Plenarprotokoll, Stenografischer Be- richt, 19/195, https://www.bundestag.de/resource/blob/810584/cdebb649c7a6121290fb6aa38c953899/19195-data.xml, abgerufen am 6.4.2021.

8 Katja Gloger, Georg Mascolo, Ausbruch, Innenansichten einer Pandemie, die Corona-Protokolle, München 2021, Kindle-Ausgabe, S. 279.

9 Kanzleramtsminister Dr. Helge Braun bei der offiziellen Vorstellung der Corona-Warn-App am 16. 6. 2020, bundesregierung.de, https://www. bundesregierung.de/breg-de/aktuelles/corona-warn-app-1760936, abge- rufen am 6. 4. 2021.

10 Bertelsmann-Stiftung, ePA-Einführung, Lehren aus den Erfahrungen mit der Corona-Warn-App, Spotlight Gesundheit, Daten, Fakten, Analysen 2/2021,

bertelsmann-stiftung.de, https://www.bertelsmann-stiftung.de/ fileadmin/files/user_upload/SG_ePA_Einfuehrung_final.pdf, abgeru- fen am 6. 4. 2021.
11 European Medicines Agency, Update on assessment of the BionTech and Pfizer BNT162b2 vaccine marketing authorization application, Presse- mitteilung von 15. 12. 2020, ema.europe.eu, https://www.ema.europa.eu/ en/news/update-assessment-biontech-pfizer-bnt162b2-vaccine-marke ting-authorisation-application, abgerufen am 6. 4. 2021.
12 Cordula Eubel, Nantke Garrelts, Hans Monath, Autorität der Kanzlerin «auf fast tragische Weise zerstört», Interview mit Robert Habeck, Tages- spiegel.de 31. 5. 2020, https://www.tagesspiegel.de/politik/robert- habeck-zur-corona-politik-autoritaet-der-kanzlerin-auf-fast-tragische- weise-zerstoert/25874684.html, abgerufen am 4. 4. 2021.
13 Peter Graf Kielmansegg, Belagerte Demokratie, Legitimität in unsicheren Zeiten, in: Martin Florack, Karl-Rudolf Korte, Julia Schwanholz, Corona- kratie, Demokratisches Regieren in Ausnahmezeiten, Frankfurt/New York 2021, S. 43–49, S. 44.
14 Gunnar Folke Schuppert, Die Corona-Krise als Augenöffner, Ein rechts- und zugleich kulturhistorischer Essay, Manuskript zur Veröffentlichung im Jahrbuch des öffentlichen Rechts der Gegenwart, im Dezember 2020 der Autorin zur Verfügung gestellt.
15 Herlinde Koelbl, Spuren der Macht, S. 56.
16 Dirk Kurbjuweit, Angela Merkel, Die Kanzlerin für Alle?, München 2009, S.154.

Vermächtnis

1 Rede von Bundeskanzlerin Dr. Angela Merkel bei der 368. Graduations- feier der Harvard University am 30. 5. 2019 in Cambridge, USA, https://www.bundesregierung.de/breg-de/aktuelles/rede-von-bundes kanzlerin-merkel-bei-der-368-graduationsfeier-der-harvard-university- am-30-mai-2019-in-cambridge-usa-1633384, abgerufen am 12. 3. 2019.
2 Im Wortlaut: Pressekonferenz von Bundeskanzlerin Merkel und dem Präsidenten der Vereinigten Staaten von Amerika, Barack Obama, am 17. November 2016 im Bundeskanzleramt, bundesregierung.de, https:// www.bundesregierung.de/breg-de/aktuelles/pressekonferenz-von- bundeskanzlerin-merkel-und-dem-praesidenten-der-vereinigten-staaten- von-amerika-barack-obama-am-17-november-2016-844476, abgerufen am25.3.2021.
3 Stefan Kornelius, Angela Merkel, S. 273.
4 Französische Botschaft (Hg.), Rede von Staatspräsident Emmanuel Macron an der Sorbonne, Initiative für Europa, Paris, 26. 9. 2017, https:// www.diplomatie.gouv.fr/IMG/pdf/macron_sorbonne_europe_integ ral_cle4e8d46.pdf, abgerufen am 25. 3. 2021.
5 Emmanuel Macron, Für einen Neubeginn in Europa, Die Welt 4. 3. 2019. https://www.welt.de/debatte/kommentare/plus189751165/Emmanuel- Macron-Wir-Europaeer-muessen-uns-gegen-die-Nationalisten-zur-Wehr- setzen.html, abgerufen am 25. 3. 2021.
6 Angela Merkel: Keine Eurobonds, «solange ich lebe», zitiert nach: tagesspiegel.de, https://www.tagesspiegel.de/politik/kanzlerin-knall hart-merkel-keine-eurobonds-solange-ich-lebe/6802298.html, abgerufen am25.3.2021.
7 Protokoll 31. Parteitag der CDU Deutschlands, 7.–8. 12. 2018, Hamburg, Bericht der Vorsitzenden der CDU Deutschlands, S. 27, kas.de, https://www.kas.de/documents/29159 9/2916 4 8/31.+Parteitags protokoll_2018_Internet.pdf/62e3c155-8af0-5cb7-8004-900323d 2ad32?t=1560859494371, abgerufen am 25. 3. 2021.
8 Matthew Qvortrup, Angela Merkel, Europe's Most Influential Leader, New York 2017, S. 217.

9 Christine Lagarde, Angela Merkel – Striking the right Note on Leaders- hip, HHL Leipzig Graduate School of Management, August 31, 2019, imf. org, https://www.imf.org/en/News/Articles/2019/08/31/sp083119- Angela-Merkel-Striking-the-Right-Note-on-Leadership, abgerufen am 25.3.2021.

10 Zitiert nach Alexander Osang, Die deutsche Queen, Spiegel 20/2009 10. 5. 2009, spiegel.de, https://www.spiegel.de/politik/die-deutsche- queen-a-25f444a0-0002-0001-0000-000065330394, abgerufen am 25.3.2021.

11 Rede von Bundeskanzlerin Dr. Angela Merkel bei der 368. Graduations- feier der Harvard University am 30. 5. 2019 in Cambridge, USA, https://www.bundesregierung.de/breg-de/aktuelles/rede-von-bundes kanzlerin-merkel-bei-der-368-graduationsfeier-der-harvard-university- am-30-mai-2019-in-cambridge-usa-1633384, abgerufen am 12. 3. 2019.

12 Kanzlerin Angela Merkel im Interview mit europäischen Zeitungen, «Was gut für Europa ist, war und ist gut für uns», 27. 6. 2020, bundes regierung.de, https://www.bundesregierung.de/breg-de/themen/ europa/interview-kanzlerin-sz-1764690, abgerufen am 25. 3. 2021.

13 Regierungserklärung Bundeskanzlerin Dr. Angela Merkel zu den Euro-Stabilisierungsmaßnahmen, Stenographische Mitschrift des Bundestages, 19. 5. 2010, archiv.bundesregierung.de, https://archiv. bundesregierung.de/archiv-de/regierungserklaerung-von-bundeskanzle rin-merkel-zu-den-euro-stabilisierungsmas snahmen-1122352, abgerufen am25.3.2021.

14 Rede von Bundeskanzlerin Dr. Angela Merkel bei der 368. Graduations- feier der Harvard University am 30. 5. 2019 in Cambridge, USA, https://www.bundesregierung.de/breg-de/aktuelles/rede-von-bundes kanzlerin-merkel-bei-der-368-graduationsfeier-der-harvard-university- am-30-mai-2019-in-cambridge-usa-1633384, abgerufen am 12. 3. 2019.

15 Ebd.

16 Hermann Lübbe, Gegenwartsschrumpfung, in: Ralph Kray u. a., Autori-tät, Spektren harter Kommunikation, Opladen 1992, S. 78–91.

17 Andreas Reckwitz, Die Politik der Resilienz und ihre vier Probleme, in: Der Spiegel 10/2021.

18 Pressemitteilung des Bundesministeriums des Inneren, für Bau und Heimat vom 29. 5. 2020, bmi.bund.de. https://www.bmi.bund.de/ SharedDocs/pressemitteilungen/DE/2020/05/abteilung-dv.html, abge- rufen am 24. 3. 2021.

國家圖書館出版品預行編目資料

梅克爾總理時代：從科學家到全球最具影響力領袖新典範 / 烏蘇拉·維登菲 (Ursula Weidenfeld)著；李自軒譯. -- 初版. -- 臺北市：遠流出版事業股份有限公司, 2021.10
面；　公分
譯自：Die Kanzlerin: Porträt einer Epoche
ISBN 978-957-32-9280-7(平裝)

1.梅克爾(Merkel, Angela, 1954-) 2.傳記　3.德國

784.38　　110014296

梅克爾總理時代

從科學家到全球最具影響力領袖新典範

Die Kanzlerin: Porträt einer Epoche

作　　者 烏蘇拉・維登菲（Ursula Weidenfeld）
譯　　者 張守慧、周欣、楊燕詒、張翠蘚 、李俞德
行銷企畫 劉妍伶
執行編輯 陳希林
封面設計 陳文德
內文構成 6宅貓

發 行 人 王榮文
出版發行 遠流出版事業股份有限公司
地　　址 104500 臺北市中山區中山北路一段 11 號 13 樓
客服電話 02-2571-0297
傳　　真 02-2571-0197
郵　　撥 0189456-1
著作權顧問 蕭雄淋律師
2021 年 10 月 15 日 初版一刷
新台幣 399 元（如有缺頁或破損，請寄回更換）

ISBN：978-957-32-9280-7（平裝）
EAN：471-9025009863（軟精裝）
YLib 遠流博識網 http://www.ylib.com E-mail: ylib@ylib.com

本書蒙文藻外語大學德國語文系教授翻譯團隊合力完成。